本书系北京教育科学研究院学术著作出版资助基金项目

ZHUANXING YU FAZHAN
SHOUDU JICHU JIAOYU DE
KECHENG JIANSHE YU JIAOXUE GAIJIN

转型与发展

首都基础教育的课程建设与教学改进

北京教育科学研究院 江 峰 著

知识产权出版社
全国百佳图书出版单位

图书在版编目（CIP）数据

转型与发展：首都基础教育的课程建设与教学改进 / 江峰著. —北京：知识产权出版社，2017.4

ISBN 978-7-5130-4835-4

Ⅰ. ①转…　Ⅱ. ①江…　Ⅲ. ①基础教育－课程建设－研究－北京 ②基础教育－教学研究－北京　Ⅳ. ①G632.3 ②G632.0

中国版本图书馆CIP数据核字（2017）第064303号

内容提要

本书定位于“转型与发展”，立足于“课程建设与教学改进”，着眼于“教育转型”“课程建设”“教学改进”“专业发展”四个篇目，共计十章内容。创新之处有三点：一是改变了传统教学方式，开启了新的教师生存方式，即明确形势、懂得课程、改进教学、促进发展。二是依据转型时期的时代特征和德国社会科学家尤尔根·哈贝马斯人类知识兴趣的多元理论，建构出了适合中小学生个性化发展的专注力、洞察力和创新力的“学习力三角模型”。三是提出教师只有走上“课程建设与教学改进”并重的“双轮驱动”路径，才能促进教师专业发展和核心素养提升。

本书既适合有志于课程顶层设计与规划的教育机构、基础教育阶段的各级各类学校校长，更适合致力于课程整合、课堂教学改革及教师专业发展的全体中小学教师。

责任编辑：李海波　　**责任出版**：孙婷婷

转型与发展：首都基础教育的课程建设与教学改进

江　峰　著

出版发行：知识产权出版社有限责任公司　　网　址：http://www.ipph.cn

电　话：010-82004826　　http://www.laichushu.com

社　址：北京市海淀区西外太平庄55号　　邮　编：100081

责编电话：010-82000860转8582　　责编邮箱：277199578@qq.com

发行电话：010-82000860转8101/8029　　发行传真：010-82000893/82003279

印　刷：北京中献拓方科技发展有限公司　　经　销：各大网上书店、新华书店及相关专业书店

开　本：720mm×1000mm　1/16　　印　张：14.5

版　次：2017年4月第1版　　印　次：2017年4月第1次印刷

字　数：214千字　　定　价：45.00元

ISBN 978-7-5130-4835-4

序 言

探寻首都基础教育课程建设的思考

随着教育综合改革的深入推进，人们愈益深刻地认识到：课程是撬动教育综合改革的核心，原因在于，学校课程改革是一场涉及制度重建的变革性实践。研究课程改革的实质在于，能否为学生成长提供高质量、多样化、可选择的学习空间，能否揭示学校多样化、个性化的发展之路。

作为基础教育工作者，立足于首都的课程时空，随着时势的转换，在不停地追问：课程是什么？首都是在怎样的背景下进行课程建设的？适应此时势，教师又应该如何进行教学改进？这一切是否都应归结到教师自身的专业发展上？北京教育科学研究院的江峰老师正是着眼于课程哲学的转型，立足于课程问题的思考，着力于课堂教学的改进，定位于教师专业化发展的需求，适时推出了《转型与发展：首都基础教育的课程建设与教学改进》一书，结合首都近年来在课程改革方面所作的实践探索，对系列追问尝试进行了回答。

这是一部以“转型与发展”“建设与改进”为主题，基于首都基础教育课程改革的实际，纵论教育转型、课程建设、教学改进和专业发展的力作。全书约20万字，由四篇十章组成。一是教育转型篇，基于时代背景的深刻变化对教育转型的步伐加速，分析了首都基础教育转型的历史背景、基本结构，以及首都基础教育改革推进的战略思路，介绍了首都在四个中心战略定位和四类教育主体功能区下的四位一体教育以及综合改革的理念；二是课程建设篇，介绍了课程创新视域下的学校课程实践研究、北京三级课程整合的模式，以及学校课程资源的整合开发；三是教学改进篇，以中学历史课程和中学语文的学科改进与教学反思为例，尝试阐明论者对深入改进课堂教学的思考，体现了研究的现实针对性；四是专业发展篇，论述了教育变革视域下的教师专业发展。

论者基于自己的研究，在以下几个问题上展示了自己的独到见解。

一是提出了基于认知层面的学习力三角模型以及三种知识类型。论者依据学生个性化发展的总体学习力模型和德国社会科学家尤尔根·哈贝马斯建构的人类知识兴趣的多元理论，参照知识指导型兴趣下的“知识—兴趣”图式，将知识划分为经验性—分析性知识、历史性—解释性知识和批判性—解放性知识，并将学生的学习力划分为自然科学领域的经验性—分析性知识所需的专注力、人文社会科学领域的历史性—解释性知识所需的洞察力、习惯规则领域的批判性—解放性知识所需的创新力。论者认为，对于学生成长来说，这三种知识类型分别培养学生基于科学的实证能力、基于实践的问题意识和基于问题的思维能力。

二是对“课程”内涵的界定。论者认为，“课程”既不是传统意义上的科目、教材，也不是通俗意义上的“跑道”，更不是“课”与“程”的简单叠加，而是基于“课寓内容，程以架式”的动态跑道。

三是对深化课堂教学改革的思考。论者基于“教育是处理关系的学问”，建议教师要树立教学是课程当中最有价值知识的人际有效传播过程，是课本知识的动态化生成场域，是生活经验的智力化创生经历等观念。

四是对教师专业发展若干基本问题的论述。论者认为，新常态背景下的基础教育课程建设，不仅是厘清课程的内涵问题，而且更重要的是课程改革与教学改革协同推进和一体化实施的问题；不仅是重新设置中小学的课程问题，而且更重要的是更新教师的课程意识、变革教师的课程理念、规范教师的开发权力和融合课程的多重使命问题。立足于对课程教学视域下的教师专业化发展的思考，论者指出教师发展的顺应、适应、发展及专业化四个阶段，提出了教师专业化发展的读书反思型、问题引领型、教科研一体型三种模式。认为教师应以高瞻远瞩的视野，以野蛮其体魄、文明其精神的胸襟，超越学科知识的单一界限，提升把握转型时势的能力、发展自我的决心、建设课程的需求和改进教学的行动。

综观全书，展现给所有读者的是论者的精准站位与宏阔视野，呈现给全体中小学教师的是论者对基础教育的实践探索基础上的深刻思考，其研究成果将为我们深化课程改革提供若干重要启示。

首都基础教育课程改革力度大，成效显著，要真正读懂首都基础教育课程改革的变革性实践，需要我们尊重事实、尊重规律，我们的观点和看法能经受历史和实践的检验。因此，需要我们真正沉下去，下极大的功夫。该书的问世，正是论者在这一点上所作的可贵尝试。由于议题很大，时间较紧迫，有的问题提出来了，但未展开论述；有的观点提出来了，但有待实践的证实证伪。我们期盼，能有更多的研究者，尤其是年轻有为的研究者，从多视角对首都基础教育课程改革作出解读，以众多的观点和学说托起首都基础教育发展的美好明天！

北京师范大学教授　裴娣娜

2017 年 1 月 5 日于求是书屋

前 言

斯宾塞曾言："教育的作用就是使人们为过'完满生活'作好准备。"此话深刻阐释了教育的目的就是促进人的发展和生活的完善。当前，我国正处于中国特色新型工业化、信息化、城镇化、农业现代化建设的发展期，也处于用创新、协调、绿色、开放、共享理念促进社会转型的关键期。

在社会大转型时期，教育是如何伴随着社会变革而转型、改革、发展和演进的呢？作为一名教师，需要具备怎样的素养和能力，才能与时俱进地辨清发展形势、设计课程改革、实施课堂教学和促进自身的专业发展呢？这是摆在首都中小学教师面前的紧迫任务，更是身处改革浪潮中的全国中小学教师必须直面的变革难题。清晰转型背景，明晓课程价值，懂得教学意义，促进自身发展乃当前首都中小学教师破除教育"深综改"时期的迷雾，寻找存在价值、自我认同的最佳路径。值此时势，解师之难，《转型与发展：首都基础教育的课程建设与教学改进》适时出版。

本书定位于"转型与发展"，立足于"课程建设与教学改进"，着眼于"教育转型""课程建设""教学改进""专业发展"四个篇目，共计十章内容。首先，在教育转型篇中，分别叙述了"首都基础教育转型的历史背景""首都基础教育的结构分析"和"首都基础教育改革推进的战略思路"，着重突出了"教育转型既是经济转型的表征，也是整个社会转型的先导"的观点，并将知识划分为经验性—分析性知识、历史性—解释性知识和批判性—解放性知识，构建了首都特色适合中小学生个性化发展的"学习力三角模型"，即支撑学习力的专注力、洞察力和创新力。其次，在课程建设篇中，具体分析了"新常态背景下的课程内涵与课程建设影响因素""课程创新视域下的学校课程实践研究"和"学校课程资源的整合"，重点阐述了"课程是教育现代化过程中活动着的一只无形的看不见的手，基于学生实际需求的课程资源供给，承担着实现教育供给侧改革的重大使命"的论点。再次，在教学改进篇中，用"中学历史课程的学科改进与教学反思”“中学语文及其他学科课程教育教学探索”两章内容细致剖析了课堂教学中的教学实例和改进思考，提出了“教育是处理关系的学问”的论点，并以诗的形式拓展了课程的内涵，将课程界定为：课寓内容，程以架式；跑步奋进，道自法则。人本文兴，科学理性；整合有序，教育昌明。最后，在专业发展篇中，用“教育变革视域下的教师专业发展”“野蛮其体魄，文明其精神：超越教师的学科视界”两章篇幅，提出了“教育必须被信仰，否则将不会实现育人之目的；必须通过‘野蛮其体魄，文明其精神’的途径，实现依法治教和教育创新的目的”的观点。

本书有三点创新，一是改变了以往教师的传统教学方式，建构了课改新时代的教师生存方式，即明确形势、懂得课程、改进教学、促进发展。二是依据转型时期的时代特征和德国社会科学家尤尔根·哈贝马斯建构的人类知识兴趣的多元理论，建构了适合中小学生个性化发展的专注力、洞察力和创新力的“学习力三角模型”。三是教师只有走上“课程建设与教学改进”并重的“双轮驱动”路径，才是新时期教师的专业发展之路，也是课改时代教师的核心素养与关键能力的体现，更是转型时期撬动教育综合改革的关键。

本书仅是笔者个人教育经历的回顾、工作经验的结晶，研究中不可避免地存在资料收集疏漏、个人观点偏颇及表达能力欠缺方面的现象，如有不妥之处，敬请各位同人见谅！由此也不辜负笔者“寒风入夜寸骨裂，月影窗前钩梢辙。秉烛楼台珠玑榭，挑灯夜战枕宫阙”的苦心。

出版之际，首先要感谢我的父母，是他们给予了我行动的能力和思考的大脑，感谢我的博士导师曾尔恕教授和硕士导师王劲教授，给予我以哲学的思维和实证的精神，感谢我的妻子杨旭女士对文稿的技术支持和人际沟通，感谢我的师妹杨艳女士对我一贯的支持和帮助。其次，要感谢的是北京教育科学研究院基础教育课程教材发展研究中心杨德军主任、王凯副主任和北京师范大学裴娣娜教授的学术指导和理念引领，感谢乐进军老师的学术帮助。最后，要感谢知识产权出版社张华山博士、陆彩云处长及责任编辑李海波老师。没有你们，书海拾贝就难以成行！

江　峰

2016 年 11 月 2 日于通州运河岸

目 录
contents

教育转型篇

课程建设篇

教学改进篇

专业发展篇

教育转型篇

教育转型既是经济转型的表征，也是整个社会转型的先导。

第一章
首都基础教育转型的历史背景

城市自6000年前诞生时起，就成为人口汇聚、经济发达和交通便利的主要目的地。现代城市更成为人流、物流、信息流和资金流的高度聚集之地。教育是社会经济发展的产物。随着首都区域性社会变革的发生，教育的主体功能、战略定位和结构布局会发生相应的变革。2015年，北京在京津冀一体化战略下加快了世界城市的建设步伐，首都行政副中心的东移扩大了世界城市的战略定位，引发了城市要素的结构性变革。首都基础教育既要立足于四大主体功能区的战略布局，又要谋划于行政副中心东移带来的结构性变革，更要着手于京津冀一体化战略下的教育功能的有效疏解。

第一节　大国战略下的经济转型

21世纪是中国人的世纪。这是中华人民共和国成立后全体中国人的心声。如今，这一心声在习近平总书记擘画的“中国梦”的引领下愈益呈现出清晰的路径和全新的力量，愈益接近现实。新中国成立60多年来，中国沿着政治建国、经济大国逐渐臻于文化强国的战略路径发展演变为屹立于世界的大国。在迈入21世纪之初，中国GDP总量2010年超过日本跃居世界第二位，经济实力和综合国力随之大幅增强。经济上国内生产总值（GDP）虽然超过日本，仅次于美国，取得了全球第二的成绩，但是中国经济发展面临着多重的挑战。

一是亟待建立经济可持续发展模式。改革开放30多年的经济基本上是外源性拉动模式，即以高能耗、低附加值的资源消耗型增长为基础，是一种单纯追求GDP的线性增长模式，而没有建立以全面的、可持续发展理念为引领的、以创新要素驱动的内源性经济发展模式。二是亟待建立以市场为主体的决定性配置要素的经济生态环境。新中国成立以来，中国经济历经了计划经济、商品经济和市场经济三个发展阶段。自1992年党的十四大确立了社会主义市场经济以来，中国经济一直在努力实现计划经济向市场经济的转型，尽量减少政府的“有形之手”的干预，增加市场的能动性力量。市场经济的完善需要民营经济不断增强与政府审批权力不断缩减的一个博弈过程。三是亟待调整经济发展的战略机遇期。自2008年美国次贷危机发生以来，世界经济一直长期陷于经济低谷，而中国经济却一枝独秀。实际上，我们用了更多资源、更高能耗赢得了独秀，据北京大学《经济增长的绿色核算》课题研究，我国单位GDP能耗约为世界平均值的4倍以上，为日本的14倍多，2003年我国消耗了相当于全球总产量30%的主要能源和原材料，创造的GDP仅占到世界的4%。从能源利用效率来看，作为占全球总人口1/5的中国，2004年GDP只占全球GDP的4%，但单位产值能耗却是发达国家的3～4倍。我国单位GDP的能耗是日本的7倍、美国的6倍，甚至是印度的2倍。多重挑战要求中国经济在经济结构、增长速度、单位能耗和软环境等相关方面进行战略调整。

就目前国内经济大势来说，以习近平为总书记的党中央对经济形势作出了经济增长速度换挡期、结构调整阵痛期、前期刺激政策消化期三期叠加的重要判断。30多年来年均近10%的持续高增长，把中国经济带到了世界第二大经济体。随着国民经济总量等基数增大，支撑经济发展的人力资源、自然资源以及制度安排和经济政策等要素正在发生变化，劳动力、资本、技术进步等生产要素结构和一、二、三次产业结构等方面，我国经济已处于从高速换挡到中高速的发展时期；结构调整面临阵痛期，鉴于经济发展与资源环境的矛盾日趋尖锐，加快转变经济发展方式和调整经济结构刻不容缓，是加快经济发展方式转变的主动选择；前期刺激政策消化期，是化解多年来积累的深层次矛盾的必经阶段。

三期叠加背景下，为了更好地保持经济中高速增长的新常态，进而成为21世纪的真正大国，中国大国战略正在进行基于以下三方面的转型：一要实现投资主导下的投资、消费和出口“三驾马车”转向创新主导下的创新、需求和出口“三驾马车”；二要实现市场经济与法治中国相结合的转型，这是支撑经济可持续发展所需的软环境；三是实现经济持续发展的创新驱动需要人才、技术和市场的聚集，能够提供这种支撑的是世界城市。城市化和世界城市建设就是撬动创新驱动和经济发展的核心。

第二节　世界城市建设的历史选择

世界城市是城市建设的高端形态，是衡量一个国家社会经济发展到发达程度的重要标志。发达国家的世界城市，如美国的纽约、日本的东京、英国的伦敦和法国的巴黎，都是世界城市建设的引领者。首都北京在国际城市向世界城市转型建设上面临着发达国家世界城市群的严峻挑战。

一、北京城市发展的现状与瓶颈

经过30多年的发展，首都北京已经在经济发展、社会进步和教育贡献方面取得了重大进步。主要表现在：第一，经济发展上，GDP总量和人均GDP都达到了历史最好水平。2014年全国GDP总值63.6万亿元，北京市GDP达到了21330.80亿元，人均GDP 9.91万元；2014年北京全市常住人口2151.6万人，全市人均地区生产总值为99995元，按年平均汇率折合为16278美元。按照国际经验，人均GDP迈入1万美元是一个重要的门槛，这既意味着经济社会发展进入一个新的台阶，也意味着转型升级的压力加大。第二，产业结构上，成功实现了三次产业结构的转型升级。改革开放之后，随着城市规划和首都功能定位的逐步明确，北京加快了产业结构的转型升级。从1994年开始服务业比重超过第二产业，形成“三、二、一”的产业格局，1995年服务业比重超过50%，标志着北京市从全国重要的工业基地逐步发展为以第三产业为主的服务经济城市。此后，第三产业比重节节攀升，到2014年第一、第二、第三产业的比重分别是0.84%、22.80%、76.36%。而同期的中国第一、第二、第三产业比重分别是15%、52%、33%，世界平均是5%、31%、64%。这说明，北京的第一、第二、第三产业的结构远远好于全国平均比重，同时也高于世界平均水平。从此，北京实现了产业结构从工业主导型向服务主导型的大转变。第三，人类发展指数上，教育水平指数均达中国内地最好水平。按照世界银行的衡量标准，人均GDP超过1万美元说明该地区已经从发展中状态转换为发达状态。而发达状态的基本评判标准是“人类发展指数”（Human Development Index），这是联合国开发计划署（UNDP）从1990年开始发布用以衡量各国社会经济发展程度的标准。该指数分为极高、高、中、低四个档，只有被列入“极高”的国家或地区才能成为发达序列。衡量指标包括预期寿命指数、教育指数和收入指数。教育水平指数，由原先的识字率、综合入学率指数改成了平均受教育年限指数和预期受教育年限指数，并成为衡量一国的经济发展潜力、科技潜力、经济水平、基础设施建设水平和文化水平等的重要标志。根据2010年的统计数据，北京在2010年已经达到了极高人类发展指数，在人类发展指数、教育指数、预期寿命指数和人均生产总值指数上都达到了0.8以上，其中前两项在中国内地排名第一。

尽管首都北京在城市的经济发展和教育水平上取得了不错的成绩，但仍然面临着城市发展过程中难以解决的瓶颈问题：一是人口总量远超预期规划。根据国务院批复的《北京城市总体规划（2004—2020年）》，到2020年，北京总人口规模规划控制在1800万人左右。截至2014年年底，北京全市人口总量已达2151.6万人，远超十年前的人口总规。二是人口分布呈环状圈层向外拓展，但功能核心区人口密度依旧过大。全市有超过一半常住人口聚集在五环以外。2014年人口抽样调查结果发现，北京市三环至六环间，聚集了1228.4万人的常住人口，占全市的57.1%；四环至六环间聚集了941万人的常住人口，占全市的43.8%；五环以外有1098万人的常住人口，占全市的51.1%。2014年，全市常住人口密度为1311人/平方千米，但分区县看，西城区常住人口密度最高，为25767人/平方千米；延庆县（现延庆区）最低，只有158人/平方千米。分功能区看，常住人口密度从首都功能核心区开始向外围逐渐降低，核心区人口密度为23953人/平方千米，是城市功能拓展区的2.9倍，是城市发展新区的22倍，是生态涵养发展区的109.9倍。三是各类资源高度聚集在首都功能核心区。尽管近年北京人口由城市中心区向郊区、远郊区分散趋势明显，但面积仅为92.39平方千米的首都功能核心区，由于集中了全市最好的政治资源（中央及北京政府所在地）、经济资源（金融街等）、社会资源（医疗、教育等）和文化资源（博物馆、文化馆、艺术馆等），吸纳了大量人口就业。首都功能核心区的居住密度，尤其是工作密度继续增长的压力仍极大。四是北京基础教育不仅存在着教育资源与常住人口数量之间的不匹配，而且存在着区域间教育资源质量的分配不均衡。五是水资源的极度匮乏，限制了首都人口的承载能力；汽车尾气等过量释放导致雾霾等恶劣天气频发，首都的宜居性再次经历着严峻的考验。这些内源性问题如果得不到有效解决，将会减缓首都的世界城市建设进度。

二、北京世界城市建设的国家战略

由于历史和行政原因，新中国成立后的北京基本沿用了“权力核心主导、资源环路辐射”的梯度递减模式。这样，核心城区就出现了人口密度高度聚集、经济密度高度虹吸的现象，产生了人住分离、区域分割、环境污染和区域发展失衡的负效应；北京城市建设，是政府用宏观引导和市场配置的手段解决人口、经济和资源在密度、距离、分割和环境之间的平衡分配与协调发展问题。

为了改变北京发展中出现的摊大饼式的“大城市病”，减少“虹吸”效应，辐射带动周围城市的联动发展，变“虹吸”效应为“辐射”效应；北京，要从中国的首都迈步变成世界的北京，就要正视现状，聚焦问题，解决瓶颈，破解压力。因为北京在建设世界城市的历程中，既面临着内源性发展瓶颈问题，又有着外生性竞争压力，主要有：一是要破除北京城市发展中的孤岛式单一发展模式。就 GDP 总量和人均 GDP 来说，北京已经步入发达经济体的行列，但其面临着内部各区县发展极不均衡，外部被河北省 32 个贫困县、3789 个行政村和 272.6 万贫困人口组成的环首都经济贫困带包围的境况。另外，北京还面临着与天津、河北三地工业企业和相关产业同质化发展、功能定位相互交叉的困境。二是首都要建设以北京为核心、京津冀一体化的世界级城市群，面临着以上海为中心的长三角和以广深为中心的珠三角的竞争。长三角和珠三角在经济要素、市场资源、人才流动和交通基础设施等方面已基本实现了较高程度的一体化。三是根据区域经济学和发展经济学上的“中心—外围”理论、增长极理论和梯度推移理论，北京在人均 GDP 迈入 1 万美元和 GDP 总量进入 1 亿元俱乐部大关的基础上，首都的发展不再是集各种功能于一身的超级城市思路，也不再是只顾自身发展、没有辐射带动的孤岛模式，而是要立足区域经济长远发展和现实国情需要，建构一个以北京为核心，能够促进京津冀在交通基础设施、经济要素、市场资源和人才流动等方面实现一体化的协同发展战略。

2015 年，《京津冀协同发展规划纲要》的出台加速了北京建设世界城市和世界级城市群的步伐。根据美国经济学家克鲁格曼的“中心—外围”理论，北京在京津冀协同发展的关键节点上，可以同时利用聚集效应和扩散效应实现内部各区县发展的再平衡和辐射带动津冀及周边的节点城市的联动发展，运用高铁形成的快速网络以均衡内部各区县之间的断裂，缝合周边城市之间、县域地域之间的经济鸿沟。在京津冀协同发展的视域下，北京的世界城市和首都的世界城市群战略便是其中的核心支撑体系。

第二章

首都基础教育的结构分析

第一节　首都城市功能的战略定位

一、北京城市功能定位的变迁及其分析

自1949年10月1日新中国成立后，北京就被定位为中华人民共和国首都，但其城市功能一直不是单一的首都政治功能，而是附加了政治、经济、文化、工业、科技和宜居等综合性功能，而且每一阶段首都功能都有所不同。

截至目前，北京城市功能定位共经历五次演变：第一次发生在20世纪50年代至改革开放的前夕，为了适应全国所有地方都在进行“多快好省地建设社会主义”和“赶英超美”的需要，北京也要大规模地进行经济建设和重工业基地建设。这样，首都北京当时被定位为：政治、经济、文化中心，我国强大的工业基地和技术科学的中心。为了适应改革开放总体形势的需要，北京在1982年进行了第二次城市总体规划的修订，不再提“工业基地”；意味着此后20年内，北京以首钢为首的重工业和对环境污染较大的制造业，都将逐渐退出首都舞台。为了适应社会主义市场经济建设的需要，首都北京的城市功能定位于1993年再次发生转变，即演变为国家政治、经济、

文化中心；至2004年前，首都北京的城市功能都是政治中心挂帅、经济中心主宰、文化中心襄助，汇聚三大中心于一体。由于日益暴增的人口、愈渐恶化的环境、愈益扩大的资源消耗，北京的经济中心定位日渐受到质疑，北京在2004年进行了第四次修改，即国家首都、政治中心、文化中心、宜居城市。时间划过2012年，人口多、资源少、环境差、承载力弱等城市病，以及中央与北京之间的事权和治权之间的聚集而产生的权力吸附、资源虹吸效应，导致新一届中央政府领导再也无法在北京摊大饼式的城市功能发展老路上前行，2014年习近平总书记对首都北京的城市功能进行了新的定位，提出首都核心功能是政治中心、文化中心、国际交往中心、科技创新中心。可以明确看出，首都北京五次功能规划前三次主要从经济和就业角度考量进行定位，后两次尤其是四个中心的定位完全是从首都本身应具有的核心功能出发而进行的全新定位。

二、四大主体功能区定位及其结构再平衡

为了建设中国特色世界城市，进一步优化北京市主体功能区发展，北京市率先探索实行了区县功能定位和区域开发建设的分类指导；为了整体优化发展，实现区域差异化发展理念，有效保障首都功能的履行，在处理好优化与限制、发展、保护、差异关系的基础上，将全市国土空间确定为四类功能区域：首都功能核心区、城市功能拓展区、城市发展新区和生态涵养发展区。首都功能核心区，包括东城区和西城区，共32个街道，常住人口216.2万人，土地面积92.4平方千米。该区域是北京市开发强度最高的完全城市化地区，主体功能是优化开发，适度限制与核心区不匹配的相关功能。城市功能拓展区，包括朝阳区、海淀区、丰台区、石景山区，共70个街道、7个镇、24个乡，常住人口955.4万人，土地面积1275.9平方千米。该区域是北京市开发强度相对较高但未完全城市化的地区，主体功能是重点开发，要坚持产业高端化、发展国际化、城乡一体化。同时优化提升商务中心区（CBD）、中关村核心区等较为成熟的高端产业功能区。城市发展新区，包括通州区、顺义区、大兴区（北京经济技术开发区）以及昌平区和房山区的平

原地区，共24个街道、56个镇、1个乡，常住人口541.8万人，土地面积3782.9平方千米。该区域是北京市开发潜力最大、城市化水平有待提高的地区，主体功能是重点开发，要加快重点新城建设。生态涵养发展区，包括门头沟区、平谷区、怀柔区、密云区、延庆区以及昌平区和房山区的山区部分，共14个街道、79个镇、15个乡（含昌平区的7个镇，房山区的1个街道、9个镇和6个乡），常住人口247.8万人，土地面积11259.3平方千米。该区域是保障北京市生态安全和水资源涵养的重要区域。主体功能是限制开发，要限制大规模高强度工业化城镇化开发。要重点培育旅游、休闲、康体、文化创意、沟域等产业，推进新城、小城镇和新农村建设。

为了避免区县同质化发展，通过差异化理念引导，四类功能区域差异化的主导功能更加强化，首都功能核心区"四个服务"和历史文化传承功能得到更好发挥，城市功能拓展区自主创新和外向服务功能不断增强，城市发展新区承接人口和产业的能力不断提升，生态涵养发展区的生态涵养功能日益增强。2010年，四类功能区域地区生产总值GDP分别是3281.3亿元、6606.0亿元、2994.5亿元、561.5亿元，比例为23∶47∶26∶4，常住人口比例为11∶49∶27∶13，土地面积比例为0.6∶7.8∶23.0∶68.6。

首都功能核心区用0.6%的土地面积92.4平方千米，供养了常住人口216.2万人，占全市11%；生产了3281.3亿元的GDP，占全市23%。城市功能拓展区用7.8%的土地面积1275.9平方千米，供养了常住人口955.4万人，占全市49%；生产了6606.0亿元的GDP，占全市47%。城市发展新区用23.0%的土地面积3782.9平方千米，供养了常住人口541.8万人，占全市27%；生产了2994.5亿元的GDP，占全市26%。生态涵养发展区用68.6%的土地面积11259.3平方千米，供养了常住人口247.8万人；生产了561.5亿元的GDP，占全市4%。

第二节　首都基础教育体制治理的结构性重整

随着北京整体进入高收入发达经济体和达到极高人类发展指数，以及在京津冀一体化形势下，首都北京如何思考定位自身的教育，如何在四个中心和四大主体功能区背景下全新认识基础教育的战略目标、指导原则、基本举措和战略布局，是当下全体首都教育决策者、校长及教师必须认真思考的问题。

一、新形势下首都基础教育改革的三大目标

基础教育其实是为公共目标服务的。其目的就是通过向未来公民传授普遍意义的社会主义核心价值观和爱国主义，促进政治的稳定和社会的凝聚；通过承诺机会平等，来缓解贫富之间的社会紧张关系；通过道德教学，来降低社会犯罪率；通过刺激经济增长，来消除贫困。

在京津冀协同发展的背景下，首都北京的基础教育在培养“健全人格的人”的基础上，必须实现政治、社会和经济三大目标的重任。首先，基础教育要承载的是培养“社会主义合格的接班人”的重大历史责任。这就要求基础教育阶段，学校需向全体学生灌输一种共同的政治信条和政治信仰，即社会主义核心价值观教育，因为基础教育是推动社会前进的关键所在。其次，基础教育是社会发展的关键和社会控制的关键机制，学校必须成为向学生灌输道德价值和内在价值最为重要的机构。最后，基础教育也绕不开教育为经济服务的两个主要目标，即人力资本和机会平等。人力资本理论（Human Capital Theory）认为，教育投资会提高劳动者的素质，并最终增加社会的财富；机会平等理论则认为任何人只要上学，就获得了公平参与就业竞争和财富竞争的机会。

21 世纪，从经济角度讲，首都人民对首都基础教育的主要希望，就是既要为本国劳动力市场培养高素质的劳动者，更要为全球劳动力市场高薪收入者培养劳动者。连接基础教育与劳动力市场之间的就是人力资本或人力资源。一个学生的教育是直通高校或者某种职业的，在这种情况下，应当在学生的教育、能力和兴趣与未来职业之间建立一种紧密的联系，学校教育与劳动力市场之间密切合作，经济就会繁荣，劳动者的幸福指数就高。实现教育的经济目标，其实是建立在人力资本概念基础上的。学校里的人力资本是学生，人力资本的有效增长就是把学生培养成能干的劳动者，使他们在所受培训的领

域找到就业的机会。经济的增长则是对教育投资的回报和补偿。基础教育对学生的教育加工能力，最终呈现出“人力资本双循环模型”，如图2-1所示。

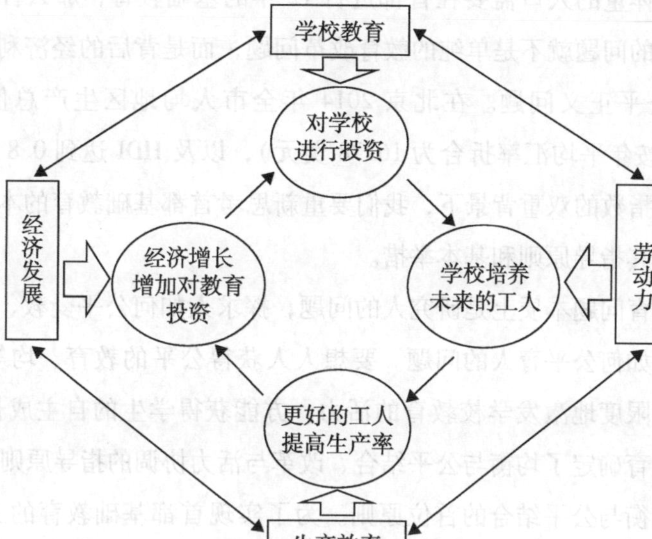

图2-1　人力资本双循环模型

为了解决教育质量和因经济不平等而被严重分化的社会矛盾，机会平等就被赋予了特殊的经济意义。它并不意味着收入、生活条件或者地位的完全平等，而是为赢得财富的竞争机会的平等。人力资本与机会平等就有效保障了教育的过程与结果的平等。

二、首都基础教育改革的基本指导原则

由于首都具有高度的聚集能力和长期的经济活力，在世界城市发展过程中，吸引了大量的人口汇聚到北京创业、生产、生活。据统计，2014年年末，全市常住人口为2151.6万人，全市常住外来人口为818.7万人，占总人口的38%；北京户籍人口为1332.9万人，占总人口的62%。按2013年的统计数字，全市常住人口为2114.8万人，全市常住外来人口为802.7万人，约占38%。其中，按基础教育入学年龄来划分，5~9岁，2013年有66.7万人，占3.2%；10~14岁有48.2万人，占2.3%；15~19岁有97.8万人，

占4.6%。换言之，2013年首都基础教育适龄人口为212.7万人，占全市人口的10.1%。

如此大体量的人口需要在首都进行12年的基础教育，那么首都基础教育改革面临的问题就不是单纯的教育改革问题，而是背后的经济利益分配问题和社会公平正义问题。在北京2014年全市人均地区生产总值GDP为99995元（按年平均汇率折合为16278美元），以及HDI达到0.8以上的极高人类发展指数的双重背景下，我们要重新思考首都基础教育的本质追求是什么，以及其指导原则和基本举措。

基础教育问题本质上是研究人的问题，探求人如何公平受教、公平成长的问题，即如何公平育人的问题。要想人人获得公平的教育、均等的机会，就必须最大限度地激发学校教育的活力，方能获得学生的自主成长。为此，首都基础教育确定了均衡与公平结合、改革与活力协调的指导原则。

一是均衡与公平结合的首位原则。为了实现首都基础教育的三大目标，首都基础教育采用均衡与公平结合的首位原则。这里，均衡是过程，公平是目的。公平是教育的根基，是社会的基石；而教育公平则是社会公平的起点。北京基础教育经过十几年的素质教育课程改革，通过教材内容的调整、课程计划改革和分级实施、教师专业配置和专业培训发展、课堂教学效能改进等，基本实现了基础教育在区域内部、学区内部和学校特色上的均衡发展。基础教育的相对均衡发展，是为了实现教育公平的目的。北京市政府和北京市教育委员会建构了首都特色的教育公平路径：首先是机会公平，在保证所有学龄儿童有学可上的基础上，通过学区制、九年一贯制和十二年一贯制改革，努力破解择校难题，尤其充分解决了外来常住人口子女的入学问题，最大限度地实现了起点公平；其次是过程公平，地区经济状况不同、办学条件差异较大等情况，导致了学生享受的教育资源多少、教师专业素质差异等不同，北京市教育委员会出台了一系列重大举措，加大了各地区各校的教育资源供给，推出了优质校教师到农村薄弱校支教的政策；最后是结果公平，首都基础教育基于公平的人学条件和教育资源，基本实现了教育结果的相对公平。

如果说课程改革时代的教育公平是解决面向所有适龄学生的公平，而采取了机会公平、过程公平和结果公平的过程性公平，那么到了教育综合改革时期，由于教育公平是实现社会公平的枢机，教育公平要实现过程性公平到价值性公平的转型，为此必须要坚守四个原则：①基础教育阶段所有学生都受到公平的对待（具有同等的权利、享有同样的自由）；②所有学生都是独立的个体；③每个学生都有平等的机会、公平的机遇；④给予弱势群体最大的社会和经济的帮助。这就意味着政府在实施公平责任制时，应该用宏观调控之手将更多的教育资源分配给那些长期以来没能受到教育体系眷顾的学生，改善他们的学习环境。也就是说，教育公平就是要消除来自低收入家庭、外来人口家庭的学生与本地主流学生之间的成绩差异。教育公平就是让所有学生通过过程性公平努力成就个体的教育卓越，以获得平等的教育效果，从而达致价值性教育公平。

二是改革与活力协调的优先原则。教育改革是打开体制不必要的束缚和解除学校教育多余的镣铐，让学校、教师和学生焕发出充分的活力，学校教育才有个性、教师才能专业发展、学生才能真正学有所得。从这个意义上讲，改革就是个体的自我解放，是过程；活力是个体的自主发展，是目的；唯有改革与活力相协调并得到优先发展，才能保持基础教育的永久活力，而这是首都基础教育综合改革成功的关键。

目前，随着首都教育改革进入深水区、攻坚期，体制性障碍限制或制约了教育的生机与活力，是造成教育生态健康发展陷入困境的重要原因。现代学校教育，是一个多层次的复杂的教育生态系统，存在着同一层级政府内部不同职能部门之间的体制性障碍，如教育财政资源配置、师资资源的人事调动等不同部门之间的掣肘，存在着不同层次的政府教育管理权责划分，以及理顺政府、学校、社会三者之间的关系问题。因此就出现了两种负面效应：一是政府加强了对学校的“管制”化趋向，即日益制度化、程序化、行政化。学校不仅缺乏办学的自主权，而且也就失去了办学活力。二是形成了封闭的学校教育生态系统。“管制”化的政校关系构成了一个严密的、封闭的教育生态系统，各种社会力量难以参与进来。加上教育自身存在着严重的效率主义、工具主义以至功利主义思潮，选人、用人存在着严格的层级化、科层化要求，为追求升学率，教育文凭主义和工具训练至上，基础教育生态失去了应有的活力。

为了治理这一教育沉疴，建构首都特色的现代基础教育治理体系，自党的十八届三中全会以来，北京重点围绕“教育领域综合改革”和“教育治理体系现代化”做文章。教育综合改革就是要改变过去单一要素的改革（如课程改革），必须对教育改革进行系统化的顶层设计，强调改革的系统性、整体性、协同性。“教育治理体系现代化”是伴随着“国家治理体系和治理能力现代化”问题而来的，其首要目标是通过“善治”，为公众提供“好教育”，形成一个良性教育生态。首都基础教育阶段的“好教育”，除了公平的教育、优质的教育外，还应有开放的教育、有序的教育和活力的教育。所谓开放的教育，就是教育要融社会、社区、学校和家庭于一体；所谓有序的教育，就是理顺各教育主体和教育要素之间的关系；所谓充满活力的教育，就是要充分调动教育系统各利益主体的积极性与创造性。“好教育”如图2－2所示。

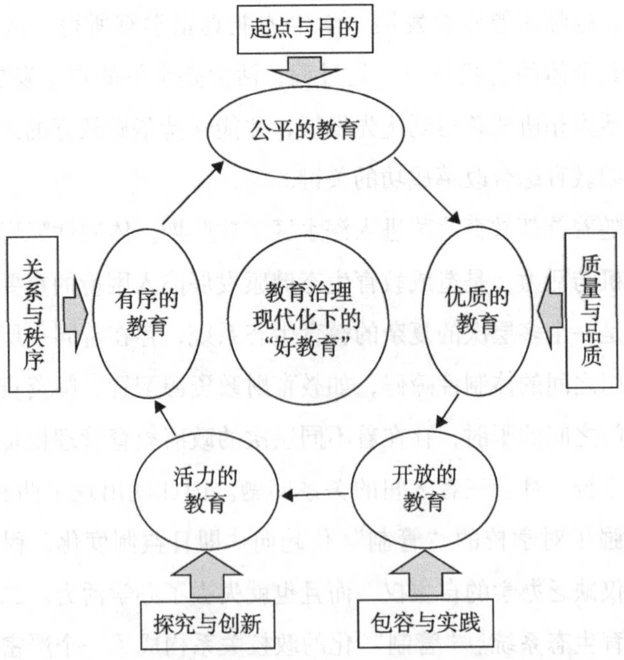

图2－2　教育治理现代化下的首都特色“好教育”路线图

激发首都基础教育活力主要包括三个方面：一是激发政府活力。在依法治教过程中，政府和教育行政部门应对教育系统、外部环境挑战及教育需求保持前瞻性、敏锐性，以及具有解决问题的适应能力和应对能力。有活力的政府在教育事务管理过程中，往往表现为有明确的理想目标和坚定的信念，以办好人民满意的教育为己任，着力提供公平而有质量的基础教育公共服务；尊重基层与民间的教育力量。“简政放权”是关键，要把该放给学校的教育管理权放给学校，该由社会和市场承担的责任交给社会和市场；政府在遵守“法无授权不可为”的行政管理理念前提下，厘清“权力清单”，明确政府权力边界，防止权力交叉和越位，深化教育行政审批制度，为公民、法人或者其他组织提供优质教育服务，减少政府对教育的直接干预，着重做好教育规划、教育决策、教育统筹和教育标准，真正打造出首都特色的基础教育公共服务模式。二是激发社会活力。由于社会组织具有非营利性、非政府性、独立性、志愿性、公益性等基本特征，为了营造充满活力的学校教育生态，首都需要最大限度地吸引社会资源进入教育领域。一方面，需要大力培育、发展与引进教育社会组织，参与教育、服务教育、评估教育的资质；另一方面，要建立、健全和完善社会组织参与教育治理的机制。今后一个时期，首都基础教育工作的重点是：建立健全政府委托管理体制，减少政府对学校办学的直接干预；引入市场竞争，通过第三方管理，最大限度地推广政府购买服务；积极探索社会力量办学的人事、税收和财政保障机制，为社会力量办学提供支持。三是激发学校活力。推进教育治理体系和治理能力现代化，“核心”是构建政府、学校、社会新型关系，“路径”是依法治教，“抓手”是推进管、办、评分离。其中，“管”是关键，着重解决政府放权问题；“办”是重心，落实学校自主办学；“评”是保障，“管”和“评”都是为学校“办”学服务的。重要的是，理顺不同教育治理主体之间的权力边界和关系，协调好社会系统中的“政府—学校”关系、教育系统中的“公—私”关系（公立学校与民办学校之间的关系），以及学校内部的“党—政”关系。在“法不禁止皆可为”的理念指导下，深入推进学校办学体制改革，积极探索负面清单(negative list)管理模式，依据不同学段、不同性质的学校，分类授权。依法完善学校机制，落实学校办学主体地位，真正实现以学生为本的学校自主发展，激发教师的教育理想、创造激情，保护儿童的童真天性，激发对万物的好奇心和探究精神，将教师“教”的活力和学生“学”的活力都引导到育人这个教育根本上来，学校教育的活力就会焕发出勃勃生机。

三、首都基础教育改革的结构性重整

基于首都基础教育的“均衡与公平、改革与活力”的基本指导原则，按照首都四个中心的战略定位和四类教育主体功能区的区域划分，结合首都经济发展水平和极高人类发展指数，拟对首都基础教育从四个中心战略定位引领下的教育资源战略布局、四类教育主体功能区下的三次产业结构变革两个方面进行结构性重整。

一是四个中心战略定位引领下的首都特色教育双循环模型。2014 年，习近平总书记对首都北京的城市功能进行了全新的定位，首都核心功能是政治中心、文化中心、国际交往中心、科技创新中心。这一定位毅然决然地放弃了几十年来的经济中心功能，有利于首都基础教育摒弃盛行已久的效率主义、工具主义和功利主义的教育观，以真正建构教育理性主义、人本主义和科学主义的教育观。对应政治中心、文化中心、国际交往中心和科技创新中心四个中心的核心功能定位，首都基础教育建构了以社会主义核心价值观为基础的爱国主义教育、以中华传统文化复兴为重任的人文主义教育、以依法治国和国际规则为根本的法治主义教育和以培养学生创造力为核心的科技主义教育。在教育综合改革背景下，建构了全新首都特色的以四个中心为引领的四位一体教育，如图 2－3 所示。

二是四类教育主体功能区治下的区位教育优势。为了避免区县同质化发展，北京市政府 2012 年对 16 个区县进行功能定位，分类指导区域发展，并按城市化水平、经济发展程度和地域特点划分为首都功能核心区、城市功能拓展区、城市发展新区及生态涵养发展区。首都功能核心区总部和金融业集聚发展，一批文化和商贸特色街区成为发展新亮点；城市功能拓展区高新技术产业引领发展，国际化商务中心功能得到强化；城市发展新区现代制造业集群化发展，新的产业集聚区逐步形成；生态涵养发展区生态友好型产业发展较快，生态环境得到提升。从此，特色分工的产业发展格局初步形成。根据教育—经济再生产理论和相应的第一、第二、第三产业均衡配置理论，首都功能核心区因已完全城市化，应发展以金融业为主第三产业的经济教育；城市功能拓展区因未完全城市化，应发展以产业化、高端化、国际化为主第三产业的国际创新教育；城市发展新区因城市化水平有待提高，应发展以现代制造业为主第二产业的职业教育；生态涵养发展区由于肩负着首都生态屏障建设和水资源环境安全，应发展以生态教育和环境教育为主第一产业的可持续发展教育。

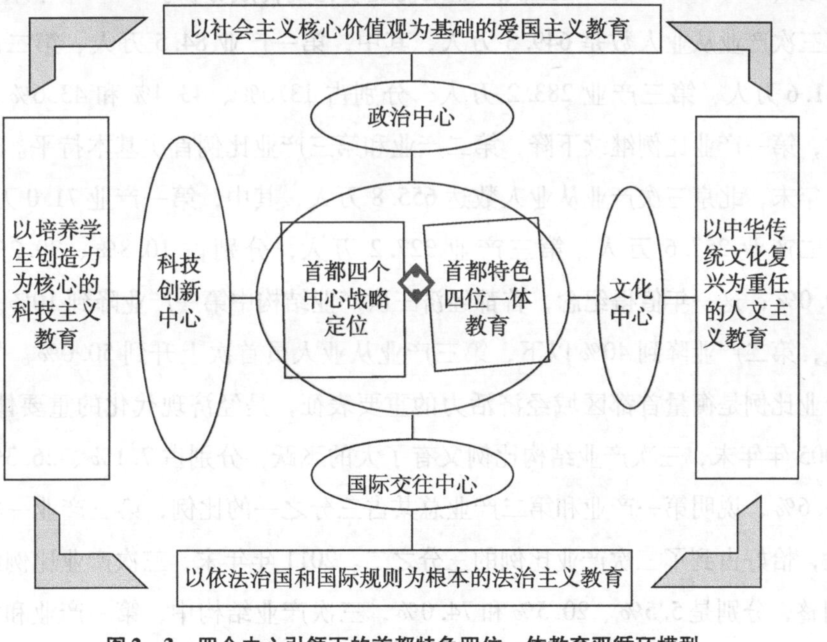

图2－3　四个中心引领下的首都特色四位一体教育双循环模型

依据经济学理论，第三产业对于现代经济发展至关重要，它的根基是各式各样的教育。几乎所有新创造的工作岗位，不论是哪个产业的，都需要技能。根据首都经济从计划经济向市场经济转型的过程，将1978年改革开放到2013年共35年时间划分为三个阶段：一是计划经济阶段（1978—1991年），

三次产业结构变动比例构成。从表2－1可以看出，1978年年末北京三次产业从业人员人数是444.1万人，其中，第一产业125.9万人、第二产业177.9万人、第三产业140.3万人，分别占28.3%、40.1%和31.6%；1991年年末，北京三次产业从业人员达634.0万人，其中，第一产业90.8万人、第二产业279.7万人、第三产业263.5万人，分别占14.3%、44.1%和41.6%。这些数据说明，到1992年党的十四大确定社会主义市场经济前，第一产业的农牧业从业人数比例下降了约一半，表明北京的城市化进程在加速；第二产业的工业企业制造业从业人数却增加了4个百分点，表明北京的经济中心地位和重工业基地不断得到强化；而第三产业的从业人员增长率是非常缓慢的，增加10个百分点用了13年时间。二是市场要素基础配置经济阶段（1992—2011年），三次产业结构变动比例构成分析。1992年年末，北京三次产业从业人数是649.3万人，其中，第一产业84.5万人、第二产业281.6万人、第三产业283.2万人，分别占13.0%、43.4%和43.6%；此时，第一产业比例继续下降，第二产业和第三产业比例首次基本持平。1997年年末，北京三次产业从业人数达655.8万人，其中，第一产业71.0万人、第二产业257.6万人、第三产业327.2万人，分别占10.8%、39.2%和50.0%；这一年值得纪念，首都经济三次产业结构中第一产业降到10%多一点，第二产业降到40%以下，第三产业从业人员首次上升到50.0%。第三产业比例是衡量首都区域经济活力的重要表征，是经济现代化的重要体现。2005年年末，三次产业结构比例又有了大的飞跃，分别占7.1%、26.3%和66.6%，说明第一产业和第二产业总共占三分之一的比例，第三产业一枝独大，恰好占到了三次产业比例的三分之二。2011年年末，三次产业比例继续调整，分别是5.5%、20.5%和74.0%，三次产业结构中，第一产业和第二产业达26.0%，占四分之一略强一点，而第三产业则达74.0%，占四分之三略弱一点。三是市场要素决定性配置阶段（2012年至今），三次产业结构深度优化期。2012年年末，北京第三产业从业人数达1107.3万人，其中，第一产业57.3万人、第二产业212.6万人、第三产业837.4万人，分别占5.2%、19.2%和75.6%，表明第一产业比例已经达到5%左右，第二产业比例已经降到20%以下，第三产业比例已达三分之二强。2013年年末，北京三次产业从业人数达1141.0万人，其中，第一产业55.4万人、第二产业210.9万人、第三产业874.7万人，分别占4.8%、18.5%和76.7%。

表2－1　三次产业从业人员年末人数及构成（1978—2013年）

年份	从业人员年末人数/万人				构成/%		
	三次产业	第一产业	第二产业	第三产业	第一产业	第二产业	第三产业
1978	444.1	125.9	177.9	140.3	28.3	40.1	31.6
1979	470.5	121.4	195.2	153.9	25.8	41.5	32.7
1980	484.2	118.0	207.3	158.9	24.4	42.8	32.8
1981	511.7	117.2	220.4	174.1	22.9	43.1	34.0
1982	535.2	115.1	228.6	191.5	21.5	42.7	35.8
1983	552.0	117.1	240.2	194.7	21.2	43.5	35.3
1984	556.2	111.3	247.9	197.0	20.0	44.6	35.4
1985	566.5	100.6	260.4	205.5	17.7	46.0	36.3
1986	572.7	96.1	262.7	213.9	16.8	45.9	37.3
1987	580.2	92.3	264.1	223.8	15.9	45.5	38.6
1988	584.1	88.4	267.6	228.1	15.1	45.8	39.1
1989	593.9	91.0	266.3	236.6	15.3	44.9	39.8
1990	627.1	90.7	281.6	254.8	14.5	44.9	40.6
1991	634.0	90.8	279.7	263.5	14.3	44.1	41.6
1992	649.3	84.5	281.6	283.2	13.0	43.4	43.6
1993	627.8	65.1	279.4	283.3	10.4	44.5	45.1
1994	664.3	73.2	272.2	318.9	11.0	41.0	48.0
1995	665.3	70.6	271.0	323.7	10.6	40.7	48.7
1996	660.2	72.5	260.1	327.6	11.0	39.4	49.6
1997	655.8	71.0	257.6	327.2	10.8	39.2	50.0
1998	622.2	71.5	226.0	324.7	11.5	36.3	52.2
1999	618.6	74.5	216.2	327.9	12.1	34.9	53.0
2000	619.3	72.9	208.2	338.2	11.8	33.6	54.6
2001	628.9	71.2	215.9	341.8	11.3	34.3	54.4
2002	679.2	67.6	235.3	376.3	10.0	34.6	55.4
2003	703.3	62.7	225.8	414.8	8.9	32.1	59.0
2004	854.1	61.5	232.8	559.8	7.2	27.3	65.5

续表

年份	从业人员年末人数/万人				构成/%		
	三次产业	第一产业	第二产业	第三产业	第一产业	第二产业	第三产业
2005	878.0	62.2	231.1	584.7	7.1	26.3	66.6
2006	919.7	60.3	225.4	634.0	6.6	24.5	68.9
2007	942.7	60.9	228.1	653.7	6.5	24.2	69.3
2008	980.9	63.0	207.4	710.5	6.4	21.2	72.4
2009	998.3	62.2	199.6	736.5	6.2	20.0	73.8
2010	1031.6	61.4	202.7	767.5	6.0	19.6	74.4
2011	1069.7	59.1	219.2	791.4	5.5	20.5	74.0
2012	1107.3	57.3	212.6	837.4	5.2	19.2	75.6
2013	1141.0	55.4	210.9	874.7	4.8	18.5	76.7

注：1. 2010年及以前，劳务派遣人员按照“谁发工资谁统计”进行统计。2011年以后，劳务派遣人员按照“谁用工谁统计”进行统计。

2. 2012年根据国家统计局关于三次产业口径的有关规定，对数据进行了相应调整。

随着首都经济三次产业结构比例中第三产业比例的不断扩大，三次产业结构进入持续深度调整期，需要基础教育相应作出有针对性的调整。三次产业结构的成功调整，与首都基础教育的教育贡献率和教育回报率呈正比。根据全国第六次人口普查统计，首都平均受教育年限1964年的第一次统计数据是5.3年，1982年统计数据是7.8年，1990年统计数据是8.6年，2000年统计数据是10.0年，2010年统计数据是11.5年。1990—2000年正好是首都普及义务教育的十年，是首都教育大变革的时期，是教育引领经济变革和产业结构调整的重要时期。与第一、第二产业部门不一样的是，第三产业部门是超群绝伦的教育成才的产业。因此，首都基础教育的比较优势在于教育密集型，而综合改革的着力点应该选择走第三产业的道路，这在未来将变得更加具有决定性的意义。

第三章 首都基础教育改革推进的战略思路

教育是一项很奇特的事业，它总是在不停地否定自我顺势而变，又不停地革新自我顺时而为。人类在进入现代社会之前，教育是一种类似手工业式的私塾或学徒制；进入工业社会后，教育又深深地打上了工业社会的烙印，课程标准、学科内容、教育模式、教学方式等都是标准化、工业化和流线型的。随着第三次工业革命的来临，首都基础教育改革要从增长型人才培养的前现代性改革，转变为适应后工业社会发展的创新性、现代性改革。下面将从区域性改革的观念力量、三力模型两个维度进行阐述。

第一节 北京基础教育综合改革的观念转型

当今中国经济正处在高速向中高速转型的新常态之时，作为中国经济引擎的工业正在塑造着自己的全新版图——工业 4.0。作为中国基础教育的引领者，首都的基础教育向来都是全国教育改革的风向标。与工业 4.0 相对应，首都基础教育正在打造教育版图自身的教育 4.0。

一、北京基础教育 4.0 版图的理性构建

按照新中国成立后的历史发展阶段和经济与教育对应理论，首都基础教

育大致可以构建出自己特有的4.0版图，即首都基础教育1.0是计划—集中式教育体制，首都基础教育2.0是商品—竞争式教育体制，首都基础教育3.0是市场—竞争式教育体制，首都基础教育4.0是市场—合作式教育体制。教育1.0时代，从1949年到1985年，标志性事件是1985年颁布的《中共中央关于教育体制改革的决定》，其中计划时代的教育突出体现在集中力量办教育，期间教育权和受教育权受到不同程度的干扰。教育2.0时代，从1985年到1993年，《中共中央关于教育体制改革的决定》的出台，正式诞生了稳定的教育人才观——“教育必须为社会主义建设服务，社会主义建设必须依靠教育”，明确了教育体制改革的根本目的是提高民族素质，多出人才、出好人才，确定了教育必须“面向现代化、面向世界、面向未来”的发展观。教育3.0时代，从1993年《中国教育改革和发展纲要》的颁布到《中共中央国务院关于深化教育改革全面推进素质教育的决定》（中发〔1999〕9号）和《国务院关于基础教育改革与发展的决定》（国发〔2001〕21号）出台，标志着中国基础教育进入了“普九”与“扫盲”并重的时期，以人力资源大国建设为目标，深化教育改革与推进素质教育并重。教育4.0时代，从2001年到2010年《国家中长期教育改革和发展规划纲要（2010—2020年）》的颁布，加快普及高中阶段教育，明确了“建设人力资源强国”的战略目标。

在教育4.0时代，首都基础教育的知识观、教育观和发展观都发生了前所未有的变革：第一，知识观由确定性向不确定性转型。如果说教育1.0时代是知识—权威型教育，教育2.0时代是知识—服从型教育，教育3.0时代是知识—技能型教育，那么教育4.0时代则是知识—创新型教育（见图3-1）。如果说前三个时代是建立在知识的确定性、未来的可预测性的基础上，那么，4.0时代的到来在一定程度上就是对知识的确定主义、现代理性主义和科学主宰主义的挑战，未来的不可预测性愈益突出，知识的不确定性也更加明显，以今日的确定性知识应对未来的不确定性，解决未来的问题已经成为历史之难题。第二，教育观由传授性向创造性转变。如今的经济现状已经不再需要顺从且遵守纪律的劳动阶层，相反，它对劳动者的阅读能力、数学素养和人文底蕴的要求越来越高。当今社会需要的是具有创造力、充满好奇心并能自我引导的终身学习者，需要他们有能力提出新颖的想法并付诸实施。之前的基础教育完全忽视了人与人之间的多样性与细微差别，而正是这些多样性与细微差别让人们在智力、想象力和天赋方面各不相同。第三，发展观由增长性向可持续性转型。首都基础教育的发展，经历了由人力数量的增长、应试分数的增长和技能训练的增长，到人才质量的发展、知识生成的发展和问题解决的发展，进而到教育的“内涵发展、均衡发展、特色发展、生态发展”四位一体发展观；教育的发展观中，以前单纯注重知识学习的增长、应试技能的增加，从根本上忽略了人这一教育根本要素，而可持续性发展中强调以人为本，人成为教育发展中的第一要务，因此基础教育发展当中追求的是教育的内涵性、均衡性、特色性和生态性的可持续发展，是人的全面发展。其中，内涵发展是教育根本，均衡发展是教育手段，特色发展是教育途径，生态发展是教育目的。教育发展的结构性变化如图 3－2 所示。

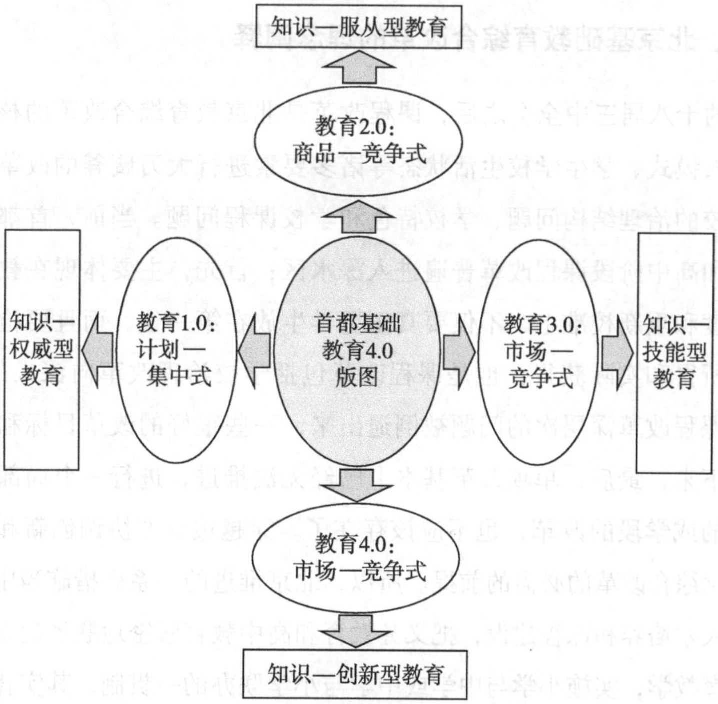

图 3－1　首都基础教育 4.0 版图构想

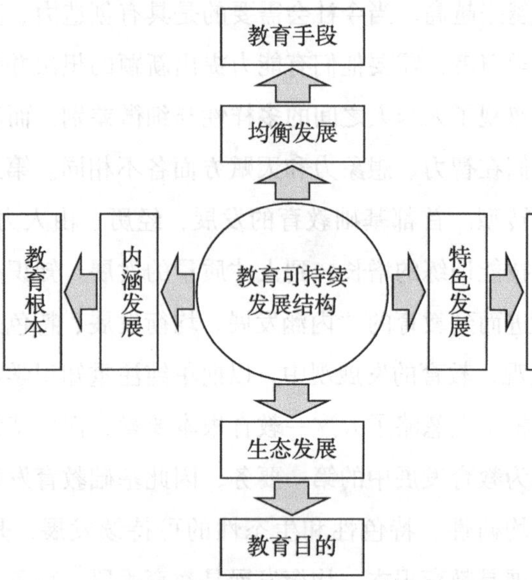

图3－2　教育可持续发展结构图

二、北京基础教育综合改革的理念阐释

党的十八届三中全会之后，课程改革是北京教育综合改革的核心，需要对育人模式、学生学校生活状态等诸多要素进行大刀阔斧的改革，实质上是学校的治理结构问题、学校特色和学校课程问题。当前，首都义务教育阶段和高中阶段课程改革普遍进入深水区：首先，主要体现在教育目标的达成度和重新校准上，不仅要真正把学生放在第一位，而且要检查学生的学有所得和实际获得，也是课程改革包括学校治理改革向深入的迈进；其次，课程改革深层次的问题被倒逼出来，一些很好的改革目标和措施需要固化下来；最后，单项改革基本上已经无法推进，进行一个局部的某一个阶段的或学段的改革，也不应该存在了。穿越边界的协调创新和系统设计是深化综合改革的必需的前提。所以，北京推进的一系列措施当中，主要围绕着人才培养和课程建设，把义务教育和高中教育紧密地联系起来，配合义务教育教学，实施小学与中学或中学与小学联办的一贯制，其实背后是一种学段间的联动。

针对首都基础教育改革进程中的种种疑难问题，北京实施了三种有效的改革理念与举措：第一，诊断比治疗更重要。教育改革其实是用改革的手段治疗教育教学过程中的疑难问题，在没有诊断清楚的情况下就进行治疗，往往有可能出现矫枉过正的现象。因此，教育综合改革应该更加关注学生的需求、成长的规律及未来的发展，不是为了满足教育部门制定的课程目标，或者达到课程设置的一些基本技术指标，或者考试成绩达到某一个标准。要加强基础教育、职业教育和高等教育之间的联动，如双培计划、外培计划等，实施区域、学校、学科之间的穿越。第二，保护比开发更重要。这是对进一步深化义务教育阶段课程改革提出的专门要求，义务教育课程改革不是着急赶进度和丰富课程设置的问题，而是保护学生的求知欲、兴趣爱好，并养成学习习惯的问题；教育的作用不是帮助孩子跟着教师走，忘掉自我，而是帮助学生通过知识学习形成思路和想法，最终发现自我、型塑自我。第三，服务比建设更重要。学校的建设、教师的配备，最重要以服务来体现，教育是服务，教师的服务怎么样，这涉及课程设计和课程实施效果的评价，所以学校应在管办评分离，加强省级统筹和学校的办学自主等方面努力做好服务。学校的服务，体现在活力个性、校内生活、课程的顶层设计以及对学生学习力的培养上。如果按照学生的身心发展规律，义务教育阶段学校的教育服务主要是以一种保护的方式来培养孩子的智力，而非以一种资源挖掘的方式进行开发。因此，从整个教育意义上讲，诊断比治疗更重要，保护比开发更重要，服务比建设更重要。

三、北京基础教育三力模型的建构设想

为了充分发挥首都基础教育 4.0 版图的教育构想功能，有效解决教育综合改革和教育治理过程中的瓶颈问题，需要将政府的决策力、校长的领导力和学生的学习力进行一体化建构，着力构建出体现首都基础教育特色的“三力模型”。从权利角度讲，三力模型是公权与私权、治权与事权、管理权与自主权之间的角力与衡平，如图 3－3 所示。

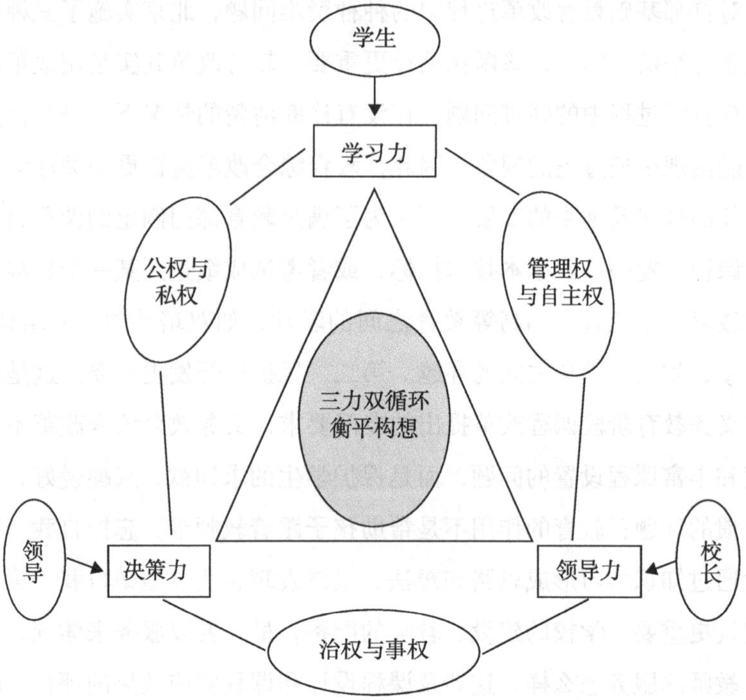

图3-3　三力双循环衡平构想模型

三力双循环衡平构想模型中，要处理好三对关系：一是对象间存在着发展需求—供给服务—调控产出的关系。政府、校长与学生之间到底存在着怎样的关系？三者之间以学生的发展需求为根本，政府以虚拟领导为代表，根据学生的发展需求提供供给服务，校长则根据本校学生实际和文化特色进行宏观调控和微观产出。二是权力间存在着公权与私权、管理权与自主权、治权与事权的关系。领导与学生间存在着公权与私权的均衡，领导代表政府行使公权力，学生代表个体行使私权力；领导与校长之间是一种治权与事权的关系，领导代表政府行使着对教育的综合治理权，校长代表学校行使着教育的事权——执行权、有限自治权；校长与学生间是一种管理权与自主权的关系，即校长代表学校行使着治域内的全面管理权，学生在学校时空内享有自主发展、自由成长的自主权。三是三力之间相互决定关系。对自上而下的教育综合改革来说，决策力对于领导的运筹帷幄、教育规划和战略定位是决定性的，它决定着校长的领导力方向和学生的学习力未来；对学校内部的教育教学治理来说，校长的领导力对学校的课程建设、教育管理、教学改进、学习变革来说又是决定性的，它决定着领导决策力的执行力度和学生学习力的综合素质；对学生来说，学习习惯的养成、学习方式的塑造、学习个性的培养和核心素养的提升等方面，学习力又是决定性的要素，它决定着领导决策力的战略定位和校长领导力的发展方向。当然，三力之间，学习力是根本，一切的目的是促进学生学习能力、智力能量和心智能量得到最大限度的培养。

（一）领导决策力“456”模型

领导决策力是现代基础教育行政部门的核心能力，对于保障政府有效履行职能、维护公共利益具有决定性意义。认识领导决策力的性质、构成要素及运行机制，是把握和提升领导决策力的关键。对于首都基础教育来说，首要的是厘清领导决策力的本质，公权力的授予关系与政府管理的使命决定了领导决策力的本质。领导决策力的应然状态与实然状态决定了决策力的能量与效度的大小：从应然状态来说，领导决策力的本质，是政府能够通过动员、获取、整合和配置决策资源来实现高效理性决策，以实现政府服务社会使命的能力量度。实际上，领导决策力是领导代表政府对全社会的价值所作的权威性分配。从实然状态来说，领导决策力所导致的价值分配能否有效，既取决于决策力的量度及其配置效率，又取决于政府对相关政策的执行力。政府决策是其行为取得合法性的核心途径。

领导决策力由多元要素构成，具体包含理念、结构、资源、制度、质量五大要素，主要由决策理念导向能力、决策结构发展能力、决策资源整合能力、决策制度运行能力、决策质量提升能力和决策学习适应能力支撑。第一，决策理念导向能力是政府决策能力的定向系统，任何政府决策都受到领导理念取向的引导与制约。教育改革能否坚守正确的价值导向和理念引领，是决定政府决策成败与决策质量优劣的关键。它必须以学生的基本学习需求为依归，结合社会经济发展的动力需要和广大人民群众的教育期望值。第二，决策结构发展能力是领导决策力的支持系统。领导决策力的有效性，取决于教育行政机构、中小学校的结构执行力和教育教学改革内部之间的协调力，如课标、课程、课堂、教学和学习之间互动协作。第三，决策资源整合能力是领导决策力的保障系统。决策资源通常是稀缺的，对决策资源的整合能力，就是教育领导决策者召唤、争取、调动决策资源为决策所用并进行有效配置，使各种决策资源的应用方式及其相互关系协调理顺实现优化配置，从而使各种资源的相互作用机制能产生有利于政府决策的最优效度的能力。第四，决策制度运行能力是领导决策力的驱动机制。教育决策制度是一个内涵丰富的多维构造，覆盖教育决策的权力结构、决策机制、决策程序和决策方式等要素。它又是一个因变量：既要受到经济社会发展水平、政治发展程度等的影响制约，又要遵从一经制定便处于相对稳定的状态约定的法则约束。第五，决策质量提升能力是领导决策力的目标实现机制。教育决策力的目的不仅是要实现决策自身的高质量目标，而且更重要的是达到满足学生学习需求的高品质。第六，决策学习适应能力是领导决策力的调适与自我完善机制。决策者能够借鉴既往决策经验进行改善调适，以提升政府决策效度的能力。只有有效提升领导决策学习与适应能力，才能更好地应对经济社会发展变化所带来的各种不确定性；主要包括对决策价值、决策机制、决策技术、决策方法、前沿决策技术和决策知识的理解和学习运用能力。

这五大要素对应的六大能力，不仅围绕首都基础教育综合改革这一目标进行规划，而且更重要的是它们也由决策运行系统、决策供给系统、决策学习系统和决策理念系统四大系统支持。首都基础教育区域性改革经过十五年来的探索，总结出了首都特色的决策力“456”建构模型——4 大决策系统、5 大构成要素和 6 大建构能力。其中，系统是维护“456”建构模型的决定性因素，要素是保障模型正常运转的支撑性因素，能力是促进模型成功构建的隐喻性因素。“456”模型是一个开放的循环体系，教育领导决策力首先由 4 大系统支持作出，领导在作出某项决策时一般先在头脑中搜索到底是由哪个系统支撑，然后再根据支持该系统的要素作出决定，决定的正确与否是由 6 大建构能力综合作用的；系统中蕴含着要素，要素中拓展出能力，系统、要素和能力之间是相互支持、相互依存的，如图 3 – 4 所示。

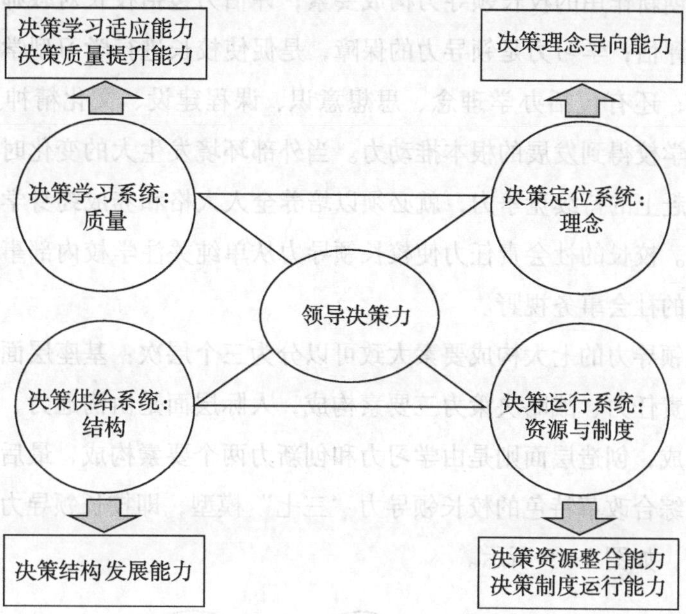

图 3－4　领导决策力“456”模型

（二）校长领导力“三七”模型

教育领导在作出决策之后，能否在学校产生影响，以及产生多大影响，在很大程度上取决于校长的领导力。那么，何谓校长领导力呢？校长领导力是作用于校长配置资源过程中的力量，是指校长在确立的学校教育目标和发展方向下，引导和管理全校师生在实现学校特色发展、教师专业发展和学生个性发展中所发挥的能力和影响力。传统上常常把领导力作为校长的自身能力和个人特质来看待，认为完全属于个人之事；从智力角度讲，校长领导力应该包括情绪智力、领导智力和学术智力。在此重点研究的校长领导力，不仅是校长自身能力，还包括外在构成因素。

现代研究表明，领导力的构成要素主要包括战略决策力、权威力、评估力、沟通力、学习力、创新力及社会责任力七大要素。校长要借助品格、才能、知识等资源形成的权威力来配置学校资源，战略决策力和沟通力是治理学校必备的领导力构成要素；评估力、沟通力、学习力、创新力是实现评审、改进创新作用的校长领导力构成要素；评估力包括校长对教师、学校进行正确的评估；学习力是领导力的保障，是促使校长进行学习型学校建设的重要抓手；还有包括办学理念、思想意识、课程建设、文化精神上的创新力，是使学校得到发展的根本推动力。当外部环境发生大的变化时，学校要具备迎头赶上的持续竞争力，就必须以培养全人人格和养成终身学习能力指数为目标。校长的社会责任力使校长领导力从单纯关注学校内部事务转向了更为广阔的社会事务视野。

校长领导力的七大构成要素大致可以分为三个层次：基座层面是由权威力、社会责任力、战略决策力三要素构成，人际层面是由沟通力、评估力两个要素组成，创造层面则是由学习力和创新力两个要素构成，最后成为首都基础教育综合改革特色的校长领导力“三七”模型，即校长领导力三层次七要素模型，如图3－5所示。

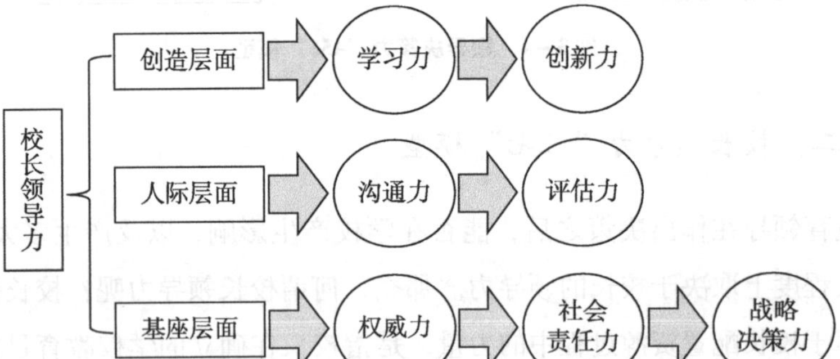

图3－5　校长领导力“三七”模型

（三）学生学习力三角模型

校长领导力最后还是要在学生身上发挥作用，那么，提升学生学科学习力就是三力构想模型的关键一环，也是解决当前教育综合改革的重要一步。三力模型的构建，是政府权力支撑的决策力、校长能力支撑的领导力和学生活力支撑的学习力之间的结构化和再平衡，一改过去政府的决策力过强的强制命令模式，变为现今的政府、学校和学生之间的协商共治模式。三力模型中政府领导的决策力要以科学力、规划力和法治力为基础，学校校长的领导力要以执行力、变革力和发展力为根基，最终体现在学生的个性化发展上，即学生的学习力提升层面的变革。

北京基础教育在学习力的模型建构上，依据学生个性化发展的总体学习力模型和德国社会科学家尤尔根·哈贝马斯建构的人类知识兴趣的多元理论，参照知识指导型兴趣下的“知识—兴趣”图式，将知识划分为经验性—分析性知识、历史性—解释性知识和批判性—解放性知识，并构建了北京特色的“学习力三角模型”：基于知识图式学和学科类型学，学习力三角模型将学生的学习力划分为自然科学领域的经验性—分析性知识所需专注力的养成、人文社会科学领域的历史性—解释性知识所需洞察力的习得、习惯规则领域的批判性—解放性知识所需创新力的获得。对于学生成长来说，这三种知识类型分别解决基于科学的实证能力、基于实践的问题意识和基于问题的思维能力（见图3－6）。

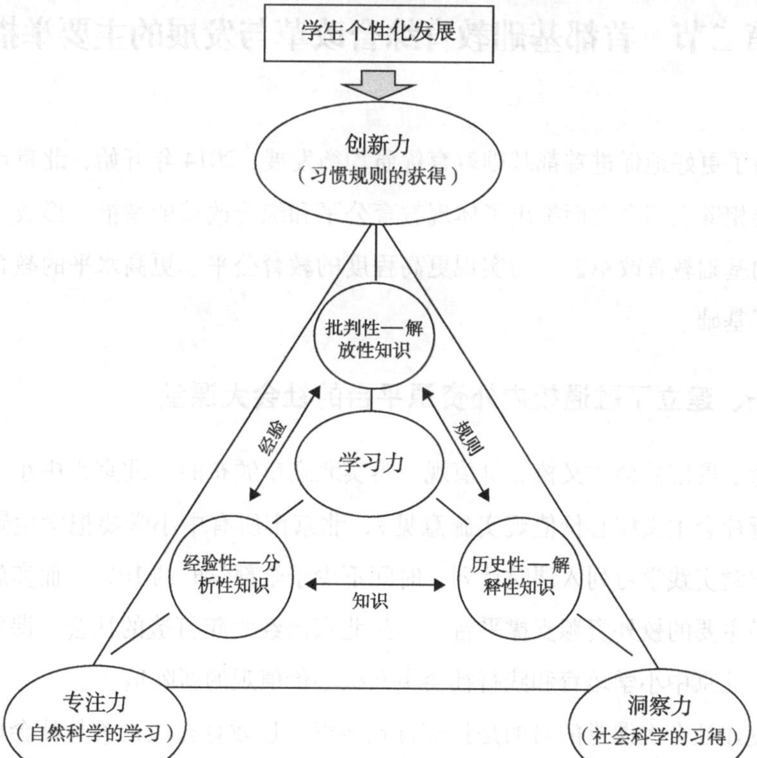

图3－6　首都基础教育“学习力三角模型”

三力构想模型的建构，勾勒出了首都基础教育综合变革的基本模型，并建构了一个较为完整的三力模型支撑体系，即领导决策力“456”模型、校长领导力“三七”模型和学生学习力三角模型。从管理体制上说，三力模型很好地界定了教育行政机关、学校校长及学校学生各自的权力与权利、智力与心智、能力与能量，较好地解决了资源与智力、心智与能量之间的供需矛盾并实现了相对平衡。从学校发展来说，它全面覆盖了高中阶段和义务教育阶段的学校教育改革，为学校教育的全要素改革奠定了基础。从学生学习能力来说，学生学习力的好坏不单取决于教与学及学生学习力的问题，而且更重要的是要与领导决策力、校长领导力连为一体。学生学习力的提升，真正体现在学生核心素养的培养上。这是三力模型的一个有力拓展与纵深延伸。

第二节　首都基础教育综合改革与发展的主要举措

为了更好地促进首都基础教育优质均衡发展，2014 年开始，北京市教育委员会相继在四个方面推出了体现教育公平和综合改革的举措，形成了首都特色的基础教育改革链，为实现更高程度的教育公平、更高水平的教育质量奠定了基础。

一、建立了融通校内外资源平台的社会大课堂

为了贯彻社会主义核心价值观，落实北京市颁布的《北京市中小学培育和践行社会主义核心价值观实施意见》，北京市所有中小学要把学生走进社会大课堂实践学习列入课时计划，时间不少于全部学时的 10%。而实施这一计划最主要的校外资源支撑平台，正是北京历经六年打造的社会大课堂，并已成为北京中小学培育和践行社会主义核心价值观的新阵地。

创建社会大课堂的目的是打破行政藩篱，让教育行政机关与社会单位携手育人。作为扩大教育资源供给的创新模式，2008 年 8 月，北京市颁布了《北京市中小学生社会大课堂建设方案》，确定由北京市教育委员会牵头，联

系北京市文化局、北京市财政局等 12 个单位召开联席会议，共同推进社会大课堂建设。各方以“合力建设、成果共享、服务学生”为原则，整合北京丰富的人文景观、爱国主义教育基地等社会单位，免费或优惠提供场所条件和合适的教育内容，供全北京市中小学生开展校外活动、进行社会实践。社会大课堂建设，既是推进新课程改革的需要，又是提升学生素质教育的途径。目前，北京市、区两级社会大课堂资源单位已经达到 1000 余家，其中得到市级认定的社会大课堂资源单位就达 571 家。

二、颁布了北京市基础教育部分学科改进意见

为了深化教育领域综合改革，解决教学“抢跑”现象、“超学儿童”及赶进度和增难度等基础教育学科教育教学中存在的深层次问题，北京市教育委员会组织制定了《北京市中小学语文学科教学改进意见》《北京市中小学英语学科教学改进意见》《北京市初中科学类学科教学改进意见》。并提出了五个方面的解决办法：一是强调依据课程标准开展教学。要求小学阶段语文、英语学科要严格坚持“基于课程标准开展教学”，强调学业基础、扩大知识面。二是培育和践行社会主义核心价值观。在语文教学中增加优秀传统文化，如古诗词、汉字书法、楹联等内容，引导学生广泛阅读古今文学名著，传承优秀传统文化。在初一、初二年级开设系列科学活动，解决好科学类学科教学的小初衔接问题，培养学生全面的科学素养。三是构建开放性的教与学模式。加强学科教学内容与社会、自然的联系，让学生学习鲜活的知识和技能。学校要组织学生走出校门，中小学校各学科平均应有不低于 10% 的课时用于开展校内外综合实践活动课程。四是鼓励运用多样化教学方式。要采用多样化教学方式，丰富课堂教学的实现形式，倡导“玩中学”“做中学”，为学生提供丰富的体验、合作、探究类的学习活动。支持“走班”“走校”以及网络在线的个性化学习，加强与社会教育机构的合作，通过购买服务，整合校内外资源。五是关注教育教学评价改革。强调构建多元化、发展性的评价体系，要求基于课程标准进行学业评价，防止不正确的评价引导教学超课标“抢跑”。小学阶段禁止统考、统测，只记录学习习惯的养成

以及参与社会活动、文体活动等学生成长情况。初中阶段开始完整记录学业成绩，开展学生学业评价。

三、建构了首都基础教育新地图

为了进一步加强省（市）级对广义教育资源的统筹力度，促进优质教育资源实质性扩大，满足广大人民群众对优质教育资源的迫切需求，“服务学生”将成为“北京教育新地图”的主题，构建起贯通学段的立体通道，让学生不出片区，在家门口的好学校完成9年乃至12年的学业，为学生成长提供优质的“无缝培养链”。以优质教育资源的重组和整合为切入点，基于这种重组和整合打出一套深化立德树人、提高教育质量、促进干部教师流动、优化选拔考试机制的“组合拳”，实现公平与均衡问题的突破。

教育新地图在某种程度上是根据四大功能区的分类变通而来的。如作为首都功能核心区的东城、西城，集中体现首都政治、文化中心功能。两区共同的特点是名校老校资源丰厚。西城区首次试行学区制，建立11个学区，并在原有4大教育集团基础上，2016年增加到15个，全面推进横向研训一体、纵向学段衔接，力促高位均衡。而作为城市功能拓展区的朝阳、海淀、丰台、石景山等区，则担负着拓展外向经济服务、大力发展高端产业的区域功能，对优质教育布局的需求迫切。因此，朝阳区根据10大功能区，定位优质教育分布，其中CBD功能区所布设的优质校达37所，占比近40%。丰台、石景山着力在与西城、海淀、东城的相邻点上布点留生源，把好学校办到学生家门口。从地图中可见，所有区县都把提供优质教育供给放在改革首位，采取了“增量推进，存量盘活”的方式，既做加法——新建、改扩建学校，又做减法——整合资源，改造薄弱校并入名校一体化管理。这是从根本上缓解择校矛盾，逐步实现了从机会均衡向实际获得的教育公平，并迈出了实质性步伐。

第一，城乡新区一体化学校建设。在“一个法人，一体化管理”的政策原则框架下，一个校长在两个校区拥有同等的人事、财务、教育教学安排、校园文化建设等各项权力，两校共享学校教育教学资源，教材、作业系统及校内考试评价实施统一管理。城乡两地的学校利用各自有利条件发挥优质教育资源辐射带动作用，这不仅是对弱校的优质资源输出，也为资源输出校提供了一个新的发展机遇。

第二，外引内联盘活教育资源。立足义务教育公益、普惠、均等的法律责任，重整结构顶层设计、外引内联盘活资源，提高优质教育供给，让老百姓的孩子在家门口就能上好学校，是各区县教育综合改革的主线。首创学区制的东城区，依托10年学区制改革的坚实基础，在义务教育综合改革中着力全区统筹配置资源：干部教师淡化学校身份，强化区域身份；学生淡化学校边界，在整体通道中联合培养；8大学区中小学全部打开门，形成统一办学空间。以“入盟入带一贯制”（加入深度联盟校、进入优质教育资源带、建立九年一贯制实验校）三条途径全面提升东城区小学教育优质品牌；通过学校深度联盟、年级托管、小班化实验等大力发展优质初中。海淀区实施名校多校多址办学，实现优质教育资源的合理布局；调整小学学区规划，扩大优质教育资源辐射范围；创新资源共享机制，建立海淀教师研修网和优秀课程资源库。通州区借力区域棚户区改造、北京市城市副中心建设，一方面采取对口捆绑、城乡一体化、引进名校新联盟等多渠道，大幅扩展优质教育资源规模；另一方面大力推进人事制度改革，干部教师整体流动激活发展动力，实现研、教、考、评等同步提升的基础教育优质教育群。

第三，构建利用信息化手段扩大优质教育资源覆盖面的有效机制。2012年起，以优质教育资源为核心，启动北京数字学校建设，精心打造供全市中小学师生和广大市民共享、共用的基础教育信息化综合服务平台。北京市教育委员会不断丰富和深化教育服务内容：一是提供无处不在的学习通道；二是提供实名网络学习空间，建立以“用户参与和个性化应用”为核心的交互式网络虚拟学习社区；三是提供丰富、多元、精品的覆盖小学、初中和高中的数字化名师课程，2013年开发模块化高中课程2000节，完成20%义务教育阶段课程资源（约2500节）的更新；四是组织开展线上线下相结合的教育活动，定期开展网络夏令营、冬令营活动，中高考考前专题辅导，学校风采展示活动，网上家长学院等活动，全方位开放；五是提供学法指导、育儿指导信息推送服务。2013 年起，北京市教育委员会还启动了北京市中小学课程教材资源网建设，通过招投标、公开征集等方式，为全市中小学生征集了数字教材、微课程、微视频、教学设计等八大类共近 3TB 的资源。北京市在教育信息化方面以移动终端为载体，以电子教材和学习方式变革为抓手，正在形成席卷全市中小学的移动学习、泛在学习浪潮。

四、通过并实施了义务教育课程设置实验方案

为了真正推进综合实践活动，在广阔的视野中改进学科教学，实现更大程度的教育公平和资源均衡，北京市不仅推出了北京新教育地图，还修订并颁布了影响极为深远的《北京市实施教育部〈义务教育课程设置实验方案〉的课程计划（修订）》（简称《课程计划（修订）》）。此次《课程计划（修订）》主要有几大方面的改革。

第一，教育理念改革。特别突出课程“整体育人”的基本理念，即统筹各学段、各学科、各育人环节、各方参与人员和育人环境，以实现全科育人、全程育人、全员育人和实践育人。

第二，通过义务教育课程设置方案实施前后的对比，发现产生了八大变化。一是育人导向的变化，更加注重学生理想信念的培养，突出终身发展的核心素养。二是关注课程的综合化、主题化发展趋势，强调课程整体育人的功能和价值。三是更加关注学生学习体验、动手实践及创新意识的培养，注重综合实践活动课程、开放性科学实践活动的实践育人的价值。四是更加关注从课堂上减轻学生的课业负担，作业布置的形式及总量均发生较大变化。五是课程更加贴近学生的生活，提供满足孩子现实生活、未来发展的课程，特别关注核心价值观、生涯指导、金融理财素养，突出学生是现实生活中“完整的人”。六是课程适应性的变化，更加注重增加国家课程和地方课程的适应性及课时保障，突出地方、校本课程的时代性、开放性和灵活性。七是明确课程自主权的进一步下放，增大区县和学校的课程自主权，课程结构中大小课、长短课体现更加灵活和契合学校，突显区域和学校的课程领导力与课程特色。八是学习方式的变化，更加注重学生体验、合作、探究和基于信

息技术的学习方式变革，让学生生动活泼地发展。

第三，实施了“课时”改“学时”的变革。《课程计划（修订）》从课时方面进行了统筹改革，尤其是综合实践活动课程九年总课时最低为630学时，其中包括研究性学习、社区服务与社会实践活动280学时，劳动技术、信息技术350学时。也鼓励结合10%的学科实践活动统筹使用时间，最高可达1083学时（品德与生活、品德与社会、思想品德学科70学时，历史与社会学科35学时，科学学科33学时，语文学科140学时，数学学科105学时，外语学科70学时）。课时安排方面：一至八年级每学期15周、每周半天（3学时）。学习学时方面：可与劳动技术、信息技术、研究性学习、社区服务和社会实践活动等统筹使用。

第四，学科实践活动的内容与数量变革。学习内容方面：可以某一学科内容为主，开设学科实践活动，也可综合多个学科内容，开设跨学科综合实践活动。活动数量要求：校内外共同实施，每学期组织5次（共15学时）校外实践活动（市级1次，区级2次，校级2次）、10次校内实践活动（共30学时）。课程开发模式：学科实践活动课程由市、区县、学校三级采取1∶2∶2的模式共同开发。

第五，多变的课堂。九年级将增加历史课、生物课；课时长短可变；七、八年级科学实践计入中考；小学中高年级课外作业一周一次；专题教育教材减为8册。

首都基础教育综合改革已探索出一条新路子，即以融通内外资源为教育供给目的，打造一个多元化、智能化及全方位的资源建设平台；以传承传统文化、提升核心素养为目的，改进部分学科的学科改进意见；以提升教育质量、促进均衡发展、防止择校和教学抢跑为目的，建构了新教育地图；为促进综合改革落地生根，突出课程整体育人理念，推行综合实践活动课程和10%课时，推出了义务教育课程设置实验。

第三节　北京基础教育发展模型构建的理性认识

首都基础教育经过改革开放以来的长期摸索，尤其是2001年新课程改革以来的实践探索，取得了一系列丰硕的成果，如在全市进行的基础教育课程改革中建构了“六位一体”的课程自主模型，极大地深化了课程改革；在三级课程整体建设中，提出了学校课程建设的梯度推进理论；在教育教学改革中，从高效课堂建设走向了课程整合建设，从知识传授型逐渐转化为能力探索型。评价方面，从以应试为主的终结性评价转向了过程性评价与终结性评价相结合的综合素质评价。这一系列成果筑就了首都基础教育的特色性和引领性，但与国际教育改革形势、人的全面发展和经济社会需要相比，首都基础教育不仅要基于首都的区域性发展模型，而且要能够体现现代性特色。对于首都基础教育来说，应从以下三个方面来进行认识。

一、经济战略调整的教育公平性与区际均衡性

首都北京正在面临着经济战略调整和城市规划战略转型的叠加式的双重挑战。经济战略调整，意味着：第一，首都经济必须从投资拉动型经济逐渐向创新驱动型经济转换。即现在的投资、内需和出口“三驾马车”亟须转变为未来的创新、需求和出口“三驾马车”，从过于追求GDP总量转向总量与质量并重。第二，首都经济的三次产业结构从一、二、三到一、二、三再到一、二、三，比重从大到小，到大小基本均衡，再到从小到大的排列。2013年年末，三次产业结构比例已经变为4.8∶18.5∶76.7；而美国2007年的三次产业结构比例是0.7∶22.6∶76.8，与美国相比，北京的第一产业从业人数比例比美国还要高4.1个百分点，第二产业从业人数比例比美国少4.1个百分点，第三产业从业人数比例基本相等。这说明两个方面的问题：一方面，首都的农业从业人数还很多，农业现代化还需要经过一个相对长的时期，基础教育要为首都第一产业的农业提供农业科学技能型人才，还要进

一步将第一产业中转移出来的劳动力经过教育培训充实到第二、第三产业当中。另一方面，首都第三产业比例虽与美国第三产业持平，但是从事创新创意工作的人员数量偏低，如2013年首都信息传输、软件和信息技术服务业、租赁和商务服务业以及科学研究和技术服务业从业人员所占的比重分别为8.4%、12.8%和8.6%，比2004年分别提高4.4、3.8和3.1个百分点；而且关键是缺少真正推动首都第三产业发展的创意创新。因此，首都基础教育未来的发展方向之一就是培养能够促进服务业发展的创新创意型人才。

进入21世纪后，首都城市规划战略先后经历了2008年的世界城市战略、2012年的四大城市功能区经济划分战略、2014年的四个中心政治定位战略和京津冀协同发展战略四大战略。其实，四大战略依次解决的是城市的高端形态与国际化程度、经济功能区分与差异化发展、政治定位与功能疏解、辐射效应与协同发展等方面的问题，是以城市战略为统领、经济战略和政治战略为支撑、发展战略为动力的“四位一体”城市发展战略。“四位一体”城市发展战略在很大程度上说，都是为了解决资源的不均衡分布问题及教育公平性问题，尤其是京津冀协同发展战略中北京市政府东迁通州的战略抉择，对教育均衡发展来说是里程碑性的，使得首都基础教育由区内均衡向区际均衡迈出了坚实的步伐；这里，首都基础教育又会在北京新教育地图的基础上实现教育资源的再平衡战略，通过将功能核心区的优质教育资源移植到城市新区，即实施“名校办分校、一体化管理”体制，初步探索区际教育资源的均衡性发展。

二、教育理论的经济依附性与自主建构性

长久以来，我国教育尤其是基础教育遵循的是培养又红又专的社会主义接班人的教育观。新中国成立后，在教育理论的研究应用上多数是移植与借鉴苏、美等国的教育理论和教育思想；直到改革开放以后，随着基础教育的蓬勃发展，经济至上主义决定了教育理论研究的经济依附性，主要体现在两个方面。一是经济主义理论主导并推动基础教育改革。如当前的基础教育综合改革中广泛应用的“需求—供给”理论，即根据学生的实际需求，政府和

教育工作者提供适量的资源供给；还有潜在应用的经济—教育再生产理论，即应用经济再生产和扩大再生产理论来培养青少年学生；以及经济—教育对应理论，即经济的发展决定了教育的培养方向，二者之间是一一对应关系。二是人才观的经济决定性决定了教育改革自上而下的单向度性宿命。改革开放极大地解放了人的逐利本性，人的一切发展要为经济发展大局服务，作为教育对象的人也不例外，从人力观—人才观—人本观的发展脉络中就可以看出，人力观是要将人培养成为经济发展服务的劳动力，是一种经济主义主宰的经济资源观；人才观是以人人成才理念为主导，将人培养成国家经济社会发展有用的人才，是一种科学主义主宰的科技资源观；而现今社会的发展，需要教育将人培养成真正的人，这样的人是一种全面而又有个性的人，只有这样的人才具有自主性、发展性、建构性和创新性，也只有这样的人才能使人和教育摆脱经济依附性，最终成为个人理想和社会需要的自主建构性与自我创新性人才。

在社会转型之际，首都基础教育特别需要一种能够引领基础教育走向一种良性发展的理论建构模型。经过十几年的改革探索，首都基础教育建构出了富有首都特色的基础教育发展模型——三力模型。实践证明，该模型提升了教育行政部门领导的决策力，增强了各个中小学校长的领导力，提高了学生学科学习的学习力。尽管如此，建构的三力模型，尤其是与市级教育决策密切相关的决策力模型，受到了京津冀协同发展的战略规划性、三次产业结构调整的教育转型性和四大主体功能区间的资源公平性的深刻挑战。

三、三力模型的协同共赢性与未来发展性

经过数年的实践探索，首都基础教育最大的特色不仅是建构出了独具特色的三力模型，而且还在于该模型具有两个方面的特色属性。

一是从内部关系上说，三力之间具有自独立性与协同共赢性。自独立性，即领导决策力、校长领导力和学生学习力三者都是独立的、自主的，各自在自身领域拥有相对完备的权利。协同共赢性，是指三力的行使对象，如领导、校长和学生在行使各自一力之时，并不是绝对的，完全不用与其他力

产生交际，而是三力之间相互交叉、协同共赢，突出地体现在当中的每个实施者都需要决策力、领导力和学习力的支撑。从三力模型中可以看出：如果领导的决策力没有领导力和学习力支撑，那么领导作出的决策一定会大打折扣；如果校长在实施领导力时没有一定的决策能力，也没有持续的学习能力，那么校长的领导力和权威性都会严重受影响；如果学生在学习时只是一味地提升学习力，没有整合课程、统御知识的领导能力，也没有一定的遇事决策能力，那么他的学习力也只能是单边的、缺乏发展性的学习力。如此说来，三力模型中的决策力、领导力和学习力仅仅具有自独立性还远远不够，唯有同时具有协同共赢性，才能使首都基础教育改革实现改革收益最大化。

二是从整体上来说，三力模型又具有未来发展性与素养衔接性。三力之力并不能简化为一种能力，更不能简单化为一种生活的技能，而是工作技能、智力能力和心智能量的混合体。这样说来，三力模型在未来还具有极大的发展性，不单是教育学上的三力模型，也可以从心理学上进行新的阐释。这就是说，三力模型既具有横向的拓展性，又具有纵向的动态发展性。素养衔接性，指三力模型尤其是学习力三角模型中的专注力、洞察力和创新力与培养全面的人所具有的核心素养全面衔接，即与核心素养中的文化修养、自主发展和社会参与全面对接。这就要求学生在日常的学习中努力在文化修养、自主发展和社会参与三个方面培养专注力、洞察力和创新力，从而全面提升自己的学习力与核心竞争力。

决策力也需要辩证对待：由于学校的教育治理奉行有限决策理论，不要单纯以政府领导的决策力来左右整个教育改革，使得教育改革只能沿着自上而下的单向度路径进行，没有全体师生自下而上的双向度回路的觉醒和推进，改革是无法取得完全成功的。

课程建设篇

如果说市场是一只看不见的手，那么，课程就是教育现代化过程中活动着的一只无形的看不见的手，基于学生实际需求的课程资源供给，承担着实现教育供给侧改革的重大使命。

第四章 新常态背景下的课程内涵与课程建设影响因素

第一节 新常态背景下的课程精义与建设使命

2014年5月以来，“新常态”一词已红遍了中国的大江南北和千家万户，它不仅成为一个年度热词，而且还是中国当下治理经济、政治、社会等领域的一种新机制，最终逐渐上升为影响人们心态和思维的新方式。新常态要求教育进行内外交合的新变革，要求重新解读课程的内涵，明晰课程建设的责任和使命，目的是促进教育的长远发展。本节通过对课程的解析，需要明确两个理念：一是明白教育的新常态要求课程的新变革；二是明确课程不仅是教育的核心供给要素，更是教育的物质存在方式。

一、新常态背景生发的教育问题

（一）新常态的内涵

“新常态”是习近平总书记2014年5月在河南考察时首次提出的重要理念。他说：“中国发展仍处于重要战略机遇期，我们要增强信心，从当前中国经济发展的阶段性特征出发，适应新常态，保持战略上的平常心态。”

“新常态”之“新”就是“有异于旧质”；“常态”就是时常发生的状态。新常态就是不同以往的、相对稳定的状态。这是一种趋势性、不可逆的发展状态，意味着中国经济已进入一个与过去30多年高速增长期不同的新阶段。中国经济呈现出新常态，从高速增长转为中高速增长，经济结构优化升级，从要素驱动、投资驱动转向创新驱动；“新常态”使中国政治生活、社会建设、社会治理、社会风尚及文化发展进入新阶段，呈现出“新常态”。

新常态的出现，由两种新情况导致：一是随着客观世界不断发展、随着社会主义现代化建设出现的新情况、新变化而导致的一种势逼至此的新常态，这当然是需要我们用平常心态去认真看待和对待的；二是习近平总书记在十八大报告中提出的夺取中国特色社会主义新胜利的8条基本要求，对党的领导、改革开放、发展稳定、内政外交、治国治军等方面产生了一系列充满希望的新变化和新气象，并开创出中国特色社会主义事业的新局面。

（二）经济新常态引发了教育新问题

中国经济目前正处在经济增长速度换挡期、结构调整阵痛期和前期刺激政策消化期三期叠加的重要时期，整个经济领域在市场主体地位的引领下和法治制度治理的规范下，呈现出了前所未有的特点：

一是经济上不再唯GDP论和GDP至上，更加注重经济发展质量；

二是经济增长速度上从前几年的高速增长转为近年的中高速增长；

三是经济结构不断优化升级，一、二、三产业结构比例更加趋于平衡合理，从2013年开始第三产业增加值占GDP比重达46.1%，首次超过第二产业，而2014年上半年经济数据显示，第三产业占GDP比重升至46.6%（见图4－1）；

四是经济发展动力逐步从要素驱动、投资驱动转向创新驱动；

五是货币政策从“量化宽松”转向了“质化宽松”，既注重缩减广义货币（M2）的发行量，又注重广义货币与国内生产总值（GDP）比例，2014年广义货币余额是122.84万亿元，国内生产总值是63.64万亿元，二者比例是1.93∶1。比例越低说明货币发行数量越少，国内生产总值质量越高。

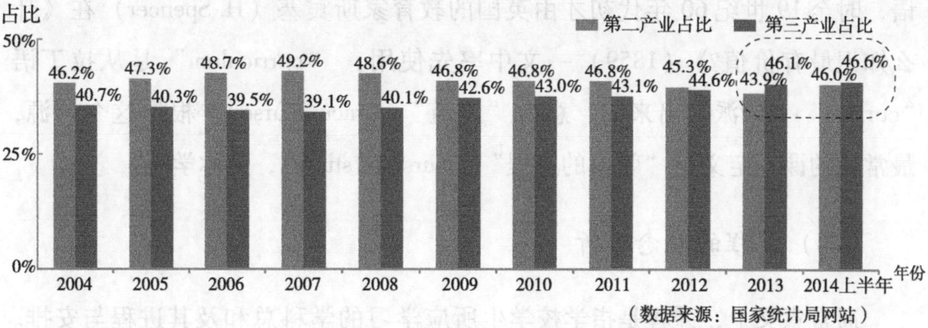

图4-1　2004年至2014年上半年第二、第三产业比值图

根据经济基础决定上层建筑的理论，经济领域的新常态变革迟早会传导到上层建筑的教育领域，进而引发教育的新变革。在教育进入新常态之前，我们首先要了解经济新常态特征到底会触发哪些教育新问题。根据长期以来教育发展与经济发展之间存在的对应原理，教育领域存在着以下几个鲜明问题：一是教育质量还存在着对GDP和唯分数论的单向度追求问题；二是教育还存在着区域均衡和城乡差距交织的复杂性难题，前者如京津冀一体化区域内的区际教育均衡发展问题和东中西部的地区教育均衡发展问题，后者如城市和乡村教育差距问题；三是课程改革与课堂教学的匹配与协同推进问题，存在着课程改革突飞猛进与教学改革日渐式微的问题，存在着人力资源与人才创新的难题。

要解决这些教育难题，需要通过解构课程内涵、分析课程要素来探寻教育新常态、课程新变革及新使命。

二、课程的内涵分析

（一）课程的原点追溯

“课程”一词的原初含义，目前有两种不同的追述：一是前辈学者的“赛马场”理论。其中最有名者，当属横跨清末、民国和新中国的三期学者熊子容先生的“赛马场”理论。他认为西方人称“课程”为“curriculum”，语出拉丁，原为“赛马场”之意。二是当代学者的“跑道”理论。如徐继存、周海银、吉标认为，课程一词，英文为“curriculum”，最早源于古拉丁语，时至19世纪60年代初才由英国的教育家斯宾塞（H. Spencer）在《什么知识最有价值?》（1859）一文中率先使用。“curriculum”是从拉丁语“currere”一词派生出来的，意为“跑道”（race-course）。根据这个词源，最常见的课程定义是“学习的进程”（course of study），简称学程。

（二）课程的概念分析

通常意义上，课程是指学校学生所应学习的学科总和及其进程与安排。它分为广义和狭义两种。广义课程是指学校为实现培养目标而选择的教育内容及其进程的总和，它包括学校教师所教授的各门学科和有目的、有计划的教育活动。狭义课程是指某一门学科。

西方意义上，课程含义为跑道，其名词为不同学生设计的不同轨道，一种传统的课程体系；其动词是“奔跑”，即课程重点放在个体认识的独特性和经验的自我建构上，得出完全不同的课程理论和实践。

现在对课程进行本土和外来两个方面的解构分析：一方面，着眼于本土方面，课程主体是学生、学校、教师三类，课程对象分别是学科总和及其进程与安排，教育内容及其进程的总和，各门学科和教育活动，某一门学科；另一方面，着手于外来方面，课程主体只有学生，对象是跑道、轨道、个体认识、奔跑经验、动态学习的进程。经过比较，发现国内现在通行的课程概念至少存在着三个方面的不足：首先是课程主体过多问题，这就等于没有主体；其次是对象指向不符合课程高位理念，学科及学科总和的界定有偏狭、具体之嫌，束缚了课程改革的纵深发展；最后是概念中缺少个体认识和能动经验，将动态的学习进程固化为静态的学程或教程。

解构现行课程概念的目的，是重新建构课程的内涵。根据课程本源和中西比较，可以将课程界定为：课程是指学生与学校和教师之间沟通的知识媒介，是为了增加学生个体认识、独特体验和成长智慧而设计的不同跑道和学习进程。课程本质上是知识、行动和自身之间协调性、一致性的反映，而非学生和课程设计者之间片面的、割裂的学科世界，应是对知识和能力的管理和促进。

（三）学校课程的类型建构

依据其内涵和本质，课程到底有几种类型呢？其实，归根结底只有一门课程，即人是怎样成为人的课程。基于现代社会中学校开设的课程，是为了实现延续生命的活动和维持生命的活动这样两个目的，从课程实施的角度来讲，课程内在地包含着教育主旨、教材、教法和训导。

根据类型学的类别，不同的人员需要不同的课程，大致有如下三种分类。

一是根据知识再生产类型学和青少年对不同知识的差异需求，可将学校课程划分为基础类课程、拓展类课程、研究类课程（或特长类课程）三大课程供给种类。这是目前北京市大多数中小学所奉行的课程建构类型。这种划分方法是依据德国社会科学家尤尔根·哈贝马斯的知识多元兴趣理论而来的。他在1971年指出，人类对知识的兴趣是多元的。在人类科学中，可以见到三类科学认识论相对应的知识指导型兴趣。据此人们的知识可分为经验性—分析性知识（该知识是潜在的技术控制取向，与自然科学相联系）、历史性—解释性知识（该知识是人文文化取向，与社会科学研究相联系）、批判性—解放性知识（该知识是质疑、批判取向，与人性相联系）三种类型，可将学校课程作此三类划分。

二是根据技能再生产类型学和青少年对不同社会经验的及时获取，可将学校课程分为文化（人文精神）素养课程、生存技（科学技术）能（能力）课程、家庭教育课程和社会发展课程四个类型。这种分类主要依据尚塔尔·墨菲的技能类型分类，她将技能区分为三种基本类型：文化技能，与知识的发展和散播以及符号的掌控有关（如艺术家、纯粹的理论家、知识分子、教师等）；技术技能，它使在操纵事物的意义上得以应用知识（如工程师）；政治技能，与管理或操控别人有关，即“在权力关系的领域内采用自己的优势来做事的能力”。

三是根据文化再生产类型和青少年自主发展的欲求，可将学校课程分为卫生课程、职业课程、公民课程和休闲课程四个领域。在与社会经济对应原则的基础上，学校其实是一个传承文明、生产文化和再生产精神的主要社会组织机构，课程是实现这一目的的主要手段。基于青少年自主发展的欲求和文化再生产理论，学校课程既要照顾人的生存，还要兼顾人的发展，人的生存要依托卫生和职业，人的发展就要基于公民和休闲。

三、学校课程建设的重大使命

教育既是一门在传承知识的基础上再生产文化的科学，又是一门培育人性的艺术。因而，学校教育的知识场域是一个严密的符号商品生产体系。在1999年前，全国实施的是国家课程大一统的垄断性符号商品生产体系，全国只有“一纲一本”的高度集中的国家课程开发模式和课程管理体制。随着经济社会的发展，教育的自由度和开放性越来越大，教育需要从内部打破这种垄断性符号生产模式。1999年6月，《中共中央、国务院关于深化教育改革全面推进素质教育的决定》中提出：“为保障和促进课程对不同地区、学校和学生的要求，实行国家、地方和学校三级管理。”这一决定使得学校真正具有课程管理的自主权。2001年6月教育部印发的《基础教育课程改革纲要（试行）》中指出：“为保障和促进课程适应不同地区、学校和学生的要求，实行国家、地方和学校三级管理。增强课程对地方、学校和学生的适应性。”三级课程管理体制的实施，说明课程管理由“中央控制”的权力高度集中的垄断模式转向了“中央控制+地方自治+学校自主”的权力分治共享的联合模式。

由于权力分治共享的联合模式的推行，学校获得了课程开发的自主权，使得学校教育有可能出现课程符号商品生产与合法性符号暴力行为并存的内在冲突状态，因为学校在一定程度上获得了开发合法符号暴力的垄断权力。这种垄断课程符号暴力的教育行为产生了双重任意性，即权力是任意性的，所强加的文化也是任意性的。正如英国著名的政治学家和历史学家阿克顿勋爵所言“权力会产生腐败，绝对的权力产生绝对的腐败”，学校这种不加约束的、任意性的课程开发权，是否会与原有的课程体系、知识结构产生冲突、对抗，这是我们每一个课程建设者和教育工作者要面临的问题。

为了更好地规范学校任意性的课程开发权力，促进学校课程建设工作的良性、有序和健康发展，教育工作者在课程建设过程中就肩负着多元化的建设使命。具体而言，学校课程建设肩负着四个方面的使命。

（一）课程建设的价值使命

课程建设必须遵循其内在的价值使命。每类每门课程的开发乃至学校课程的整体建设必须有其正确的价值导向，即必须坚持主流意识形态教育内容的价值导向。课程开发过程中既要有正确的政治导向，还要有求真的知识价值。这里的意识形态不仅仅是在某个计划、策略、哲学等中表明的一套观念，更重要的是，它表达了每个社会行为总有一个意识形态维度的事实，即在分析每个社会和技术过程时，都应该认识并反映“意识形态”因素。它常常被理解为“社会存在和在产生意义的社会过程领域中开展社会斗争的形式”，如社会中经常存在着有意义的诸如地区发展不平衡和文化问题等方面的冲突。

（二）课程建设的社会使命

教育的主要任务是为思维活动开辟渠道——保持它的焦点，确保它在正确的轨道上。这就要求学校课程建设不能闭门造车，要遵循课程建设的跑道意识和思维的轨道模式，让课程建设具有开放性色彩。学校在课程建设过程中需要做到以下两点：一是课程开发者能够有效地将社会风俗、社会礼仪、社会制度、社会建设和社会治理等内容，转化为学生易于学习、能够转化的课程内容、社会活动和社会经验；二是课程开发者通过开发的课程能够达到训导学生道德、教化学生品行、教养学生人格和强健学生精神的目的。

（三）课程建设的行动使命

课程，从其本源上来说，非静态的过程而是动态的进程。学校在进行课程建设时不能简单地认为，课程建设仅仅是绘制一张能够展示的学校课程示意图而已，而是要设计一套学校领导可以统领、教师可以有效实施、学生易于选择和能力能够习得的课程体系。因此，学校建构课程体系时，既要遵照课程建设的弹性化和灵活化，又要坚守课程实施的行动化和有效化。

（四）课程建设的整合使命

知识是一面多棱镜，不同的角度会有不同的呈现样态。为此，学校在课程开发过程中就肩负着将多样态的知识整合成富有逻辑的知识体系的使命。根据知识的不同组织方式，可将其划分为不同的类型：第一，依据知识的社会组织，可将课程整合分为机械整合和有机整合，课程整合的总体趋势是机械整合不断向有机整合的转型。这种整合又可对应为集合的课程和整合的课程，集合型课程以其对严格限域内的知识的强大分类为特征。与此相对，整合型课程则是由选择和组合可以更加自由发生的弱化分类和渗透性边界来界定的。第二，依据知识的学科组织，可将课程整合分为学科内整合和跨学科整合。这种整合实际上对应着学科内的纵向知识整合和学科间的横向知识整合。从这个角度讲，学校课程通过整合理念和方式，将知识重组成了一个纵横交错的知识网络。

新常态背景下的基础教育课程建设，不仅是厘清课程的内涵问题，而且更重要的是课程改革与教学改革协同推进和一体化实施的问题；不仅是重新设置中小学的课程问题，而且更重要的是更新教师的课程意识、变革教师的课程理念、规范教师的开发权力和融合课程的多重使命问题。

第二节　影响学校课程建设的个性化因素

当前，在基础教育领域，学校课程建设被视为课程改革的出路。每所学校的课程建设都是“走自己的路”，每所学校的课程体系也都是独特的、个性化的、无法复制和模仿的。自 2001 年以来的十三年课程改革中，可以说从政府到学校都在“建设好课程”之路上奋力前行，“好的学校课程”被视为教育改革的“出路”。

所谓学校课程，就是在学校育人目标统领下的学校各类课程的整体构成，它以促进学校的特色化发展和学生的全面而有个性的发展为标志。课程建设是学校教育教学的蓝图和依据，决定了学生素质的发展方向和水平。由此，一所学校的课程建设就像一个人的一张脸一样，无可辩驳的具有个性化和不可复制性。影响学校课程建设个性化的主要因素有学校教育理念、学校办学目标、学校培养目标、学校课程目标等。本书就影响学校课程建设个性化的各要素内涵及基本关系作一简单梳理，以期对学校课程建设有某些指导意义。

一、学校教育理念的独特性

什么是教育理念?《中国大百科全书·教育卷》(1985 年版)、《教育管理辞典》(1989 年版)、《教育大辞典》(1990 年版)、英文版的《大不列颠百科全书》(1993 年版)，均没有“教育理念”这一词条。尽管我们还处在对“教育理念”尚无明晰定义的阶段，但这并未妨碍人们对“教育理念”的频繁使用，由此说明“教育理念”已被教育界内外广泛认同。有学者通过大量的文献研究，给出了这样的厘定，即“教育理念是教育主体在教学实践及教育思维活动中形成的对‘教育应然’的理性认识和主观要求”。教育理念不是教育现实，但源于对教育现实的思考，是教育主体对教育现实的自觉反映。毫无疑问，教育理念之于教育实践，具有引导定向的意义。在教育实践中，对学校课程建设直接发挥作用的第一个要素是学校的教育理念。知识经验能否进入学校课程，以及学校为什么要设置有关的课程，都要经过学校的教育理念来筛选、确定，所以学校课程建设必定打下学校教育理念的烙印。学校的教育理念必须明晰化。如陈经纶中学的教育理念是“建设个性化学校，成就个性化教师，培养个性化学生”；北京师范大学朝阳附属中学的“生命绽放”教育理念，让生命绽放的核心价值观是关注学生的全面发展，尊重学生发展的无限可能性，激发学生自主学习、自主成长的意愿，形成积极奋进的精神状态，为每一个学生的发展提供平台。只有教育理念明晰、独特，学校办学目标、培养目标和课程建设目标才能具体明确，人才培养才能有的放矢。

现阶段在学校课程建设实践中，对教育理念的认识及在课程建设中的指导意义还存在一些问题。

第一，为数不少的学校没有提出本校的教育理念，而是将我国义务教育阶段的培养目标作为学校的办学理念，将培养目标人为上升为教育理念，即要使学生具有爱国主义、集体主义精神，热爱社会主义，继承和发扬中华民族的优秀传统和革命传统；具有社会主义民主法制意识，遵守国家法律和社会公德；逐步形成正确的世界观、人生观、价值观；具有社会责任感，努力为人民服务；具有初步的创新精神、实践能力、科学和人文素养以及环境意识；具有终身学习的基础知识、基本技能和方法；具有健壮的身体和良好的心理素质，养成健康的审美情趣和生活方式，成为有理想、有道德、有文化、有纪律的一代新人。或者将新课程改革理念“一切为了学生，一切为了学生的发展”作为办学理念来实施。这里不仅混淆了教育理念与培养目标的关系，而且也将使学校课程因没有精神指导而陷入空中楼阁的境地。第二，提出了教育理念，但概念不清晰具体，对于为什么提出这样的教育理念，不进行科学充分的论证，概念大而化之，甚至人云亦云。如某区县有近10所中小学校都提出了“生命教育”的教育理念，或者要建设完整的生命教育课程体系。但对于为什么提出这样的教育理念及本校理念同其他学校理念的区别在什么地方，既说不出理论依据，也拿不出学校现实依据，对于生命教育课程体系的内涵和外延稀里糊涂。这种标签式的课程建设是很肤浅的。第三，不能区分教育理念与培养目标的关系，如有的学校将“做最好的我”这一论题既作为教育理念，又当作培养目标，这种直接将教育理念当作培养目标的做法，使教育理念没有很好地落在现实层面，既降低了教育理念在学校课程建设中的灵魂指导作用，也拔高了培养目标的作用。

二、学校办学目标的个性化

学校办学目标是学校发展前景的形象设计，是学校未来要达到的质量水平标准。学校办学目标一旦确定，将对学校所有成员具有强大的感召力和凝聚力。学校办学目标内涵主要包括方向、程度和时间三个要素。学校办学目标的三个要素当中，最重要的是方向，而方向往往又是和学校特色密切联系的。学校特色是立足于本校，密切结合学校实际的产物，是在教育实践中努力挖掘、继承发扬并积极创造某一方面或某些方面的优势，所形成的运行机制、办学风格和教育教学模式。学校办学目标是校长审视学校历史、现状和对现代教育理解的基础上所谋划的学校未来发展愿景，所以每所学校的办学目标都是结合学校发展的历史和现状呈现出独特性的。如作为百年老校的陈经纶中学的办学目标是办学个性化、施教科学化、校园数字化、学习国际化、规模集团化，让全体学生都得到健康、活泼、主动的发展，全面践行素质教育。而作为合作办学的后起之秀北京师范大学朝阳附属中学的办学目标是秉承北京师范大学的办学传统和教育理念，依托其优厚的教育资源以及朝阳区丰富的社会资源，建设办学特色鲜明、文化氛围浓郁、育人底蕴丰厚的基础教育优质学校。具有逾半世纪办学历史且有鲜明办学特色的芳草地国际学校的办学目标是努力成为首都基础教育的典范和中国国际教育的品牌学校。

办学目标与学校课程建设存在必然联系，但不是直接联系，也就是说学校办学目标不能直接作用于课程目标及课程建设。当前，有的学校直接以办学目标推导出学校课程建设的框架，是不科学的。因为这里还缺乏学校教育理念、学校的培养目标的指导，也缺乏对学生、社会和知识的分析，所以不能从办学目标导出课程建设。如果直接以办学目标进行学校课程建设，就会犯主观主义的错误，即为了尽快成为名校，将不切实际地开设高、精、尖的课程，或直接模仿名校的课程，造成课程建设脱离学校发展实际，脱离教师发展实际，脱离学生发展实际。如一所处于发展过程的普通学校的办学目标是建设环境优美、设施先进，管理有序、师资雄厚，质量上乘、社会满意，在某某市有较大影响力，全国有较高知名度的现代化、示范性的一流学校，把某某中学打造成为中国基础教育的特色、知名品牌。为此，开发建设了一些脱离实际的、看起来很“震撼人心”的课程，如具有挑战性的美国大学先修课程 AP 课程、SDP 课程、科学创新实验班等课程，这些无异于拔苗助长。

三、学校培养目标的具体化

学校培养目标是在办学理念和办学目标的具体指导下的培养人的具体要求。它既是学校课程建设的内容，又是整个学校课程设置和课程结构的直接依据，是学校所要造就的人的形象。培养目标必须是相对具体和个性化的，如果所有学校的培养目标都是一样的，那么培养的人也就没有多样性、个性化所言。北京师范大学朝阳附属中学的培养目标明确为培养在交流、协作、批判、创造、反思、责任等方面具有良好素养，具有生成与发展、学习与创新两大核心能力的初中学生。北京市第八十中学的培养目标是培养有理想、负责任、会学习、善合作的现代中学生。芳草地国际学校的育人目标是培养具有中国情怀、国际视野的芳草学子。

培养目标必须是全面的和相对具体的，是教育理念的具体化。但在学校课程建设过程中，对于培养目标的解读和运用也存在误区，具体体现在以下三方面：一是有的学校根本就没有提出学校的培养目标，直接用教育理念代替培养目标，这在上面已经提到过。二是培养目标过于抽象，不具体，对于到底要培养什么样的人才模糊不清。如有一所学校提出的培养目标是基于人的卓越发展，育走向世界的精英人才。培养学生具有健全的公民素质、卓越的学业基础、突出的创新品质和开阔的国际视野。这里，修饰公民素质、学业基础、创新品质和国际视野的“健全”“卓越”“突出”和“开阔”等都是抽象的，不能描述清楚培养人的形象。而“让每一位学生都成为人文丰盈、数理见长、人格健全、国际视野的人”这样的培养目标是清晰可见的。因为培养目标中有明确的概念界定：“人文丰盈”，即形成敬畏生命、热爱生活、敢于担当、向往幸福的品格；“数理见长”，即树立崇尚科学、追求真理、勇于实践、务实创新的态度；“人格健全”，即养成恪守自尊、通情豁达、积极自信、耐挫顽强的素养；“国际视野”，即具有立足本土、放眼世界、开放包容、服务祖国的意识。三是将培养目标和课程建设目标混为一谈。如有一所学校提出的课程建设目标是培养具有公共责任感、批判理性和生命情趣，追求卓越的人。这实际上是培养目标而不是课程建设目标。培养目标与课程建设目标是有区别的。培养目标是指教育目的在各级各类学校教育机构的具体化。它是由特定社会领域和特定社会层次的需要所决定的，也随着受教育对象所处的学校类型、级别而变化。为了满足各行各业、各个社会层次的人才需求和不同年龄层次受教育者的学习需求，才有了各级各类学校的建立。各级各类学校要完成各自的任务，培养社会需要的合格人才，就要制定各自的培养目标。课程目标的含义定位于教育内部的教育与学生的关系，是一个相对狭窄而具体化的视角，它的涵盖面是特定的，主要指“教育目标”，包含“教育目的”“培养目标”“课程教学目的”和“教学目标”。

四、学校课程目标的明确性

课程目标是学校的某一门或一类课程的总体目标。它直接来源于学校的培养目标，也是对学校培养目标的支撑。北京师范大学朝阳附属中学自建校以来，一直非常重视课程建设，不断探索学校课程架构，建立课程结构与育人目标之间科学的逻辑联系。随着北京师范大学朝阳附属中学对育人目标和育人方式思考的逐步深入，学校把育人目标明确为：培养在表达、交流、协作、批判、创造、反思、责任等方面具有良好素养，具有生成与发展、学习与创新两大核心能力的初中学生。相应地，学校课程架构从建校时期的基础型、实践型、丰富型和发展型四位一体课程结构，演变为满足学生六大基本素养、两大基本能力的课程架构，更加强调和明确了课程的能力指向，清晰了课程与育人目标的逻辑关系。以上可以看作北京师范大学朝阳附属中学课程建设的总目标。而“人文与社会”“自然与科技”“艺术审美”“身心健康”四大类课程每类都有各自的课程目标：如人文与社会课程目标是塑造学生深厚的文化底蕴，尊重生命的价值观，仁爱的文化品格，独立思考的思想力，大方得体的交流表达力，开放、包容的文化态度，批判、思辨、创造的文化能力，建立对个体、家庭和社会的责任感；自然与科技课程目标是塑造学生敏于观察物质世界、乐于反思、积极探索科学问题、善于收集处理信息、运用科学方法动手解决问题的能力；艺术审美课程目标是培养学生具有敏于感受艺术世界、积极享受高雅文化、大方表达交流内心情感、乐于参与艺术创造的能力；身心健康课程目标是培养学生养成终身锻炼的习惯，获得擅长的运动项目技能，形成健美的体魄、乐观进取的心态、坚定不移的意志和团队协作的精神。而“人文与社会课程”中的跨学科整合“行走天下”系列课程也有明确的课程目标，就是通过语文、思想品德、历史、地理、生物、音乐、美术等多个学科围绕一个综合主题的拓展学习，在学科内进行纵向的整合，在主题下进行跨学科的综合，使学生能够更为系统、深入地了解这一主题内容，形成更为扎实的基础知识。引导学生围绕主题提出研究性问题，组织学生带着问题走入社会和自然，通过资料收集、分组研究、调查采访、实地考察等形式，指导学生撰写旅行日记、散文游记、考察报告、研究论文，形成各类型的学习成果，培养学生发现并解决问题的能力、交流协作的能力、创造精神和责任意识。组织学生以学子讲堂和专题展板为平台，进行展示和交流，进一步深化围绕研究主题的探讨，培养学生的表达交流能力、质疑批判精神，使学生在跨主题研究下的学习内容得到拓展和提升，学习方法得到改善和丰富。在集体的综合的实践活动中，培养学生团结友爱、自立互助、吃苦耐劳等品质和意志，发展学生的社会性和全人格。这四类课程甚至四类课程中的每一门具体课程的课程目标，都是为学校整体课程目标服务的，是在总课程目标之下的。

从目前情况来看，在学校课程建设上，对课程目标不够重视，特别是不清楚课程目标与培养目标的关系。如有一所学校在课程目标的标题下，只写了这样一段话：“以国家课程校本化改革为载体，激发学生良好的科学兴趣，实现知识与经验的整合，发展学生可持续发展的学习能力，建立自信、自强、快乐的精神，提高学科综合素养，培养学生获取幸福的能力”。很明显，这里既没有区分课程目标与培养目标，又没有将课程目标和实际工作区分开来。所以，一定要明确课程目标是学生学完一门或一类课程之后所发展的结果，是整个培养目标的一部分。它与培养目标的关系是整体与部分的关系，也是上下位的关系。

综上，学校办学理念、办学目标、培养目标、课程目标与学校课程建设个性化之间存在紧密的联系（见图4-2）。办学理念就是教育理念、教育思想或办学思想，也称为学校教育哲学。办学理念是学校对办学实践的理性思考和理想追求，是办学信念的集中体现。具体地讲，是学校对为什么而存在，应该做什么和怎么做的理性思考。所以办学理念是一所学校办学目标、培养目标、课程及资源建设的哲学指导、精神方向。

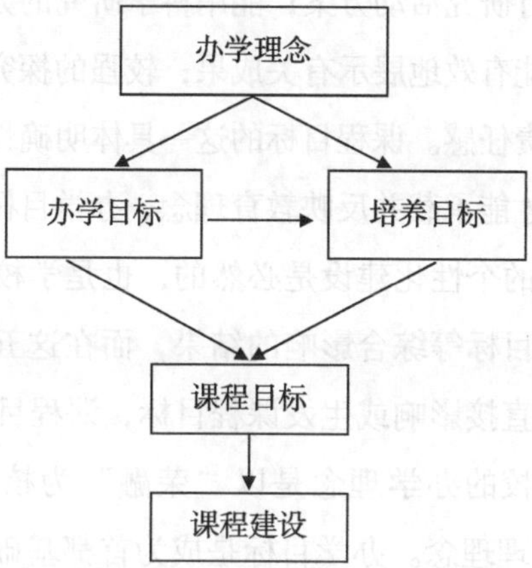

图4-2　办学理念、办学目标、培养目标、课程目标、课程建设关系图

学校的办学理念具有独特性。由于办学环境、面临的问题、办学经验及信念等差异，办学理念也往往不同，甚至表现出学校的鲜明个性特点。先进的办学理念应立足学校实际，继承学校的优良办学传统，体现时代精神要求和积极的文化价值观。正是这种办学理念的独特性，决定了一所学校办学目标、培养目标、课程建设的独特性。

学校办学目标往往又是和学校特色密切联系的。学校特色是立足于本校，密切结合学校实际的产物，是在教育实践中努力挖掘、继承发扬并积极创造某一方面或某些方面的优势，所形成的具有鲜明个性、独树一帜、成效显著的运行机制、办学风格和教育教学模式。通常的描述是“……把学校办成……类型学校”。这种“……类型学校”就是个性鲜明的学校。这种特性也必定反映在一所学校的课程建设上，那就是课程建设的个性化。

培养目标是针对特定的教育对象而提出的，各级各类学校的教育对象有各自不同的特点，制定培养目标需要考虑各自学校学生的特点。所以，培养目标是具体可行的，也是独特的。狭义上的课程目标的含义，主要定位于教育内部的教育与学生的关系，是一个相对狭窄而具体化的视角，它的涵盖面是特定的，主要指“教育目标”。这个意义上的课程目标包含“教育目的”“培养目标”“课程教学目的”和“教学目标”。课程目标的最大特点是具体明确性，如一所学校的“研究性学习”的课程目标是主动获取信息；综合运用各学科知识；自主制订研究活动方案；能用科学研究的方法解决问题；能得出有价值的研究成果；能有效地展示有关成果；较强的探究意识和兴趣；形成较强的科学意识和社会责任感。课程目标的这一具体明确性也决定了学校课程建设必须具有个性化，才能承载并反映教育理念、办学目标和培养目标。

所以，学校课程的个性化建设是必然的，也是学校办学理理念、办学目标、培养目标、课程目标等综合影响的结果，而在这五者之中，学校办学目标是最上位的因素，直接影响或生发课程目标，课程目标指引课程建设。

如芳草地国际学校的办学理念是以“荣融”为核心价值，以“易知易行、和而不同”为管理理念。办学目标是成为首都基础教育的典范和中国国际教育的品牌。培养目标是培养具有中国情怀、国际视野的芳草学子。培养目标具体来说就是使每一个学生都成为热爱祖国、关爱世界，自信乐群、充满活力，会学善用、充满好奇的芳草学子。芳草地国际学校的课程建设有以下几个明显的特点：一是“育人导向”。学校课程建设围绕育人目标设计，落实到课堂教学中，一切工作以育人格为导向，切实通过课程实施达到育人目的。二是“国际化”特点。《国家中长期教育改革和发展规划纲要(2010—2020 年)》中强调：“教育要适应国家经济社会对外开放的要求，培养大批具有国际视野、通晓国际规则、能够参与国际事务和国际竞争的国际化人才。”三是“系统性”特点。依据系统论观点，每一门课都可以被看作“课程系统”的要素或子系统。每一门课的建设都受到系统的制约与控制。只有从课程的总体出发，坚持系统性原则，才能建立好课程，实现课程的总体目标。四是“多样性”特点。芳草地国际学校的课程按照国家课程校本化的思路，整合了三级课程，分为两个主要层面，一个是国家课程，另一个是校本课程，整合和拓展是最大的亮点。五是具有“选择性”。在课程的实施中，充分关注学生这一课程主体，在“兴趣”“特长”，尤其是“主题探索课程”上，给学生选择的机会和权利。这就是办学理念、办学目标、培养目标和课程目标共同作用下的芳草地国际学校的学校课程整体架构。

第三节　跨学科主题教学的困境与挑战

知识经济时代，知识以前所未有的力量改变着人类的商品生产方式和智力产生模式，学校教育在极速的知识浪潮面前正以聚合之势将学科教育和文本教学，转到跨学科教育和主题教学的轨道上来。本节在追溯跨学科主题教学的哲学意蕴和历史归因的基础上，着重探讨了新课程改革背景下跨学科主题教学的历史背景、深刻内涵以及面临的多重困境与严峻挑战。

一、跨学科主题教学的历史归因

（一）跨学科主题教学的哲学意蕴

正如法国思想家和作家西蒙娜·薇依所言：“人类的思想无不拘囿于矛盾。矛盾就其自身而言，并非始终是衡量谬误的标准，在某些情况下，矛盾也是真理的代言人。”当前学校教育已深陷学科教学的泥潭，学科教学的学科围墙化和知识隔离化，阻碍了教师专业化发展，加剧了学生学习的知识碎片化定式，使所有师生整体处于一种理论与实践、理性与信仰、课程与学科间的“断裂的中间地带”。

为了让教师对教与学的复杂性保持警觉，需要思考：教育的本质难道仅仅是对确定性的追求吗？这恐怕是教师一厢情愿的意识对真实世界的逃避。因为任何人试图逃避由对确定性（certainties）的否定所带来的难题，都终将发现那是徒劳的。教育教学并不全然是对确定性和稳定性的获取，而且纯粹的学科教学又存在着让学生对知识的确定性和稳定性追求的单一倾向。这种盲人摸象式的分科教学，加速了学科间的孤立化和知识间的碎片化，本质上是一种决定论的教学方式，试图通过固定和封闭的结构，运用强制的力量对思想进行殖民。

要想解决学科教学的矛盾，教师首先要突破学科教学的思维界限，实施跨学科主题教学，由确定性追求转向悬疑性体验，是弥合教学过程中出现的知识“断裂的中间地带”的最佳方式。

（二）跨学科教学的历史探源

由于社会经济的高速发展，工业化促进了社会的高度繁荣，人们需要多学科知识相互协作来共同应对工业社会中出现的新问题。这一社会需求映射到学校教育中，就需要教师教学方式由单一的学科教学向多学科协作的跨学科教学转型。于是，美国在20世纪30年代率先进行了多学科课程整合教学的研究尝试。

跨学科教学先后经历了两个历史阶段：一是跨学科学习阶段。汉弗莱（Humphreys）1981年提出这一概念，指孩子们广泛地探索与他们生活环境中某些问题相联系的不同科目的知识。这些知识可以涉及多项领域——人文科学、自然科学、社会科学、数学、音乐、美术甚至交流技巧。技能和知识在多学科领域的学习中得到发现、发展和应用。二是跨学科教学阶段。舒梅克（Shoemaker）1989年提出了跨学科教学这一术语，他认为，跨学科教学是把课程的各个方面组合在一起，建立有意义的联系，从而在广阔的领域中学习的教学。跨学科教学把教与学看成一个完整的、不可分割的、相互联系的真实世界。它至少应该由八大要素组成：①跨学科整合；②主题单元建构；③概念间的学科穿越与关联；④强调根问题的探索与问题价值链的形成；⑤强调教学活动引导；⑥课外课程资源的有效利用；⑦多样化的课程实施；⑧特色化的学生自主合作探究。

跨学科主题教学通过悬疑式体验，用疑难性的方式激活了学科教学乱象背后的思维难题，我们到底应该采用“盲人摸象方式”还是应该采用“庖丁解牛”方式？如果是前者，学科教学是最好的归宿；如果是后者，跨学科主题教学则具备了修补碎片化知识、弥合断裂化地带、激活课程化资源的多种功能。主题教学在实施跨学科教育背景下，作为课程整合下的一种跨学科教学模式逐渐运用于课堂教学实践。

二、跨学科主题教学的深刻内涵

（一）跨学科主题教学的复杂背景

当今世界有四大因素迫切需要中国在基础教育阶段实施跨学科主题教学：首先，经济全球化、社会生活信息化、第三次工业革命的世界影响要素，迫切需要教育实施跨学科主题教学。这些要素决定了知识经济成为18世纪工业革命之后人类生产方式的又一次重大变革，知识经济的兴起和信息化的来临，带来了教育的社会转型和新世纪的挑战，知识综合化、课程整合化及学习终身化成为一种必然。其次，培养创造力、塑造想象力及推进素质教育的国内背景要素，决定了基础教育阶段实施跨学科主题教学的必然性。21世纪国家竞争力的本质是创造力和想象力的竞争。核心技术的研发能力、教育教学的创造能力以及社会文化自我更新能力与想象能力已经成为制约中国可持续发展的重大瓶颈问题。再次，新课程改革为跨学科主题教学提供了政策支持。第八次课程改革的重要目标是"改变课程结构过于强调学科本位，科目过多和缺乏整合的现状；改变课程内容的'难、繁、偏、旧'和过于注重书本知识的现状；改变课程实施过于强调接受学习，死记硬背，机械训练的现状"，这为跨学科主题教学的有力实施提供了政策依据。最后，解决现实世界中的复杂问题迫切需要跨学科主题教育教学知识理念。现实中的问题总是复杂的、多变的，并且包含不同的层次，一般从不起眼的问题单元，比如语言和文字，一直到逐渐复杂的系统，比如人类、团体、社会和文化。每个学科都拥有自己的优势和短处，学科教育和文本教学难以真正有效解决现实问题。

（二）跨学科主题教学的内涵

与传统的学科教育相呼应，跨学科教育主要体现在教育理念、顶层设计、培养路径及深刻内涵上进行了有效变革。在教育理念上，以"培养学生批判性思考能力"为宗旨，以"培养学生在一切方面都有一个丰盈、涌流的心灵"为目的。批判性思考既是一种批判能力，又是一种创新能力。在顶层设计上，教育决策者要摈弃“工业生产模式”，采用“用户服务模式”。这主要表现在：学生需求上，要追求个别化的、量身定制的、满足特殊需求的；课程和教学上，要与学习者互动协调的；管理上，要追求开放的、拓展的和灵活应对的。在此理念指导下，必须面对三个问题：是被动吸纳，还是主动建构；是真实情境，还是“去情境化”；是划一的课程和标准化评价，还是不断区分化的课程和差异化的发展。在培养路径上，跨学科教育首先是以解决问题为目的的“问题导向”教育，以现实生活中的真实问题为基础的生活教育；其次是情境知识教育和体验感悟教育，是生活情境中的知识版图教育，即所谓的“一情境一知识”“一知识一情境”；再次是跨学科教育主要关注知识模块之间关系的教育，而非模块内部知识点。综上所述，跨学科教育是指以皈依生活常识和培养批判性思考能力为原则，以开发学生在特定情境下的解决重要问题的能力，以及需要具备关于正确的、动态的、生命力的知识的判断能力的新教育。

主题教学在实施跨学科教育背景下，作为课程整合下的一种跨学科教学模式逐渐运用于课堂教学实践。美国学者哈纳 1955 年首次对主题教学的概念进行了界定，随着“学生中心”和整合课程的影响，欧雷姆和甘伯格于 20 世纪 80 年代将主题教学重新界定为：“是一种以学生为中心，强调通过广泛的主题探究而非某一学科领域来运作的教学模式。”在我国，主题教学的内涵主要包括两个方面：一是指在综合实践课程活动中由不同学科教师与学生合作，共同开发与选择主题，并围绕这些主题展开教学活动的规范化、形式化教学模式；二是通过一个教师围绕某一主题，让学生借助各种探究手段和活动及与主题相关的各类资源，对知识、资源与活动进行整合，使学生认知发生迁移，提高解决问题的能力和主动探究精神。概而言之，主题教学就是指某一教师在跨学科教育的指导下，通过跨学科的主题探究和实践体验活动，实现学生个性发展与全面发展的自主建构学习、发散思维训练和多元智力培养的教育教学形态。

三、跨学科主题教学面临的多重困境

（一）跨学科主题教学的多元样态

主题教学是以崇尚建构学习、培养多元智能为原则，以关注个体差异、追求自主学习为手段，通过推崇学科（尤其是多学科、跨学科之间）整合的教学形式，达到促进学生全面发展的教育目的。

根据各学科之间的统整程度，可将主题教学分为“单学科—主题”“多学科—主题”“跨学科—主题”三个样态。这三个样态在内涵延伸上存在着一定的差别：“单学科—主题”主要是以某一学科的知识为主题，适当涉猎其他学科的相关概念、内涵、知识和理论等的教学方式，其本质是学科本位主义；“多学科—主题”则是以涉及多个学科的主题为核心，对两个及其以上的学科内容进行的联结性教学，各学科的知识、概念和理论仍然是教学的主要目标，且没有突破学科界限，体现了知识联结主义的本质；“跨学科—主题”当中的主题是整个主题教学的核心目标，与此相关的各学科课程内容、课程结构、课程设计、教学方法、教学策略及其评价标准都得重新设计，这不仅具有了高度的知识统整性和内容整合性，而且还具有了课程的建构意义，因此其本质是主题建构主义。本书着重探讨的是后者。

根据实施主体数量不同，可以从教学形式上将跨学科主题教学分为一人承担的主题教学和多人合作的主题教学，二者在多学科知识、课程整合能力、跨学科教育理念、课堂教学有效性、知识的表现载体上都有着较大差别，前者的挑战极大。

（二）跨学科主题教学面临的多重困境

作为“上承课程建设、中接课堂教学、下启学生学习”的有力杠杆，跨学科主题教学是撬动新课程改革深入推进的锁钥，它与三级课程整体建设、学生学习方式变革一起成为新课程改革的三大成果。

实施跨学科主题教学的目的不外乎两种：一是寻找并挖掘教育教学困境，即探寻教学中长期存在的“不易解决的事物的麻烦状态”和“两难困境”。其中，“两难境地的观点——不只是在两种观点之间的困难选择，不只是在不同抉择之间的平衡行为……而是意识到竞争的目标和价值观之间内深刻的、难以撼动的矛盾”。二是为了弥补课堂教学疑难性思维的不足，解决教与学实践中存在的悬疑性体验困境，以最大限度激发生命活力和释放教育潜力。因此，寻找、挖掘并解决教学困境就成为实施跨学科主题教学的关键任务。实践中，跨学科主题教学面临着观念、知识、资源、实施和效益五大困境。

1. 观念困境

教师是实施跨学科主题教学的主体。教学实践中，教师通常有两种错误观念：一是学科教学与跨学科主题教学从根本上是对立的；二是实施跨学科主题教学就是否定传统的学科教学。前者认为基础教育阶段学生学习主要是打牢基本知识、基本技能，双基教育一直以来是靠学科教学来进行的，跨学科主题教学的实施会产生轻视学科、去学科化的倾向，从而导致学生的知识基础不牢；后者认为跨学科主题教学是以打破学科边界、整合知识结构、融通知识地图、探究生活问题、实现知识建构为目的，这与传统的固守学科壁垒、深挖知识细节、解剖内容散点、割裂学科联系的做法截然不同，从根本上动摇了知识根基。因此，教师要逐渐树立“学科教学是跨学科主题教学的前提和基础，主题教学是学科教学的整合和升华”的教育观念，真正处理好主题教学与学科教学的辩证关系。

2. 知识困境

知识是一堆可以死记硬背的静止概念，还是融入生命的与人生感悟一起生长的鲜活过程？知识是确定的事实、真理的观念，还是人们探索未知的一种资源、工具、手段或结果？坚持前者，则知识是静态的，无须改变的真理；坚持后者，知识则是动态的，“是我们给经验中的规律性予以意义和结构而组成的一个模式。任何知识体系中的观念，都是为了经济地和连贯地表述经验而发明的”。前者和后者的并存恰好反映了传统知识观与现代知识观的对立，不过传统知识观在实际的课堂教学中仍然占有主要位置，因此跨学科主题教学面临着两大难题：一是知识难题。教师和学生们通常认为，知识都是学科知识，是课程教材承载的内容，有着严格的学科界限。二是师资难题。长期以来，我国的基础教育和高等教育奉行的是分科教育和知识教学，师范教育更是如此，教师的培养旨在追求学科教育的纵深化和专业知识的专业化，缺少知识的综合化思考、统整化培养、一体化培训和系统化开发。因此，在实施跨学科主题教学时，主要还是以单个学科为中心的主题教学模式，这既使得跨学科主题教学缺少了知识整合的功能，难以突破学科边界，又阻碍了教师创造性的发挥，使跨学科主题教学陷入“分科教学——学科本位——知识本位”的困境。

3．资源困境

跨学科主题教学需要整合方方面面的课程教学资源，方能有效实施。以小学五年级语文课文《圆明园的毁灭》为例，传统教学中语文教师一般都是单纯从字、词、句、段落及中心思想来贯穿整个教学过程，以常规教学度量之则会陷入资源困境。如果从跨学科主题教学的角度进行重新整合的话，则会出现“柳暗花明又一村”的佳境，实践当中教师至少需要统整四个方面的资源：一是要关注学生的前认知，即学生在教师讲授之前对圆明园是否有生活经验、心理认知和知识认识；二是教师需要跨学科知识和课程整合能力，既要熟知圆明园的历史过往、辉煌文化与兵燹毁灭，还要能认识到此篇文章是一个跨语文、历史、美术、建筑艺术的学科整合主题；三是需要链接来自家庭、社区、场馆、自然等外部资源，如需要家长帮助小学生搜集圆明园的相关资料，需要学校联系场馆方让学生进行学前参观体验，以丰富学生的前知识结构；四是教师在进行主题教学设计时需要重新建构课程目标、设计课程内容、教学实施流程、教学效果评价等内容，等于是以教材文本为素材重新创生了跨学科主题，这就需要花费更多的时间进行设计和建构。由此可见，跨学科主题教学是师生内部的知识资源与外部的场馆自然资源的聚合，是学生体验活动、教师课程开发能力与学生知识生成能力的资源整合。

4．实施困境

跨学科主题教学能否真正得到有效实施，以提高课堂教学实效，关键在于教师怎样组织教学，既要引导教师的教，更要促进学生的学。为了更好地组织实施主题教学，教师必须解决两大难题：首先，要破解班级授课制中学科知识的“输入—输出”弊端，实行小组合作、问题探究和自主学习的学习方式；其次，由于没有确切的教学手册和具体案例可供参考，教师要自己设计编写跨学科主题教学手册，以保证教学顺利实施。我们仍然以《圆明园的毁灭》为例，教师在整合本课主题时不妨在借鉴窦桂梅校长的“走近圆明园—走进圆明园—走出圆明园”教学模式的基础上，重新梳理建构出自己独特的教学主题模式——“建筑艺术中的圆明园—文化价值中的圆明园—历史长烟中的圆明园”。针对这三个分主题，教师可将全班分为六个小组，每两个小组承担一个分主题：第一分主题下，一组思考“建筑艺术中的圆明园是怎么回事？”另一组则思考“这个分主题下圆明园是否真的毁灭了？”第二分主题下，一组思考“文化价值中的圆明园是怎么回事？”另一组则思考“这个分主题下圆明园是否真的毁灭了，还是毁而转型了？”第三分主题下，一组思考“历史长烟中的圆明园是怎么回事？”另一组则思考“这个分主题下圆明园是否代表的是一种毁而不灭的民族精神？”这就要求学生在学习本主题时，要有一种“天下兴亡，人人有责”的学习精神来反思《圆明园的毁灭》这一主题。

5. 效益困境

跨学科的取向强调人与人之间、领域与领域之间、行业与行业之间的协同效应。对于跨学科主题教学来说，需要教师之间加强协同合作，共同攻克跨学科主题教学；对于学生来说，给予了所有学生以平等参与、共同学习、探究问题和启发思考的机会，无疑会增强学生的学习能力并产生积极作用，但学生们不一定能从中获得准确的知识，以提高考试时的个人成绩，这对部分过于追求分数的学生来说则浪费了有效的教学时间。

四、跨学科主题教学面临的多方挑战

要做好跨学科主题教学工作，除了应“正视困境，勇于面对”外，还应直接面对“主题选择、教学模式、学习方式”三个方面的挑战。

（一）主题选择的挑战

主题是代表重要意义的词或富有生命意义的词语，意即主题不是普通意义的词语，而是文本学习中的核心词语，体现了精神内涵。选择主题时，教师应先做好梳理学段内、年级内的学科教材内容、熟悉掌握学科课标、了解其他学科相关内容的准备工作，然后再将目光重点聚焦到具有综合性、跨学科性、通识性和文化性的题目上来；整合主题时，教师应在选择主题基础上确定该主题涉及哪几个学科，每个学科课标要求主题突出什么，又能提供哪些证据资源进行支持；融合主题时，要求教师在前两者的基础上重新设计课程目标、课程内容、课程实施、课程评价在内的课程教学方案。综上，确定跨学科主题必须经过“跨”“整”和“融”三个阶段。从这个意义上讲，跨学科主题教学不仅有了课程整合的实质，而且有了课程创生的内核。

（二）教学模式的挑战

在实施跨学科主题教学之时，教师应根据不同的主题和跨学科的程度甄别判断并实施不同的模式。按照不同的标准，跨学科主题教学有“渗透式教学”“集中式教学”“联合式教学”和“整合式教学”等不同的教学模式。按照学科之间关系不同，主题教学实施“渗透式教学”。该模式以主题大纲形式，安排学科的教学内容和顺序，教师引导学生用其他学科的内容帮助理解本学科的知识。按照时间集中与否，主题教学实施“集中式教学”。该模式利用一天中的大部分时间或几天时间，专门进行一个涉及多学科知识的主题教学。按照实施主体的协作程度，主题教学实施“联合式教学”。该模式是由多学科教师共同围绕一个主题，从各自学科出发将彼此联系的内容整合起来统一实施的教学样态。按照学科内容的整合程度，主题教学实施“整合式教学”。该模式要求教师或教师小组引导学生围绕一个主题开展有计划的实践活动，将多学科的知识技能有机整合，以超越学科界限，加深学生理解知识的完整性。

（三）学习方式的挑战

要想顺利实施跨学科主题教学，教师在课堂教学中需要引导学生改变传统的被动、接受、单一为主的学习方式，自觉转型到“以学定教”“以学论教”“在学上教”的自主、合作、探究为主的学习方式。新旧学习方式的转变正如托兰斯所言：“当一个孩子在提问，在寻找，在操纵，在实验，甚至在毫无目的地把玩，我们说这孩子在创造性地学习……当我们被告知我们该学什么，当我们因为话出自权威之口而言听计从时，我们是依赖权威进行学习。”本质上，跨学科主题教学不仅契合了这种从依赖权威性学习向创造性学习转变的学习方式，而且还将“有自主、有合作、有探究、有质疑、有反思、有评价”的“六有”式主动学习方式作为衡量跨学科主题教学成功的重要指标。

综上所述，跨学科主题教学是一种新的教学形态，它的创新实施是新时期撬动课程改革的有力杠杆，其呈现的课程整合性、学科交叉性、内容重构性、教学变革性、学习创造性和学生主体性特征使得课堂的教与学方式焕发出新的生机。当然，跨学科主题教学在实践中还面临着诸多的困境和挑战。正是困境，给予了教育决策者推进此项改革的力量；正是挑战，赋予了教育研究者和一线教师协同攻克难关的动力，以使跨学科主题教学与新课程改革精神有机融合。

第五章
课程创新视域下的学校课程实践研究

麦肯锡公司在其最新研究成果《全球进步最多的学校系统如何持续进步》中提出，几乎所有层次的学校在改进过程中的通用策略是“课程创新与标准重建”。从具体实践来看，课程创新已经成为学校改进的一个重点抓手和策略。

第一节　课程创新的内涵与价值

当前，越来越多的学校开始意识到课程是学校教育的核心，不触动这一核心，学校改进只能浅尝辄止。基于课程创新来构建学校的改进体系已经成为许多学校的现实做法，对这一策略进行较为系统的梳理、设计、观察、分析与研究，不仅有助于《国家中长期教育改革和发展规划纲要（2010—2020年）》所提出的探索落实和扩大学校办学自主权（学校的课程创新权限究竟应该有多大），激发学校的办学活力（自主课程开发与实施），更新人才培养观念，创新人才培养模式（课程创新与个性发展），而且也能帮助学校形成较为科学的改进策略框架、操作模式、行动指南和预警机制，及时发现问题、分析问题、解决问题。

一、内涵界定

本书所说的课程创新是指学校基于自身实际，对国家和地方课程进行能动改造，对校本课程进行自主开发与实施的过程，主要包括课程功能、结构、内容、实施和评价的创新。

本书所要界定的学校实践是指把精力集中于学校教育质量提升以及它所需的相关支持条件的系统而持续的努力过程，主要包括改进目标、任务规划、策略选择、方法确定以及持续评价等各个环节。

二、理念转型：课程教育观念的转换

由于现代知识观注重知识的普遍性和客观性，因而现代课程观强调课程是实现人类知识保存、传递和再生产的手段和工具。因此，课程的功能注重知识传授，课程的编制关注学科的逻辑而很少顾及学生的心理特点和需要，课程评价也以学生掌握了多少既定的可以量化的知识为标准。这导致了课程就是学科体系、逻辑的体现，在传统课程结构中，学科课程占主要地位，活动课程不受重视。纠正现代性课程的这些突出弊端，我们可以借鉴西方的后现代课程理论。国外学者根据后现代课程理论提出的课程建构模式，其中具有代表性的有美国学者多尔提出的4R模式、以美国学者派纳为代表的概念重建理论、美国学者卡普拉等提出的整体性生态课程观等。

新教育观念的产生，为整合课程准备了教育理论的基础。这些新教育观念包括全球教育观、革新主义课程观（进步主义教育理论）、后现代课程观等。新教育观念的内容包括以下几方面：①学生是积极的学习者，学习是主动参与、探究式的；②教师是学生学习的帮助者，学生通过相关经验构建意义；③为理解而教，学习与实践运用相结合；④合作学习，学习与社会相联系；⑤即时评价与反馈成为学生学习的工具；⑥知识是混沌的、非线性的、开放的，不再要求唯一正确的答案；⑦重视生活与工作的技能，知识和技能的实际运用包含于课程评价之中；⑧课程内容打破或超越学科界限。

三、价值引领：强调以人为本的课程价值

在课程培养目标上，长期以来遗留着严重的社会政治本位的倾向，片面追求人的平均化、一统化和所谓全面化的发展，重静态的课本知识而轻主动的实践能力，重知识的承继与复制而轻质疑、批判和创新精神，致使从课程流水线上整合出来的往往是难以适应时代发展的“教育产品”。随着时代的发展，越来越强调培养目标的时代要求，尤其是促进学习者发展创新精神和实践能力，这表明课程价值的重心发生着重要的位移，即从单纯突出国家教育意志到兼顾学习者个体的充分发展。

以北京大学附属小学为例，学校的育人目标为：“每一个生命都是独特的，每一个生命的需求都是多种多样的，每一个生命的发展形态都是多姿多彩的。孩子们其实从出生的那一刻起，就已经决定了他是有差异的，是带着不同基因诞生到这个世界上的。他们就像一颗颗不同的种子，有可能将来成为一棵大树，也可能就是一棵小草，但无论是参天大树，还是无名小草，他们都应该同样获得尊重。教育的使命就是给予他们适宜的阳光、雨露和沃土，爱和自由的空间，让每一个生命都得到绽放。所谓‘幸福’和‘高素养’，是让孩子们养成快乐、进取、儒雅、大气的品质，给予他们终身快乐学习、幸福生活的信心和勇气！”这个目标非常强调对个体的尊重和个人幸福的获得，是典型的以学习者为中心的价值目标。

第二节　学校课程建设的特色分析

经过十几年的发展，学校课程建设已经由校本课程开发的散点化兴趣模式，逐渐走向了学校课程构建的结构化群落模式。当前，学校课程建设呈现出如下特点。

一、课程创新需要校长具有较强的课程领导力

由于我国中小学教育体制实行校长负责制，校长其实最适合担任学校三

级课程整体建设的课程领导者。北京市课程创新的经验表明，只有校长具有较强的课程领导力，具有非常高深的课程理论素养和崇高的教育理想，才能够根据学校发展需要提出很好的学校课程的核心理念，去引领学校课程整体建设水平较快地得到飞跃性的提升。在这个过程中，也会带动一批优秀教师积极涉足课程整合领域，促进教师专业化发展，学生也能从课程建设成果中获得较大帮助。

二、学校一般基于学生素养和能力层级构建课程体系

在北京市课程改革的浪潮中，各个学校都通过研究学生核心能力和素养，基于学生的核心素养逐渐建立起以学生核心能力和素养为中心的新课程体系。分析学校所提出的培养核心素养与课程体系之间的关系，可以发现有两种方式。

第一种，将核心素养置于课程体系之外。例如，清华大学附属小学的“1＋X课程”，学校提出的能力体系为：一流好人格；一身好体魄；一生好习惯；一个好兴趣；一种好思维；一手好汉字；一副好口才；一篇好文章；一项好才艺；一门好外语。但独立于课程体系之外，没有将能力与相应的培养课程相对应，而是基于三级课程，以课程类型提出了“1＋X课程”体系。

第二种，将核心素养置于课程体系之中，并将具体培养课程与之形成一一对应的关系。例如，北京市海淀区五一小学的幸福课程提出，以人文素养、科学素养、身心素养、艺术素养和实践素养为核心，并针对每个具体素养，给出了相应支撑的课程。如针对人文素养，开设了语文、英语、品德、诵读与国学等。同时根据学生的能力层级，将课程分为基础课程、拓展课程和研究类课程。

三、课程体系的构建体现了学校特色和学校文化

学校环境文化是学校显而易见的课程资源。通常来说，学校扎根传统、因地制宜，说的就是针对学校现有的、可感知的课程资源进行课程统整。广义来说，学校物质文化有人和物两大类，而人力资源主要是教职员工和学

生；物的资源包括学校环境、校园建筑（教学楼、图书馆、体育场、办公楼、校门、学校绿化、校园雕塑）、学校标志（校服、校训、校徽、校旗）、教学设施（教学仪器、图书、实验设备）等。

例如，北京大学附属小学提出了三层级的课程，这是北京大学附属小学根据自身的办学实践以及未来发展目标所确定的，“三层”分别是面向全体、面向分层、面向个体，这是学校对课程性质的归类和划分，适应了自身独特的办学实际和学校发展定位。在坚持主体意识和特色意识的基础上，整合了学校现有的国家课程、兴趣课程、校本课程，其目标指向“北大少年”的核心素质：具有宽厚基础、健康身心的人；具有人文素养积淀和情怀、社会实践兴趣与能力的人；具有科学知识与精神、创新意识与能力的人；具有正确价值观和社会责任感、善于沟通和合作的人；具有民族文化底蕴和国际视野的人。

课程整合并不是最近才出现的新口号，不管是东方还是西方，国内还是国外，对学科课程整合的探讨都已经有一段时间了，只不过是探讨的程度不同而已。在此我们探讨一下课程整合的背景，这将对我们更好地认识课程整合大有裨益。

学科课程整合的理念首先由赫尔巴特提出，针对 19 世纪中后期分科课程的弊端，依据统觉心理学原理，赫尔巴特提出科目中心整合课程。后来他的弟子齐勒和赖因系统化、具体化了他的思想，并在实践中实现了科目主题中心整合说，有著名的齐勒计划和赖因文学中心整合课程。19 世纪末 20 世纪初，又出现了许多著名的课程整合理论，其中学科课程整合的理论主要是麦克默里的地理中心整合论。继赫尔巴特之后，西方学科课程整合的理论与实践层出不穷，可谓甚多。

第三节　学校课程建设的规律探索

这几年北京市三级课程整体推进的规律，体现在学校校本课程建设上遵循特色挖掘律，国家课程建设上遵循校本实施律，地方课程建设上遵循文化传播律，三级课程有机整合建设上遵循综合建构律。

一、校本课程建设三原则

很多中小学，都努力挖掘学校、社区乃至北京市各区县的文化特色，依托身边的教育资源，把校本课程开发得有声有色。很多学校越来越重视内涵发展，积极挖掘隐性课程资源，让作为显性课程的校本课程只是作为学校独具特色的深厚文化底蕴的冰山一角去发挥作用，体现了学校整体育人的办学理念。所有学校在进行学校校本课程开发过程中，无一例外地都遵循着校本课程建设的人本原则、空间原则和实际原则三大原则：一是人本原则，即以学生为本位，以学生的实际需求为杠杆，以教师的课程资源供给能力为手段，从而实现基于学生的需求与教师的供给为目的的课程开发；二是空间原则，即以课堂为本位，基于课堂而又超越课堂时空来进行课程建设，这就要求教师的眼界要高、见识要广，既要立足三尺讲台和教室场域，又要超越课堂教室场域将眼光放到课堂外无限的广袤的空间当中进行课程开发；三是实际原则，即以学校为本位，以学校的历史沿革、文化传统为指导，结合已有的教育理念和办学目标，对学校课程进行校本化的再造。

北京市育英学校非常注重学校历史文化的传承，将整个校园文化建设与课程资源的建设有机结合起来。学校主楼前的坡道一红一绿，代表学校从红色走来，走向生态，走向可持续发展。校园内的一草一木，都体现着学校育人目标的整体理念。特别是遍布学校各处的流动图书馆，使得学校充满了文化气息，给学生提供了良好的教育环境。学校在分学段对所有学生进行课程需求问卷分析的基础上，建设了20间综合创意实践教室、5个高端实验室，充分满足学生的学习需求。这样整体规划出来的校园基础设施，既充分弘扬了学校的红色传统，又彰显了学校现在的办学理念，有力支撑了学校校本课程的可持续发展。

芳草地国际学校依托自己作为国际学校的办学特色，提出了“中国情怀，国际视野”的办学理念，以“国际理解”价值观为核心开设了系列校本课程，有效地促进了学校育人目标的实现。

更多的时候，学校积极对接社会资源，依托政府、学校、企业、社会联合建立的实践育人共同体进行校本课程的开发，真正实现了开门办学，用大教育观来打通学校和社会的联系，让学生在广阔的社会大学堂来学习。比如，北京市东城区史家胡同小学与东城区少年宫、天福茶庄、北京市教学植物园、北京市天文馆、北京市中医研究院、北京市第五中学分校等社会资源单位合作开发和实施校本课程。北京市海淀区中关村第一小学依托学校周边的中国科学院17个院所、北京大学、清华大学、中国人民大学等高校开展科学和人文为主题的系列校本课程，可谓得天独厚。

二、国家课程的校本化实施

虽然经过十几年的课程改革，我国基础教育已经形成了国家课程、地方课程、校本课程有机协调的三级课程管理体制，但中小学现有课程还是以国家课程为主。国家课程实施的情况，直接决定着一所学校的办学质量。如何让国家课程发挥育人功能，而不是仅仅局限于应试型的知识传授和学科能力培养，是首都基础教育接下来很多年要继续解决的大问题。就目前来看，国家课程校本化，不失为一个最可行的好办法。

国家课程虽然是固定的，但是每所学校具体实施国家课程的教师是不一样的，每所学校学习国家课程的学生个体也是千差万别的。如果我们按照学科思维去开展国家课程的教育教学，那么学生得到的知识结构还是碎片式的。但是如果我们从教师和学生的日常教育实践出发对国家课程进行解构与再开发，由于加入了教师和学生的日常生活体验，加入了活生生的人的因素，那么，国家课程就焕发了全新的活力，获得了新生，一样可以在达到国家教育部门的中高考考试要求的同时，为学生们的个性化发展服务，让教育充满人文关怀。这就是国家课程校本化的真正意义。

北京市十一学校打破学校教学管理传统模式，完全服务于学生个性化发展需求，实行学生自主选课制度。从2009年开始，北京市十一学校通过对国家课程的校本化，共开发了265门学科课程供学生选择。学生自主选课后，同一个班里的学生课程安排千差万别，固定的班级授课制已无法容纳变化了的课程。于是，学校索性将所有教室改造成学科教室，任课教师常驻教室，学生走班上课。

这种国家课程校本化的课程改革模式，具有北京市十一学校的特殊性，别的学校确实很难复制。但是，其他学校可以复制的是，当各级教育行政部门将办学自主权下放给学校以后，学校可以进一步给教师下放课程开发的自主权，学校可以更多地思考和实践如何针对自己学校的特定生源开展适合他们发展的课程改革，积极推动国家课程校本化，让国家课程适应学生的个性化发展需求，而不是让千差万别的学生削足适履地适应千篇一律的国家课程。学校里，应该充满学生的欢声笑语。学校，正是因为有青春活力的学生的存在，才永葆青春，充满活力。

三、地方课程坚守文化传播的开发使命

在三级课程框架中还有一类较为特殊的课程，即由教育部规定的各类专题教育（主要包括环境与可持续、毒品预防、安全教育、预防艾滋病、健康教育、礼仪教育等）。从各地落实专题教育的实践来看，大都纳入地方课程中，安排地方课时。但从实施效果来看并不理想，主要原因：一方面是专题教育门类多，实施方式大多需要学生参与实践，而地方课时十分紧张，即便勉强排入课表，在落实上也是浅尝辄止，难以深入；另一方面是教育部规定的各类专题教育在内容上与国家、校本课程存在部分重叠和交叉，加重学生的课业负担。这使得此类教育难以融入三级课程框架中。

为了改变此种状况，北京市以“贯彻纲要、取其精髓、整体规划、为我所用”为思路，将上述专题教育围绕“人文、科技、绿色”进行了统整，作为市级地方课程，进行了“六合一”教材编写，统一安排课时。这样就将北京市的地方课程弹性化为两个层面：一是市级专题教育层面，二是区县地方课程层面，使专题教育很好地纳入三级课程框架中，同时，也保障了其实施效果。

很多学校克服了课时紧张的困难，将地方课程与校本课程以及国家课程有机整合起来，开展得有声有色，积极传递正能量，保证了社会主流文化的有效传播。如北京市海淀区五一小学、北京大学附属小学和北京市上地实验学校开展的信息技术、毒品预防和思想品德互为载体进行的课程整合；北京市第四中学围绕中华优秀传统文化开展的国学必修课程；北京小学围绕“环境与可持续发展专题教育”地方课程开发的系列校本课程；等等。

总的来看，北京市各类地方课程都体现了对于社会文化热点问题的人文关怀，都试图在向学生传播一种积极向上的社会主流文化价值观念，体现了地方课程开发坚持以地域性、文化性为特点，最终实现学生通过学习地方课程，达到知家乡、爱家乡、建家乡的文化目的。

四、三级课程的有序整合建构规律

随着三级课程整体建设的层层推进，很多学校认识到，以管理权限为划分标准的、立体式的、层次分明的三级课程落实到学校中必须要进行扁平化，而课程落实到学生身上并无三级之分，重构是由基于管理向基于受体（学生）的再组织。所谓扁平化，即科学地将三级课程加以统整，使其成为一个有序而高效的学校课程结构；所谓基于受体，即将课程结构视为学生认知、技能、方法、情感态度价值观等在学校环境内的全面映射。在北京市，这方面较为成熟的成功案例有清华大学附属小学的“1 + X 课程”、中国人民大学附属小学的“七彩课程”、延庆区第三小学的“灵动课程”以及白家庄小学的“主题课程”。

以清华大学附属小学的“1 + X 课程”建设为例。“为聪慧与高尚的人生奠基”是清华大学附属小学的办学理念，这也成为清华大学附属小学成就每个人生的终极目标，但在小学阶段应当如何落实呢？清华大学附属小学在课程改革中，首先与学生、家长一道梳理了学生培养目标，即“健康、阳光、乐学”，健康指身体，阳光指心态，乐学指乐于学习，同时享受学习的快乐，三者结合共同为“聪慧与高尚”的“完整的人”奠基。

在培养目标的基础上，学校认识到，课程的终极价值必须要能够转化为学生实际的发展。学生的发展是一个完整个体的发展，在发展的各个环节并没有体现出哪部分是国家课程提供的，哪部分是地方和校本课程提供的，要实现三级课程的整体建设必须以学生的发展需要来重构三级课程的比例，所以学校打破国家课程80%、地方校本课程20%的简单比例，构建了“1+X课程”。“1”是指整合后的国家基础性课程；“X”是指个性化发展的拓展性课程，根据不同学生的不同需要，进行不同比例的课程供给。

为了推动清华大学附属小学的三级课程整合，校长窦桂梅毅然决然地“调整学校组织结构，创新学校管理机制，推进学校组织管理变革，以课程改革带动学校发展，使学校焕发出新的生机”。特别是对于教师实行双向聘任制，彻底打破了教师的铁饭碗。在“双聘”的压力与动力之下，每位教师都用努力工作赢得专业尊严与岗位认同，学校的压力自然就减轻了。

第四节　三级课程整合的模式分析

课程整合不只是一种课程设计方法，更重要的是代表了教育培养的目的。课程整合的目的是促进学习者的学习过程，提升学习效能，意在使学校教育、个人和社会之间建立很好的联结，在满足个人发展的同时为社会培养所需要的合格公民。

三级课程是从课程的设计、开发、管理的角度来区分的三种类型的课程。北京市许多中小学基于对三级课程整体建设的思考，探索出三种课程整合策略：一是以学科知识间的逻辑联系为中心的整合策略；二是以学生兴趣、需求和经验为中心的整合策略；三是以社会发展问题为中心的整合策略。

一、以学科知识逻辑为中心的课程整合模式

课程整合作为一种特殊的课程设计模式，在学校教育教学实践中最为典型的就体现在了学科课程整合上，学科课程整合就是整合各学科的知识、内容和目标等，从而减少课程内容的分化和重叠，以便高效率实现课程的目标。

（一）拉链式课程整合模式

拉链式课程整合模式，即跨越边界的课程整合，是在课程的边缘及与课程之间的交叉处设立新的融合课程，主要解决的是三级课程相互割裂、重复、交叉，未能形成完整协调的整体等问题。一类为便于学生意识并理解课程之间的关联性，满足学生整体性地认识世界和提高自身综合素质的需要。如北京第二实验小学的品德与心理健康课程的整合实践。另一类为超越不同的知识体系，以互为载体的方式进行的课程开发活动。如北京市海淀区五一小学、北京大学附属小学和北京市上地实验学校开展的信息技术、毒品预防和思想品德互为载体的课程整合。呼家楼中心小学的“礼花绽放”课程，将品德与地方课程融合开展礼仪教育；芳草地国际学校以“中国情怀，国际视野”主题，整合了“数学、科学、艺术、道德、语言、健康”六大领域，实施国际理解教育。这样做，不仅有利于打破学科之间的界限，满足学生综合学习的需要，还有利于开阔学生的视野，拓宽学生的思路。但是，这种整合模式对教师的要求比较高，教师自身需不断提升自己的知识广度和整合的能力，才能达到理想的效果，也才不会导致事倍功半的负面效果。

（二）延伸式课程整合模式

此种整合模式，不需要教师另增课程门类，也不对三级课程进行大的调整，而是在实施过程中，对学生比较感兴趣和教师自己感兴趣或有所研究的一些内容进行延伸，而当延伸的内容跟地方课程或校本课程有关的时候，就体现了课程的整合。如北京师范大学朝阳附属中学的语文主题课程“鲁迅笔下的童年愿景”“诗歌中的爱情象征”，地理专题课程“野外求生”，历史专题课程“世界三大宗教”；北京市朝阳区白家庄小学的“名人故居”主题课程；北京市朝阳区三里屯小学的摄影教育“爱在我眼中”“北京情中国心”系列课程；左家庄第二小学的“礼诚善”课程；北京市第八十中学的“‘二战’电影赏析”等课程，都很好地体现了教师在课程实施过程中对三级课程的整合。这种延伸的方式相对简便，容易操作，但它在一定程度上缺乏知识的系统性和整体性传授，不易于发挥课程的整体功能和最大限度地提高课程的适应性。

（三）重组式课程整合模式

该种整合模式是指教师在实施三级课程的过程中，以促进学生可持续发展为着眼点，打破三级课程的结构乃至课程门类等，根据学生实际发展的需要对各类课程进行重新整合，建构出新的课程形态和课程体系。这种方式不仅可以将三级课程进行恰当的实施，还可以对教师的创造性劳动进行合理有效的展现，同时也满足了学生发展的需求。在这方面较为成熟的成功案例有清华大学附属小学的“1 + X 课程”、中国人民大学附属小学的“七彩课程”、北京市延庆区第三小学的“灵动课程”，以及北京市朝阳区白家庄小学的“尊重教育课程”，北京师范大学朝阳附属中学基于“生命绽放”幸福育人理念的“行走天下课程”，北京第二外国语学院附属中学的“生态文明”教育课程，北京第二外国语学院附属小学的“智慧教育”课程。这种跨学科整合课程模式的特点是：学科不再是组织中心，它们被融入单元或主题之中；聚焦课程与真实情景和世界的联系；学生作为研究者参与学习活动。跨学科整合课程对教师自身素质及相应的课程整合与实施环境——资源、政策和资金支持等外部条件的要求很高。因此，必须具备合适的条件，否则这种方式就难以实施。

（四）选择式课程整合模式

这种课程整合模式是指教师根据学生课程学习的实际，在不影响实现基本目标的前提下，适当删除某些课程中的某些内容，增添一些有地方或学校特色且为学生需要知道和了解的内容，以增强课程的适应性和实用性。如北京市朝阳区高碑店中心小学的“古典家具”“国粹紫砂”传统文化系列课程，朝阳区双桥第一小学的“中华本草”课程，朝阳区八里桥小学的“八里桥文化”等课程，都是依托地域资源，选择性地进行三级课程的整合，形成了学校的课程特色。这种整合模式的优点是比较灵活，易于在实践中操作。但是在这个过程中，需要教师合理选择课程的内容，才能有效地实施并取得预期的效果。

二、以学生兴趣、需求和经验为中心的课程整合模式

在以学科为中心的课程整合模式中，三级课程中的每一科目是整合的元素，而在以学习者为中心的课程整合模式中，学生的兴趣、爱好以及需要是课程设计的出发点和核心，这种课程设计就需要学习者发挥其主动性和创造性，学生需要与其生活的环境产生主动的交互作用，在这一交互活动过程中，学生能建构出自己的知识脉络以及自身的情感体验。北京师范大学朝阳附属中学以“生命绽放”为教育理念的“行走天下课程”，门头沟区京师实验小学的“肥胖干预课程”“社会交往能力课程”“想象力课程”等，都是以学生为中心开发和实施的课程。课程内容和学生的生活实际紧密结合，突出课程实施的整合性，达到促进学生综合素质发展和整体能力提升的目的。

三、以社会发展问题为中心的课程整合模式

如果从多面性和复杂性问题融合多门学科的一个问题开始，教师和学生就会将注意力聚焦在这个问题本身，自然而然地调动各个学科，并通过联系自身的具体生活经验来认识这一问题，从而解决问题，并在解决问题的过程中获取知识、技能、情感态度以及价值观。这种课程整合理念的出发点不是来自各学科，来自学生的兴趣、爱好，而是源自社会当中的问题，或者是学生实际学习生活中所面对的一些课题，它包含了个体的生存生活问题，以及重大的社会问题，并且以此为中心，调动学生的主动性，在整个家庭、学校和社会生活中，整合性地利用所有学科的知识储备，发挥自身的主观能动性，在实践中不断尝试。利用所有知识并通过联系个人的生活实际和情感经历来分析这些问题，最终通过自身的实践来解决这一问题，在这个过程中，不仅加深了学生对知识的理解，还培养了学生创造性地思考和解决问题的能力。

北京市朝阳区“三生教育”地方课程，就是一种以问题为中心的课程整

合模式。“三生教育”是生命教育、生活教育、生态教育的简称。“三生教育”的提出，源于本区对教育现状的认识与思考。我国现行的教育中存在着教育精神的缺失、传承品格的缺失和教育方法的缺陷。通过对其他省市教育的调研和分析发现，素质教育必须找到一个与人的成长规律和学生心智健康规律相统一的切入点，使素质教育从天上落到地上，从口号变为行为。这个切入点、支撑点、基本点，就是“三生教育”。教材中基础知识的组成包含了“生命”“生活”“生态”的总体性知识，从“生命观、生活观、生态观”这三个方面的知识折射出“世界观、人生观、价值观和责任感”的组成部分，为正确人生观的树立奠定了基础，推进了社会主义核心价值体系融入国民教育之中，促进了学生对人生问题的思考，提升了学生的生存和生活技能，探索出一条培养“完人”的有效途径。

活动作为教材对“三生教育”的体验性设计，不仅给教师留下了个性化教学的巨大空间，还使得学生能联系到自身生活的实际，进行身体力行的实践性操作。这种活动空间更加有利于教师对课程的整合性实施。例如，在“三生教育”的具体实施过程中，教师可以根据教材内容，以学生实际生活为基础，联系自身经验，充分发挥自身的整合技能，通过对其他国家课程内的分科课程知识的联系和运用，利用各种合适的课程整合模式，对该地方课程进行个性化的实施，以达到预期的教学目标。“三生教育”课程的开发和实施，充分体现了三级课程整合的特点和优势。

问题中心课程整合模式，能很好地实现分科课程的整合，融合性地实现三级课程中每一级课程所要达到的课程目标。密切地结合理论课程和实践课程，培养学生在该问题当中的社会意识及自我意识，并且锻炼学生的独立性，以及创造能力、交际能力、解决问题的能力等。这一课程整合模式具有特有的优势和功用。

四、学科间的课程整合模式

目前，在北京市的教育实践中，中小学教师根据自己的能力、学生的需求、学校的条件，进行了积极的学科课程整合的探索，取得一定的成就。课程整合的方式：一是学科内课程整合，模式主要包括单元内整合、学期内整合、学年内整合、教科书内容的拓展四种；二是学科间课程整合，包括学科间并行整合、学科间辅助合作整合等模式；三是校本课程开发中的学科课程整合。

（一）学科内课程整合

学科内课程整合是指课程内容按照现行教材的顺序进行必要调整，并依照教材内容进行筛选主题，完善旧知，生成新知。在中小学教师的实践探索中主要是对各学科教材的各种整合，他们进行了各种形式的探索，依据整合内容的范围大小逐步分为单元内整合、学期内整合、学年内整合、教科书内容的拓展四种。例如，北京市朝阳区实验小学将数学课程内容根据教科书内容和学生的特点进行整合，打破原有小学数学教科书的逻辑，将内容进行了整合，大大地缩短了课时。

（二）学科间课程整合

学科间课程整合，即通过对不同学科间共同支撑点的发掘与利用，寻找共同的主题，以加强学科之间的联系。目前，我国基础教育改革中，在课程整合方面最先考虑的问题，大都集中在学科知识能否发展为综合课程。然而，学科间的整合不一定得打破学科知识疆域，合成一种新的学科形式，在分科教学过程中加强相关学科内容之间的联系更适合我国目前中小学校的特点。

（三）校本课程开发中的学科课程整合

校本课程开发中学科课程整合就是在校本课程开发的过程中实现学科内、学科间的课程整合，或者说，将学科内、学科间的整合融于校本课程开发之中。这种学科课程整合模式既减轻了教师的负担，又寓教于乐。这里“校本课程开发”是指“在学校现场发生并展开的，以国家或地方制定的课程纲要和课程标准为指导，依据学校自身的性质、特点及可利用的资源等条件，由学校成员志愿、自主、独立或与校外团体或个人合作开展的旨在满足本校所有学生学习需求的一切形式的课程开发活动，是一个持续和动态的课程改进过程”。

第五节 课程创新的动力、反思及建议

一、课程创新的动力

（一）课程创新的着力点：教师角色的重新定位

随着课程改革的深入推进，教师是知识权威的角色开始动摇，教学中更加关注和强调的是尊重并鼓励学生的个性化发展。在教学中，不仅要关注文化知识的传授和技能的训练，更需要关注学生的情感、价值观、态度、兴趣以及个人体验和学生学习方式的变革。当前，在实际的课堂教学中，民主、和谐的教与学的氛围已初步形成，新课程的实施使学生从以往单纯地听老师讲，变成了今天课程实施中的与老师、同学进行交流合作、共同学习的活动者和探索者。在这个过程中，学生不仅学习传统课堂教学中的知识和理论，而且还加入了学生个人的情感体验，并将个人活动融入整个社会环境和自然环境，进行知情意行的融合性学习，不仅使学生有了更好的情感体验，而且也提升了学习的效率，同时，学生有机会发表自己的见解，提升了他们超越教材、超越教师的胆识和勇气，这就逐步使学生养成了主动参与、勤于动手、乐于探究的意识，促进了学生综合性的发展。

如清华大学附属小学“1 + X 课程”育人模式的构建，要求教师走出原来左手教材、右手教参的本本主义工作方式。为了能够给学生提供更具针对性、更受欢迎、更具实效性的教学内容，每一位教师都要学习怎样设定课程目标、安排课程计划、开展课程实施、整合课程资源、完成课程评价，从而完成由“教书匠”到“课程设计者”的转变。借助“1 + X 课程”育人模式的研究，教师的课程建设能力提升了，一支优师德良、功底扎实、具有创新精神与个人特色的优秀教师队伍，在朝向成为学习型组织的道路上不断迈进。

（二）课程创新的支撑点：信息技术与课程的深度融合

课程结构和学科整合后，必然带来学习方式的深刻变革。也只有学习方式的深刻变革，才能使课程的育人功能得以真正的发挥。《基础教育课程改革纲要（试行）》在课程改革目标中提出：要改变课程实施过于强调学习、死记硬背、机械训练的现状，倡导学生主动参与、乐于探究、勤于动手，培养学生搜集和处理信息的能力、获取新知识的能力、分析和解决问题的能力以及交流和合作的能力，对于学习方式的变革给予了高度的忠实。2012 年 3 月发布的《教育部关于印发〈教育信息化十年发展规划（2011—2020 年）〉的通知》，开头直接引用了《国家中长期教育改革和发展规划纲要（2010—2020 年）》中首次提出的重大命题——“信息技术对教育发展具有革命性影响，必须予以高度重视”，并以此作为规划制定与实施的总纲。

从 2012 年开始，北京市以信息化为载体，实施三步走策略，开发、共享优质教育资源，促进课程改革的纵深发展，优化基础教育的供给方式。主要进行了以下的尝试：一是以资源建设为基础，保质保量完成政府所确定的 9500 节课程制作任务；二是以名师同步课程资源为依托，开展“点对点”应用模式试点，专家引领、学校参与，实现名师同步课程资源与学校课堂教学和教师教研的有效融合；三是构建北京数字学校，探索实体学校与虚拟学校的无缝对接，借助信息手段，助力首都基础教育发展。三步走战略的逐步实施，加速了优质教育资源的集约与共享，丰富了教育的供给内容。目前，全市正在探索信息技术与教育教学深度融合的规律，深入研究信息化环境下的有效教与学模式。信息技术与教育教学深度融合，有效影响了信息化环境下的有效教与学模式，尤其学生学习方式的转变，逐步建立了教育信息化技术支持和战略研究体系。

白家庄小学开展了“北京市基础教育学生学习方式系统变革”的研究，分别针对语文、数学、英语、科学、音乐 5 个学科研究和探索将新技术 iPad 引入课堂，尝试用新技术解决学生学习方式的变革，分别在四个方面有不同层级次的突破：实现海量信息的及时可得；实现个体学习资源的及时交互；

实现对难理解内容的可视化；实现对生成资源的及时保留、分享、分析研究，充分地支持了整体课程创新在学习方式变化上的要求。

二、课程创新的反思与建议

（一）校长引领的课程建设缺少可持续发展力

目前，学校三级课程整体建设的推动力主要还是来自校长自上而下的行政推动，往往既没有很好地总结继承学校自身的文化传统，又没有很好地促进教师内部形成课程整合的自组织系统，没有有效整合教师们自下而上的课程建设需求，也没有形成学校自己的特色课程文化，没有形成内化于心的学校文化的核心价值观。一旦学校更换校长或者遇到国家教育政策的重大调整，学校三级课程整体建设就会受到一定影响，无法实现学校三级课程整体建设的可持续发展。

这类学校最应该做的，不是忙着对接多少校外教育资源，而是苦练内功，注重挖掘学校文化传统的内涵，努力实现学校文化的价值观整合。建议这类学校成立专门的课程发展中心，通过多种途径将校长和优秀教师的课程理念有机融合，促进学校民主化治理机制形成并发挥积极作用，认真做好学校课程建设的顶层设计和长期发展规划。

（二）我国课程标准中缺乏核心的能力素养内容

首先，我国现行课程标准中缺乏核心素养能力方面的内容，导致教育能力本位与知识本位的混淆。我国现行课程标准重视对于课程内容的诠释，注重学科知识体系的科学性和完备性。我国课程标准当中完备的知识结构和内容从易到难循序渐进的结构安排常被欧美教育学者称道，认为这是中国中小学生有良好的基础知识的原因。然而我们的课程标准是以学科知识为导向追求知识体系的科学与完整，内容往往是脱离现实生活的较为抽象的学科知识，而没有以培养学生相应的学科能力为核心组织课程内容。而核心素养的确定是课程创新的关键之处，大部分学校在课程建设中，最困难的也是核心素养的确定。因此，打破课程标准内容设置的思路，以促进学生全面发展为导向，“以培养学生核心能力和素养为主线”安排学科知识内容，也是课程创新的重心所在。

（三）在课程创新方面缺少系统的理念引领

课程整合与创新在理论研究上最大的问题，就是关于专门理论研究的缺失，导致学校在课程整合中不能发挥更大主动性，主要依靠大学教育专家、教育研究机构专家等，在这个过程中，学校实践积累的智慧和学校的特色经验无法真正地融合到课程的整体设计中。

另外，也有一些学校的校长带领教师自己研究学校的整体课程创新，但因为缺少科学和专门的理论指导，往往陷入很多误区。这种偏差不仅不能达到预期的效果，甚至给教师和学生增加了很多麻烦和负担，严重偏离了课程整合和创新的目的。这种理论上的缺失直接导致了课程创新在实践层面的迷失。

（四）课程创新行动方案的设计能力不足，具体落实到日常课堂教学中难度大

一些学校很愿意尝试课程创新，如在学科间的跨学科课程整合上，但是其课程整合教学方案的设计能力不足，学科课程整合设计基本上取自各科教材，因此，其教学方案设计要对各学科教材作逻辑的调整，使其“转化”为一体。又如在跨学科很强的主题整合中，似乎不关心课程主题应该统整的相关学科的知识内容，也不问主题直接关系到哪些概念、原则，以及这些概念、原则涉及哪些问题，应该如何安排教学活动，而是将原本分科的教材内容直接安置到课程主题之下。因此，其状态是以课程主题为中心，呈“轮形辐射状”，并且出现为整合而整合、不协调的连接等拼凑现象，呈现学科并列而未整合的现状。

（五）缺少相应的政策支持，课程创新在很多方面难以真正落实

在课程创新促进学校改进的过程中，需要学校在课时上进行调整，但因目前政府仍然非常重视中考高的成绩，学校和教师不敢“轻视”分数。又如

在实施学科课程整合中，需要长短课时的配合，对课时的灵活度和弹性有很大的要求。这些都需要在政策上给予学校更大的自主权和空间，如果没有教育行政部门的支持，课程创新在很多方面难以真正落到实处。

日趋激烈的国际竞争，归根结底是以经济和科技为基础的综合国力的较量，是教育的竞争、人才的竞争，是民族创新能力的竞争。创新是民族进步的灵魂，是国家兴旺发达的不竭动力，也是一个人生命活力和奉献精神的体现。保护和激励教师的创造性劳动，是促进教育创新的有力措施，是使教师永葆活力、积极上进的有效方法。创造性劳动被认可是对劳动者的最高奖赏，是对劳动者的极大尊重。因而，要健全完善评价机制，向创造性劳动倾斜，对创造性劳动给予充分肯定，最大限度地促进教师研究与实践，促进课程整体推进最优化。

（六）改变教研方式，达到实质性的课程整合

在课程改革中，教研员成为教学研究活动的组织者、指导者、研究者和促进者。这就在一定程度上改变了过去那种教研员视导、教师看课、教研员总结的单一呆板的方式，采取由实验教师自主上课、自我反思，全体教师参与式讨论、研究的新形式，支持和帮助学校教师形成学习共同体，借助集体的智慧来提高教师的能力。所以，在课程改革不断深化的过程中，教研员必须提高自身的课程领导力，成为区域课程建设的领导者。这种课程领导力体现在教研员要提高课程的理解力，就是对课程内涵的认识、理解、把握的能力；要提高课程的规划力，就是对区域内学科课程开发、实施有规划，协调学科教师参与课程建设之际相互支持、相互配合，进行系统的调节，对学校的课程规划也能发挥指导作用；要提高课程的指导力，就是要抓住课程标准、课堂、课程实施质量等几个要点，促进教师的成长和学生的发展，要真正从学科意识走向课程意识。课程领导力的提高是时代赋予教研员的要求，对区域三级课程整合的实质性推进有着深远的意义。

第六章
学校课程资源的整合

第一节 压缩中小学课程，严肃教科书编写

当前我国中小学生课业负担过重，严重制约了青少年创新能力的发展。如何解决这一痼疾？特建议如下。

一、压缩课程门类，实行按学段逐级增加

中小学生学业负担过重的问题，实质上是所开课程多、作业任务重，挤压了学生的自由空间导致的问题。当前全国各地的小学普遍开设了9～11门课程，而北京市小学普遍开设了语文、数学、外语、体育、品德与社会、自然常识、美术、音乐、通用技术等课程。这种成人化的课程设计违背了学生成长的教育规律，造成了两个结果：一是好奇心与探索本能的缺失；二是过多的课程设置削弱了语文、数学学科的基础性地位，分散了学生的精力。

建议在小学三年级以下，只开设语文、数学、体育、读经（如《三字经》等国学经典）、写字。其中，每门课程都有其固有的功能：语文是国文与中学的根基；数学培养人的逻辑思维能力与严谨精神；体育应融体操、美育、团队意识和意志品质教育于一体；读经具有增强国文功底与修身养性的积极功能；写字是传承民族文化、磨炼人的坚毅品格的最佳途径。小学四五

年级，始增思想品德课，将读经中的部分内容融入其中；增加文综课程，让学生初步了解自然、历史与社会知识。初中阶段，始设英语一科，并开设历史、地理，逐步增加物理、化学与生物。高中阶段，开设通常的九门课程，为高校中的通识教育打基础。

二、部分耗民费时的课程应及时取消

例一，小学不必开设英语课。小学以养成忠于国家、孝顺父母为主，各科均以汉语讲授。一定要等到学生文义通顺，理解明白，进入中学后才可以开设英语课程。小学阶段的英语耗民之资、累民之力、费民之时，它不仅严重削弱了学生的国文根基，而且还导致了社会上兴起一种盲目崇外的倾向。任何一个民族的强大必然是建基于本民族文化的根基之上，以民族文化为依托并嫁接外来文化的结果。例二，高中以前不必开设信息技术与通用技术课程。中小学是学生打基础的最佳时期，是人生学问的源头，也是人生是非观、人生观、善恶观的形成时期。对于这一时期开设的信息技术课程，教师引导不好会产生两个结果：一是对中小学生的文化根基带来伤害性冲击。信息技术课程的开设使学习趋于简单化，学生在某种程度上变成信手点击、随意复制的机器，从根本上违背了“知识是积累的结果，学问是思考的结晶”。这也背离了“知识是经验的积累，才能是刻苦的忍耐”（茅盾）的知识成长规律。二是信息技术课程在一定程度上助长了青少年上网成瘾者。据官方统计，全国中小学生中有 2400 万之多的上网成瘾者！信息技术等技能性、工具性课程应开设得晚一点为好，并给学生一定的选择权。比如，高中阶段始设信息技术选修课程，为报考大学中的信息工程技术专业提供智力支持。

三、严肃教科书的编写

教科书在学生心目中处于“至高无上”的地位，学生一般认为“书是为是，书非也为是”。因此，编写中小学教科书是一件极其严肃的事情，绝对不允许出现丝毫的差错。

然而，教学改革促使教材编写与出版出现多元化，于是教科书的编写打破了人民教育出版社一统天下的局面，仅北京市场上就出现了人民教育出版社、中国地图出版社、北京出版社以及北京师范大学出版社等多种版本。教材编写的多元化并没有有力地保证编写质量的提高，反而出现了一些不尽如人意的地方：第一，借“启发教学”之名肆意割断知识的系统性与逻辑性。第二，部分教科书中出现了常识性错误，比如，某地理教科书中误将陕甘划入华北地区；再如，思想品德教材中写道“调整老百姓之间的事找民法”，实际上，法律规定“民法是调整公民之间、法人之间、公民与法人之间的财产关系与人身关系”。第三，教材编写中也出现了不少断句、标点错误。因此，建议本着对学生负责的态度，严肃教材编写工作，提高编写人员素质；成立专门的教材审定委员会。

第二节　以三点改革促生创新型学生和大师级教师

改革开放以来，我国教育大体经历了这样几个阶段：在普通大众层面，由扫盲教育逐渐转向公民教育；在高等教育层面，由精英教育逐渐转向大众教育；在教育方式层面，由应试教育逐渐转向素质教育。总体而言，我国教育得到了长足发展，教育体系日趋完备，但也出现了一些亟待解决的问题，如学生创新能力培养不足，教师队伍特别是高校教师队伍素质滑坡，真正的大师级教授难以产生。为此，应从以下三个方面着手改革。

一、压缩课程门类，减轻学生负担

童年时期是人的天性得以保留的最佳阶段，对未知世界的好奇心是人类探索未知、创新事物的原动力。好奇的天性、探索的本能需要大量的时间、大脑空间来独立思考。然而，开设过多的课程必然使学生疲于考试、累于课程；结果是，多数受教育者在受教育之初就已对学习产生了倦怠、失去了学习的生机与探索的活力。

我国的中小学生，不仅学习的课程门类多，关键还在于学生负担重。就学生课业负担而言，减轻负担的方式是多样化的：一是归并课程门类。如可以将信息技术、劳动技术等学科归并到科学课程当中，以培养学生科学素养为目的，以培养学生的科学精神为主导，以信息技术和劳动技术为两维支撑，真正构建好我国的基础教育科学课程结构。二是整合实施方式。譬如，课堂教学中以主题的方式，可以将语文、品德与社会（品德与生活）、科学等课程进行学科间或者跨学科整合，以节省课时，达到课程实施有效性和知识整合逻辑性的目的。三是减少作业量。全体教师需要树立“作业是知识问题的进一步深化与探索历程”的教育观念，不能停留在“作业等于是所学知识的复制、课堂内容的重复以及学习方法的简单训练”的老路子上。只有这样，各科教师才能深入挖掘学科的本质属性和主要功能，拿具体学科来说，数学作业，要通过数字、算术和计算，寻找背后的学科本质，如推理能力、逻辑思维及空间想象等能力；语文，通过语言文字的流畅运用，培养人文内涵、文学想象。在作业布置上，学科教师应该将每门学科作业分为实践性作业、知识性作业、能力性作业和创新性作业四大类，以便分门别类地酌情布置。本着减少死记硬背式的重复操练性作业，适当增加实践性、能力性、创新性作业，以培养学生的创新能力和问题意识。

二、取消文理分科是培养全面人才的重要前提

高中所设课程应是义务教育的深化，高等教育的基础。如果将高中文理分科问题孤立于整个教育改革体系，则探讨的结论就是“仁者见仁，智者见智”；反之，如果将文理分科问题置于整个国民教育改革体系中，则易于得出“高中必须取消文理分科”的结论。

取消文理分科的现实必要性在于：一是教育改革的指导思想未能真正统一。教育改革是一个系统工程，不宜将高等教育与基础教育截然分开。现今的高等教育实行通识教育，以培养复合型人才与储备大师级人才。但是高中阶段却实行了专家型的分科教育，这明显与高等教育改革的目标背道而驰，互为冲突。二是高中文理分科造成了学生的人格缺失、趋向功利。教育的目的是培养具有健全人格、综合素养的人，但文理分科的事实实际上去掉了人

的部分机能：文科学生缺少科学精神与逻辑推理能力，理科学生则缺乏人文素养与想象空间。古往今来的思想家、哲学家孔子、孟子、柏拉图、亚里士多德、培根、罗素等无一不是融合了人文与科学，最终推动了人类的思想进步。现当代的著名科学家华罗庚、钱学森、李政道、杨振宁等人也是文理兼通的大家。

当然，取消文理分科也存在着其可行性：一是所有科目实行学分制，只有语文、数学、外语三科实行三年一贯制。高考按文理取士的考试模式必然造成高中阶段早早进行文理分科教学的现象，学生思想还不成熟，才智尚未发掘，就因考试的关系提前偏科，而造成人文素质或科学素质的必然缺失。二是考试模式还是按照高考模式来进行，不过在时间上进行限制，如考前一个月才允许确定所考科目，而非文理学科；改“3+大综合”模式为简单的“3+1”模式，语数外加一门选修科目，考外语专业加考外语，考国际政治学院加考政治（或改为社会），考地质勘探加考地理……这样既简化了考试，也节约了大量的人力物力资源。这就要求中学教育也实行学分制，并且不参与高考评价，只供所录大学参考。结果是教师教得轻松，也减轻了学生负担，从而真正实现由应试教育转变为素质教育。

三、大学与中学之间应建立有效的人才流动机制

据统计，我国目前每年培养博士层面的高学历人才达五六万人之多。但是，随着就业岗位的日益饱和，博士到高等院校、科研院所等机构就业的困难越来越大，这就迫使相当一部分博士到大城市的重点中学或继续教育中心就业。结果出现了高等教育的两难困境：一面是高校因为教师岗位空缺少而难以招聘更多的博士；另一面是高校中仍然存在着部分本科或硕士毕业的教师执教（当然其中不乏优秀者）。

未来十年、二十年，还会有更多的博士进入中学或继续教育中心工作。他们在工作中不仅获取了基础教育的经验，而且也加强了教育理论与教育实践研究。但是，他们既不能获得与高校对等的正高级职称，又不可能通过自己的科研努力成为大学教师、走上大学讲坛。这在很大程度上堵塞了人才的

培养渠道。为此，建议尽快建立包括正高级职称在内的与高校对等的职称评定体系；尽快建立能者上、庸者下的高校教师流动机制，其中既包括高校教师可以流动到基础教育部门接受锻炼，又包括高学历能力型的中学教师、继续教育教师也可以流动到高校做高校教师，庶几，钱穆、梁漱溟式的国学大师自然产生。这样不仅打破了我国高等教育与基础教育之间长期存在的隔绝状态，而且还能最大限度地发挥各类人才的积极性与创造性。

教学改进篇

教育是处理关系的学问。

教学是课程当中最有价值的知识的人际有效传播过程，是课本知识的动态化生成过程，是生活经验的智力化创生过程；关涉如何处理好课程与教材、教师与学生、学生与学生、板书与多媒体之间的关系。

第七章
中学历史课程的学科改进与教学反思

第一节 中学历史教学中“民主”和“科学”的把握与运用

人们在日常生活中对于一些常用概念的内涵和外延，往往没有清晰的边界界定，往往同一个词，不同的人、在不同的场合赋予其不同的含义。就拿民主和科学这两个常用的词语来说，如果作为对我国近现代思想史影响深远的核心思想观念[1]来考察，就需要了解政治哲学的知识去认真厘清，以便于我们在上新文化运动一课时，能很好地把握民主与科学这两个核心思想观念。下面，首先简单介绍一下当今世界对于民主和科学观念的普遍认知。

一、民主思想与科学观念的历史源流

（一）民主思想

民主一词，在古希腊政治学理论里，特指“人民的统治”。但是古希腊

[1] 这里所讨论的“观念”主要是指代表了一种思想或知识体系的核心概念或关键词。我国近代核心思想观念的流变，主要受丰富的历史文化遗产、近代中国所处的极其复杂多变的国际大背景和现实的政治与文化生态不稳定性这三大独特的“历史语境”所制约和影响。

包括古罗马的政治学家们更崇尚的是共和，而不是民主。民主成为普世公认的好制度，变成一个褒义词，获得世界性的话语霸权，是在第二次世界大战以后。今天各种各样的观念都贴上了民主的标签。所以，民主在今天已经成为一个很混乱的概念。

从政治哲学来说，自由、民主、共和、宪政是现代政治文明有效保护人权的制度平台的四大支柱。就政治基本主张的侧重点来说，自由强调个人拥有免予种种无理干预而自主选择和行动的正当权利；民主要设法实现公民大众对国家权力的最终控制；共和坚持恪守天下为公、多元共治、和平协商等原则，努力实现政治生活的良性均衡；宪政则弘扬宪法的至高权威，设定权利和责任的边界，并将限制政府权力和保护公民权利予以制度化。

结合世界近代史的知识，我们可以知道，英国资产阶级革命创设了现代民主制度的典型模式——代议制民主。美国独立战争产生了民主共和制和具有成文宪法的民主宪政制度，使得民主的制度设计日趋完善，民主制度的运作更有可操作性和示范性，也进一步昭示了有别于古希腊直接民主的现代民主宪政制度具有一定的普适性。法国大革命则为现代民主制度贡献了“人民主权”“天赋人权”等核心价值理念，促使人类迎来了第一波民主化浪潮。

如果就古希腊人对于民主最初界定为“人民的统治”而言，只有直接民主，才能确保公民自己管理自己，才是原汁原味的真民主。但是，大家都知道，古希腊实行过古典民主制的都是小国寡民的城邦国家，容许参政议政的公民也有严格的资格限制。就这样，还出现了“陶片放逐法”，甚至苏格拉底之死，造成了多数人对于少数精英的暴政。所以，现代民族国家兴起后，从大国众民的实际情况出发，从实际政治运作的合理性和可行性考虑，基本上推行的是代议制民主形式的间接民主。代议制民主作为间接民主，一方面承认人民是国家的“主人”，另一方面又由作为“主人”的人民通过法定程序将国家内政外交的“主事”权力委托给政府公职人员代理处置。通过这种方式，代议制民主确保了民主制在现代民族国家制度安排和技术操作上付诸实施的可能性。

因此，在现代社会通行的民主话语中，做“主”之“民”应该从两个维度去理解。如果为了宣传动员革命，辩论“谁”做主的问题，“民”一般指一个理想化的、不可分割的有机整体的人民。但在确保民主选举的具体程序时，为了确保国家权力从人民手中被顺利委托给政府行使，“民”就变成了一个可以计算的人民概念，来解决人民“如何”做主的实际制度操作问题。

今天的民主制度，为了防止多数人对少数人的暴政，事实上实行的是在宪政架构下受到“自由”和“共和”政治理念限制性校正的复合型民主。我们今天看到的运作良好的民主政体，其实并不纯粹，而是通过共和、自由、宪政等具有西方历史悠久传统的政治理念限制了单纯民主制的弊端，有效发挥民主制的优越性的。在这个意义上来说，现代民主政体之所以“卓越”，是因为它“民主”得不那么“纯粹”了。

如果我们从以上的基本常识去回望新文化运动时期我国思想界的精英们大力倡导的“民主”观念，可能就容易看到其中存在的一些影响后来历史发展的吊诡之处了。

（二）科学观念

现代科学是指运用范畴、定理、定律等思维形式反映现实世界各种现象的本质和规律的知识体系，包括科学概念、科学方法、科学精神等。但并不是说所有的可以探寻真理、探索自然奥秘的方法和理论都是科学。科学也不是万能的。科学也需要随着时代发展和人类文明的进步而调整自己对于客观世界的基本认识。这是我们今天应该具备的常识。

从今天我们对于科学观念的基本常识去考察新文化运动时期我国思想界的精英们大力倡导的“科学”观念，可能就容易看到当时对于西方科学观念引入时的误读，导致将科学等同于放之四海而皆准的唯一真理，将科学观念泛化为科学人生观、科学价值观、科学世界观，树立起了科学的绝对的、不可置疑的权威。然后，借助对于科学的无限崇仰，新文化运动时期我国思想界的精英们开始寄希望于用科学来救国。这为称为科学社会主义的马克思主义传入中国提供了思想平台。

二、民主思想与科学精神的移植和误读

我国是有悠久文化传统的文明古国，一切外来的思想观念，从传入我国的那一天开始，就被我们用自己的文化背景去重新理解和阐释。我国近代对来源于西方文明的“民主”和“科学”观念的接受和传播的过程，也充满了文化的误读。接下来，我们就简要回顾一下这一过程。

（一）民主移植过程中的文化冲突

民主，在我国古汉语中的本意是民之主，也就是最高统治者，是帝王的别称。而我国古代发达的民本主义思想，其实并不反对君主专制的皇权制度。所以，古代既有重民、爱民思想，也有贱民、牧民思想。这些对于我国到了近代了解西方民主思想都产生了一定的影响。

西方民主观念最初传入我国的时候，正处于世界近代史上第一次全球民主化运动的高潮期，但由于我国正处于明清时期高度的专制主义君主专权时期，所以西方基督教传教士们竟然找不到合适的中文对译词去翻译这个词，只能进行笼统的意译或者音译，没有固定的译名，而且褒贬互见。比如，马礼逊《五车韵府》（1822 年）将 democracy 翻译为“既不可无人统率亦不可多人乱管”，麦都思《英汉字典》（1847 年）翻译为“众人的国统，众人的治理，多人乱管，小民弄权”，罗存德《英华字典》（1866 年）翻译为“民政，众人管辖，百姓弄权”。这充分反映了当时西方世界对于民主存在的争议。直到美国传教士丁韪良 1863 年开始翻译《万国公法》时，才首次使用“民主”来翻译 democracy。在 19 世纪 70～80 年代传播西方民主观念的代表人物，是被当时的传统体制彻底边缘化了的王韬。相对于当时我国引入的“民主”观念的译名和意涵模糊来说，国会、议会、议院等西方具体实行代议制民主的权力机关的译名和意涵相对比较明确。因此，在王韬看来，西方民主制就等同于议会，而议会，就是大家一起开会。至于西方议会制运作中精细的制度安排以及议会与其他权力部门之间的复杂关系，其实并不了解。

到了甲午战争后，出于救亡图存的目的，中国人开始找寻新的社会组织

方式，“知西法不能不用”（梁启超《戊戌政变记》），西方民主观念才开始普及。之后爆发的立宪派与革命派的大论战，促成了国内立宪运动高涨，使得走向共和成为全社会各个派别的普遍政治诉求，最终通过辛亥革命推翻帝制，走向共和。

但是中华民国成立以后，先是袁世凯复辟帝制，然后又有张勋试图拥戴宣统帝复位，民国初年共和政治的尝试最终失败。孙中山等人逐步放弃了代议制民主，主张引进西方的直接民主制度。

继之而起的新文化运动，面对第一次世界大战后国际上第一次民主化运动的退潮，面对国内共和政治的失败，军阀割据，内忧外患，开始“重估一切价值”，重新反思西方资本主义民主的理论和实践，力图构建一种适合中国救亡图存，迎头赶超政治需求的全新民主观。这在当时首先集中体现在对于democracy的译名和意涵的界定上重新陷入含糊和争议。经过激烈的思想论战，一方面，新文化运动的倡导者们继续高举民主大旗，全盘否定中国传统思想，坚定地推动中国走向西方民主化发展道路；另一方面，又呼应当时全世界民粹主义思想浪潮，大力倡导平民主义的直接民主，共和主义被彻底放弃。为了实现平民主义的直接民主的政治目标，就必须超越资本主义民主理念，必须倡导革命民主主义，必须推翻当时的政治制度。因此，陈独秀、李大钊为首的新文化运动的激进派从十月革命后的苏维埃俄国接受了马克思主义，成立了中国共产党。

（二）科学思想输入中国的历史内化

科学一词，在中国古代有两个常用的含义。一是科举学校，二是分科之学。由于科学与科举千丝万缕的关联，所以，明朝末年大学者和著名科学家徐光启并没有使用“科学”来翻译 science，而是从宋明理学观念中借用了“格致”一词来翻译。“格致”在我国古代程朱理学中强调“穷理”和“经世”。穷理的求知目标，比较接近于西方近代所说的“科学”；“经世”的求知目标，比较接近于西方近代所说的“技术”。因为在程朱理学中，格物致知的目的都在于修身、齐家、治国和平天下，所以可以笼统地说“格致”。

这样，到了近代，西方科学观念真正开始传入中国的时候，格致就被广泛接受为science的对译词，但实际上中文语境里的“格致”，特指西方传来的狭义的“科学”，也就是自然科学，有时候还外延到技术，也就是自然科学技术。而近代西方国家新兴的社会科学，是不包括在内的。[1]

甲午中日战争以后，康有为等人了解到，由于日本历史上没有实行过科举制，从“科学”具有“分科之学”的含义，对应西方科学分科研究的特征，将西方的science首先译作“科学”。为了更好地反映西方“科学”的内涵和外延，康有为、梁启超等人首先在中国使用“科学”代替“格致”来翻译science。随着戊戌变法和清末新政的广泛的西学引入，“科学”迅速得到普及。清末新式学堂不同于传统科举学校的分科教学。分科学堂大量出现，因此，用分科之学的含义来理解西方的science的社会认知得到强化，造成“科学”一词的广泛使用。全新的人才选拔方式逐渐取代了科举制承担的社会职能，最终导致了1905年清朝正式下令废除科举制。之后，“科学”作为“科举学校”的含义迅速被人遗忘，而“分科之学”的含义则正式被广泛使用。“科学”正式成为西方传来的science的对应词。

著名启蒙思想家严复在20世纪初翻译亚当·斯密的《原富》时，正式用我们今天现代汉语理解的“科学”含义翻译西方包括自然科学和社会科学在内的理论科学，也就是science。但是，八国联军侵华战争以后，我国社会精英阶层普遍认为以儒家经学为根基的传统知识体系落伍了，西方传入的现代知识体系开始全面取而代之。因此，西方传来的科学，被赋予了很多重新建构新的道德意识形态的功能，取代了经学的地位，成为我国现代知识体系的新核心。科学开始被泛化为一种万能的知识体系，而真正的西方科学观念的引入，是到20世纪20~30年代，随着一批留学西方国家的科学家回国以后，经过大力宣传和普及，我国才开始对于科学概念、科学方法、科学精神等有了正确的认识。我国科学事业的发展才开始真正起步。

[1] 虽然我国现在已经用“科学”取代“格致”作为science的对译词，但是在日常生活用语中，我们还是常用“科学”指称实用技术，如科学种田、科学养猪等。

清朝末年到民国初年，我国社会精英阶层积极引入西方科学，具有很强的实用目的，那就是科学救国。西方近代科学强调的是“为了科学而科学”，是为了追求“真理”，扩展人类知识的一种纯粹理论层面上的求知行为，并不承担“救国”的实用目标。这一阶段对于“科学”承担的社会功能的误读，直接影响到了新文化运动时期人们对于“科学”含义的误读和误用，也对我国现代科学的发展产生了消极影响。

众所周知，新文化运动可以大致划分为前期和后期。前期共同提倡西方近代资本主义的民主与科学，也就是“德先生”和“赛先生”。后期发生了分裂。陈独秀、李大钊等转向马克思主义，提倡社会主义民主。胡适等人坚持西方资本主义自由主义民主。下面，我们分别来看一下。

首先回顾一下新文化运动的历史背景。李大钊《新的！旧的！》一文写道：“中国人今日的生活全是矛盾生活，中国今日的现象全是矛盾现象。”“中国今日生活现象矛盾的原因，全在新旧的性质相差太远，活动又相邻太近。”“因此我很盼望我们新青年打起精神，于政治、社会、文学、思想种种方面开辟一条新路径，创造一种新生活，以包容覆载那些残废颓败的老人，不但使他们不妨害文明的进步，且使他们也享享新文明的幸福，尝一尝新生活的趣味，就像在北京建造电车轨道，输运从前那些乘驼轿、骡车、人力车的人一般。”陈独秀《今日中国之政治问题》评论道，“中国目下一方面既采用立宪共和政体，一方面又采唱尊君的孔教，梦想大权政治，反对民权[1]；一方面设立科学的教育，一方面又提倡非科学的祀天，信鬼，修仙，扶乩的邪说……”

通过上述两段史料，我们可以结合民国初年的政治乱局，认识当时中国社会不新不旧、新旧文化并存碰撞的现实情况，认识处于激烈的文化社会转型期的20世纪20年代，想要四平八稳地靠中庸之道来平衡社会矛盾，挽救中国内外交困的危局，根本上行不通。

我们通过一些史料来看一下“德先生”和“赛先生”作为新文化运动

---

[1] 此处的“民权”，就是本节后面提到的 democracy 的一种翻译用词，当时又译作“德先生”，或者译作“民主”。

前期的核心思想观念应该如何理解的问题。陈独秀在《本志罪案之答辩书》中写道："本志同人本来无罪，只因为拥护那德莫克拉西（Democracy）和赛因斯(Science)两位先生，才犯了这几条滔天的大罪。要拥护那德先生，便不得不反对孔教、礼法、贞节、旧伦理、旧政治。要拥护那赛先生，便不得不反对旧艺术、旧宗教。要拥护德先生又要拥护赛先生，便不得不反对国粹和旧文学。""西洋人因为拥护德、赛两先生，闹了多少事，流了多少血，德、赛两先生才渐渐从黑暗中把他们救出，引到光明世界。我们现在认定，只有这两位先生可以救治中国政治上、道德上、学术上、思想上一切的黑暗。若因为拥护这两位先生，一切政府的压迫，社会的攻击笑骂，就是断头流血，都不推辞。"

李大钊在《劳动教育问题》中写道，"现代生活的种种方面，都带着Democracy的颜色，都沿着Democracy的轨辙。政治上有他，经济上也有他；社会上有他，伦理上也有他；教育上有他，宗教上也有他；乃至文学上、艺术上，凡在人类生活中占一部位的东西，靡有不受他支配的。简单一句话，Democracy就是现代唯一的权威，现在的时代就是Democracy的时代"。

通过上述史料，我们可以知道新文化运动前期倡导西方资本主义的民主和科学思想观念，是为了从政治文化层面去推动社会革新，来达到救国这个实用目的。实质上还是以西方为师，对于西方近代资本主义文明抱有不切实际的幻想，但是还没有从中国实际国情出发，探索适合中国国情的、具有中国特色的国家发展道路。同时，这么现实地、饥不择食、囫囵吞枣地生搬硬套、浅尝辄止地进行文化输入、观念输入，结果就是将西方资本主义民主观念丰富的内涵简单化，将西方上千年文明孕育出来的科学观念彻底误解。从历史长时段来看，并不能够真正救中国。

接下来，我们再了解一下新文化运动时期的科学观念的变化。

著名化学家和教育家任鸿隽《科学概论》（上篇）中给科学下的定义是，"科学是根据于自然现象，依论理方法的研究，发见其关系法则的有统系的智识"。数学家胡明复在《科学方法论一》中认为，"科学方（按：主要指归纳法和演绎法）之惟一精神曰'求真'。……故习科学而通其精义者，仅知有真理而不苟从，非真则不信焉”。

而陈独秀在《新文化运动是什么?》一文中则认为，“科学有广狭二义：狭义的是指自然科学而言，广义的是指社会科学而言。社会科学是拿自然科学的方法用在一切社会人事的学问上，像社会学、论理学、历史学、法律学、经济学等，凡用自然科学方法来研究、说明的都算是科学；这乃是科学最大的效用。我们中国人向来不认识自然科学以外的学问，也有科学的权威……我们要改去从前的错误，不但应该提倡自然科学，并且研究、说明一切学问（国故也包括在内），都应该严守科学方法，才免得昏天黑地乌烟瘴气的妄想、胡说。”在《敬告青年》中，陈独秀更是大声疾呼：“近代欧洲之所以优越他族者，科学之兴，其功不在人权说下，若舟车之有两轮焉。今且日新月异，举凡一事之兴，一物之细，罔不诉之科学法则，以定其得失从违；其效将使人间之思想云为，一遵理性，而迷信斩焉，而无知妄作之风息焉。”“国人而欲脱蒙昧时代，羞为浅化之民也，则急起直追，当以科学与人权并重。”对于“无常识之思惟，无理由之信仰，欲根治之，厥为科学”。

胡适先生曾经在1923年指出，自清末变法维新以来，“有一个名词在国内几乎做到了无上尊严的地位；无论懂与不懂的人，无论守旧和维新的人，都不敢对它表示轻蔑或戏侮的态度。那个名词就是‘科学’”。

1919年12月，陈寅恪与吴宓长谈，说中国人太重实用，不仅不利于中国科学的发展，也不利于国家的富强与发达，反而会造成“人欲横流、道德沦丧”：“昔则士子群习八股，以得功名富贵；而学德之士，终属极少数。今则凡留学生，皆学工程、实业，其希慕富贵、不肯用力学问之意则一。而不知实业以科学为根本。不揣其本，而治其末，充其极，只成下等之工匠。境遇学理，略有变迁，则其技不能复用，所谓最实用者，乃适成为最不实用。至若天理人事之学，精深博奥者，亘万古，横九垓，而不变。凡时凡地，均可用之。而救国经世，尤必以精神之学问（谓形而上之学）为根基。乃吾国留学生不知研究，且鄙弃之，不自伤其愚陋，皆由偏重实用积习未改之故。……今人误谓中国过重虚理，专谋以功利机械之事输入，而不图精神之救药，势必至人欲横流、道义沦丧，即求其输诚爱国，且不能得。”

新文化运动时期一位非常重要的大学者杜亚泉先生在《亚泉杂志》序说：“我国自与欧洲交通以来，士大夫皆称道其术。甲午以后国论一变，啧啧言政法者日众。即如南皮张氏所著《劝学篇》，亦云西政为上，西艺次之。……政重于艺，亦我国向来传述不刊之论也。但政治与艺术之关系，自其内部言之，则政治之发达，全根于理想，而理想之真际，非艺术不能发现。自其外部观之，则艺术者固握政治之枢纽矣。……且政治学中之所谓进步，皆藉艺术以成之。……且吾更有说焉，设使吾国之士，皆热心于政治之为，在下则疾声狂呼，赤手无所展布，终老而成一不生产之人物；在朝则冲突竞争，至不可终日，果如是，亦毋宁降格以求，潜心实际，熟习技能，各服高等之职业，犹为不败之基础也。……今世界之公言曰，二十世纪者，工艺时代。吾恐吾国之人，嚣嚣然争进于一国之中，而忽争存于万国之实也。苟使职业兴而社会富，此外皆不足忧。文明福泽，乃富强后自然之趋势。天下无不可为之事，惟资本之缺乏为可虑耳，吾愿诸君之留意焉。”

“艺术”即“科学技术”，科学技术与政治及社会生活之关系，在杜亚泉看来，科学技术处于第一位。传统中国一直是将政治置于科学技术之上，因此科学技术不发达自为当然。戊戌维新以来，国人更是竞言政治，以政治取代了科学技术，政治救国替代了“技术救国”与“科学救国”。他认为如果全社会都热心政治，成为政治人，在野不事生产，在朝夸夸其谈，还不如潜心向学，掌握谋生的技能，使中国在新世纪的科学技术时代不致落伍。这样一种想法，在世人共趋于政治与革命之时代，是为一种建设之声音，不啻洪钟大吕。

简贯三编著于1933年的《科学运动与反读书思潮》曾经激烈地批评道，“五四时代，时髦的学者教授们，多半闭口哲学，开口文学……当时虽说有人高呼‘拥护赛先生’，但言之谆谆，听之藐藐，赛先生只得呼一声‘倒霉’而去。‘文哲’为什么像热包子刚刚出笼受人欢迎，科学——

特别是自然科学，为什么像一副鬼脸子受人冷视？简单的原因，提倡新文化的公子哥儿们，多钟情于文学、哲学，而文学、哲学又似乎比自然科学容易恋爱，所以面目冷酷、专讲定理的自然科学在当时没有和文学、哲学争锋的资格。即使偶尔想变变口味去照顾一下科学，不过是名义上借用科学方法，而研究的对象依然是故纸篓里的东西，所谓自然现象还是孤零零地没人问津”。

“科学”几乎成为新文化宣扬者打击对手的武器，许多人用“科学”做幌子，鼓吹各种所谓“科学的文学”“科学的哲学”“科学的历史学”等，当然也有“科学的人生观”云云。但就是没有“科学的研究”，真正能从事艰苦而孤寂的自然科学研究者在欢呼“赛先生”的热潮中，可谓“寥若星辰”。1922 年，《科学》编辑部注意到当年留学生所学科别，“为农工科人数之减少与商科人数之加增……所最不可解者，国内数学物理生物学人才最缺乏，而本届百三十五人中竟无一人欲习此三科者，吾国学生之不重视纯粹科学，于此可见矣”。正如论者所言，“五四”精英们虽激进地倡言革命，但仍然遵循着一种古老的思维定势，“人文知识比科技知识与国家兴亡、民族命运更紧密相关，因而在知识体系中地位更高”，1923 年的“科玄”之争，实质上是科学家用人文话语与玄学争论，表面上看来是科学家取得了胜利，但实际上真正的科学技术已处于边缘地位。

通过以上这些史料，我们可以了解，在新文化运动前期倡导的“科学”，是被等同为唯一真理的“社会科学”和“人文科学”，而不是“自然科学”。在我们这样一个人文传统根深蒂固的国家，纯正的“自然科学”观念的引入和发扬光大，还属于任重而道远的阶段。新文化运动前期倡导的“科学”，实际上成为精英阶层探索真正的民主、追求救国真理的重要思想依据，引导他们探索正确的救国道路。

汪晖先生《现代中国思想的兴起》（下卷）中也认为，“在科学概念的广泛运用，构成了 20 世纪中国思想的主要特征之一。在晚清以降的中国思想氛围中，科学是解放的象征和召唤，也是各类社会文化变革的客观根据。作为一种替代性的公理世界观，科学不仅证明了新文化人物所期望的变革的必要性，而且也提供了这种变革的目标和模式”。

正是由于新文化运动时期我国思想界对于科学的误读，影响到今天，科学，作为形容词，在现代汉语里含义是“正确的”。

三、新文化运动后期科学和民主的新生

十月革命后新生的苏维埃俄国政权的领导人、俄国马克思主义者列宁于1919年7月25日发表第一次对华宣言，宣布废除帝俄与中国、日本、协约国签订的一切秘密条约，帝俄政府在中国东北以及别处，用侵略手段取得的土地，一律放弃，废除帝俄在中国的领事裁判权和租界，放弃庚子赔款的俄国部分，放弃帝俄在中东铁路方面的一切特权。

（一）科学与民主的马克思化和中国化

对比巴黎和会上中国外交的失败，中国人民真切地感受到了尊重和鼓舞，看到了改造中国，让中国独立富强的新路径。马克思主义从此开始在中国落地生根。中国逐渐走上了以俄为师，探索中国社会主义革命和社会主义民主制度的发展道路。

对此，闾小波先生有比较深刻的论述。他认为，近代中国政治发展的动力主要是内生、内聚的，但发展的目标更多的是引进、师从的。唯其如此，中国人的民主诉求不仅与国内政治主题的转移紧密相连，还随国际政治潮流的方向逐浪而行。1914年爆发的第一次世界大战，中国人也快速捕获到欧洲人对这场战争的理解——民主国家与专制国家的对决。中国参战的一方协约国最后取得了胜利，印证了民主的力量与不朽的价值，民主的声浪随之高涨，对民主的期待越发强烈。而第一次世界大战后期俄国爆发的十月革命被视为对既有的民主政治与社会制度的刷新，一直想迎头赶上的中国人又有了更高的师法目标。1919年上半年，第一次世界大战的战胜国（协约国）和战败国（同盟国）在巴黎召开的和平会议，最终成了列强重新瓜分世界的分赃会议，这给国人上了一堂生动的“民主课”：原来受中国人崇拜的那种民主并不是什么自由、公平，而是分赃、强权。真正的民主不应该是代议制、

权力制衡、精英治国，而是一种神圣而崇高的理想与精神，是直接民主、平民当家、劳工治国。西方自英国“光荣革命”以来形成并日趋完善的代议制民主、政党制度、立宪自由主义等，也是被中国人越试越糟糕的东西，正被越来越多新潮派人士所抛弃，以“苏俄民主”来置换“西方民主”日渐成为多数人的共识。

据《胡适口述自传》中记载，俄国人告诉陈独秀，他们的“科学社会主义”才是真正的“科学”，才是真正的“民主”。老的民主根本不成其为民主。因为那只是“布尔乔亚”的民主。只有布尔什维克党人所推行的民主的、所想望的新的民主，才是人民大众和“普罗阶级”的民主。因此，“科学”和“民主”，在这里有了新的意义。

正是在这样的时代背景之下，新文化运动的一部分倡导者们转向了马克思主义，将其视作拯救中国、解放全人类的唯一真理，形成了坚定的共产主义政治信仰。1920 年 9 月，陈独秀在改为中国共产党上海发起组机关刊物的《新青年》（1920 年第八卷一号）上发表《谈政治》，公开宣称：“我敢说，若不经过阶级战争，若不经过劳动阶级占领权力阶级地位底时代，德谟克拉西必然永远是资产阶级底专有物，也就是资产阶级永远把持政权抵制劳动阶级底利器。”我“不承认现存的资产阶级（掠夺阶级）的国家、政治、法律，有扫除社会罪恶的可能性。我承认用革命的手段建设劳动阶级（即生产阶级）的国家，创造那禁止对内对外一切掠夺的政治、法律，为现代社会第一需要”。

后来中国共产党经过长期的革命斗争实践，最终将超越资本主义民主的革命民主主义发展成为我们今天中国民主观念的主干——人民民主专政。毛泽东为首的中国共产党提出的人民民主专政的民主理论，与此前在中国流行的各种民主观的主要区别有两点：一是对于“民”，也就是选民资格的理解。此前的各种民主理论将限选和普选相对立，要么主张限选，要么主张普选。中国共产党则根据阶级斗争理论，将人民概念的外延根据时势灵活变通处理，时而扩大，时而缩小。需要联合，就搞统一战线，扩大人民的外延，团结一切可以团结的力量。需要专政的时候，就讲究根红苗正，缩小人民的外延，凝聚自己的核心骨干力量。因此，人民民主专政理论既是限选的，也是普选的，对于革命对象或者反动势力（敌人）是限选，或者剥夺其选民资格，而对一切“人民”（朋友）来说则实行普选。二是对于民主和专政（独裁）关系的灵活处理。此前的民主理论一般都将民主与独裁的关系相对立，要么民主，要么独裁。人民民主专政则将两者有机结合起来，对人民赋予民主的权利，对敌人则实行专政。在今天中国的政治实践中，人民民主专政理论的实现方式、实现程度和实现效果，依然是在不断探索的过程中。

但是，新文化运动前期对于西方民主制宣传时侧重于彻底的直接民主制。比如，李大钊《平民主义》一文就认为，“纯正的‘平民主义’，就是把政治上、经济上、社会上一切特权阶级，完全打破；使人民全体，都是为社会国家作有益的工作的人，不须用政治机关以统治人身，政治机关只是为全体人民属于全体人民而由全体人民执行的事务管理的工具”。

所以，这导致我国近代社会主义革命中具有非常强烈的民粹主义倾向。美国学者莫里斯·迈斯纳在《马克思主义、毛泽东主义与乌托邦主义》一书中对此有极为精辟的论述。他认为，“俄国革命运动的民粹主义阶段先于马克思主义阶段，而在中国，一个真正的民粹主义冲动多少是与马克思主义思想的介绍和传播同时出现和发展的。在俄国，民粹主义逐渐趋向于被马克思主义取代，民粹主义思想和民粹主义运动最终为列宁主义所抑制。而在中国，一个强大的民粹主义冲动继续存在下来，使中国共产主义革命的列宁主义性质发生了重要的改变”。英国学者保罗·塔格特在《民粹主义》中认为，精英主义实质上是产生民粹主义的内在因素和推动力，精英阶层与中下层社会在某种情形下的暂时合作反映了精英阶层的一种策略性选择，归根结底，精英阶层是民粹主义政治动员的设计者和主导者，大众只不过是可以提供合法性动员的对象而已。因此，民粹主义是概念上的“底层的主义”和实际上的“精英的主义”。

对于民粹主义给我国社会主义革命带来的危害，毛泽东在 1945 年 3 月发表的《对〈论联合政府〉的说明》中曾经明确提出过警告，“报告中对共产主义提过一下以后，仍着重说明民主革命，指出只有经过民主主义，才能达社会主义，这是马克思主义的天经地义。这就将我们同民粹主义区别开来，民粹主义在中国与我们党内的影响是很广大的。这个报告与《新民主主义论》不同的，是确定了需要资本主义的广大发展，又以反专制主义为第一”。可惜，在后来的社会主义革命和社会主义建设过程中，民粹主义还是严重阻碍了我国社会主义民主建设的理论和实践。

就思想渊源来看，中国共产党在近代坚持主张的革命民主主义，实际上是继承了西方近代的卢梭主义民主传统，倡导直接民主、大众民主，强调人民主权。其实，西方近代还有穆勒主义民主传统，倡导间接民主、代议制民主，强调权力制衡。

穆勒主义与卢梭主义的区别可以视为环绕着个人自由、政治权力、知识与道德，而采取不同的观点。卢梭主义认为这四者可以融合在一起。换言之，根据此观点，如果人们具有道德与知识，而且如果他们可以采取直接选举的方式，推举领袖，施行统治，那么统治者的政治权力就可以和人们所拥有的自由、道德与知识融合在一起，此即人民作自己的主人，而表达全民意志的民主政治。民粹主义的精英主义，其基本精神也源自卢梭主义。

而穆勒主义，则非常担心直接民主导致的多数人的暴政，还有社会精英出于人性的自私与贪婪而假公济私。美国宗教思想家尼布尔在《道德的人与不道德的社会》中曾经指出，“人行正义的本能使得民主成为可能，人行不义的本能使得民主成为必要”。因此，穆勒主义吸取了西方共和思想观念和自由思想观念，认为民主的大厦不是一天建成的，主张渐进式民主，强化对政府公权力的制度约束和对民众个人自由的广泛立法保护。近代中国思想史上，严复、梁启超、胡适、章士钊、李大钊（早期）、杜亚泉和李剑农等都吸取借鉴了西方穆勒主义民主传统，主张自由民主主义。虽然由于种种复杂的历史原因，自由民主主义在我国近代政治领域并没有发生实质性影响，但是他们关注和倡导过的融合了共和、自由、宪政的复合型民主却深刻地影响了我国目前进行的基于保护人权的根本目标基础上进行的社会主义民主建设。诚如著名历史学家张灏先生所说，“年轻时代受了五四的影响，多年来我对民主的看法常常是高调的：民主不是国家富强的良药，就是道德理想的体现。但长久在西方国家对民主运作的观察，以及看到中国近代民主道路的坎坷，已使我无法再抱持高调的民主观。……我一直深感在中国谈民主，常常需要一个低调的民主观，才能稳住我们的民主信念”。

今天，我们重新审视新文化运动时期的民主与科学思想观念从西方传入和演变的历史，一方面，我们要充分肯定其历史贡献。如果没有这个阶段的思想启蒙，我国向西方学习的步子还不知道要迟滞多少年。另一方面，我们也要反思当时把西方民主和科学思想观念片面化和偏激化导致的过度崇拜，由“德先生”和“赛先生”最终拔高到救苦救难、普度众生的“德菩萨”和“赛菩萨”的极端化、绝对化倾向。我国是具有悠久文化传统的文明古国，我国的社会主义建设，必须立足于我国的基本国情，吸取中国传统文化的营养，走自己的发展道路。

（二）科学民主与文化传统的历史承续

牟宗三先生认为，新文化运动时期的新派知识分子“当时提出科学与民主并不内在地对于科学与民主本身感兴趣，而是藉着以为否定中国文化之口号。科学是新的，凡不是科学的都是迷信的，都是无意义无价值的。他们是想藉科学之新来显示迷信。……中国文化里没有科学，也不是‘科学的’，所以全无意义”。这样全盘否定中国传统文化，“重估一切价值”的结果，就是泛科学主义风气的蔓延，就是我国民众人文精神的缺失。新派知识分子“提倡民主，一如其提倡科学，并不是内在于政治而用心，而是脱离政治而转成社会的。政治上的民主下散流走而转为社会日常生活上无律无守的泛民主主义”。这样发展下去的结果，“师生之间讲民主，则先生无法教学生。父子之间讲民主，则父兄不能管教其子弟。夫妇之间讲民主，则夫妻之恩情薄。民主泛滥于社会日常生活，则人与人间无真正的师友，无真正之人品，只是你不能管我，我不能管你，一句话是‘你管不着’。民主本是政治上对权力的大防，现在则转而为掩护生活堕落的防线。……社会上泛民主主义愈流行，愈堕落，则政治上愈专制，愈极权”。“民主不能在政治上见效，科学不能在知识上见效，则科学一层论，理智一元论的态度，社会上日常生活的泛民主主义的态度，所摧毁的只是科学和民主以外的人伦人道之大防，抹杀点醒仁义之心性以辨人禽别义利的圣贤之教之为大学问，之为一切文化创造之总根源。”这样发展下去的结果，我们中国人在近代以来自己打败了没有被西方人打败的我们的文化，“自失信心，自丧灵魂，此之谓‘自败’。这种败才算是一败涂地”。

庞朴先生也认为，“由于文化有时代性，所以有文化的现代化问题；由于文化有民族性，所以有文化的传统问题。由于任一文化都既有时代性又有民族性，所以任一文化的现代化，都是自己传统的现代化；任一现代化的文化，都饱含着它自己的传统在内。传统和现代化，也不是绝对对立的；正如民族性与时代性的关系一样”。“‘五四’人物的缺点之一，正在于他们将文化的时代性民族性当成是互相排斥的，将现代化与传统当成是绝对对立的。他们用现代化去否定传统，用时代性去排斥民族性。他们轻信了欧洲中心论者的言论，无条件地认为：‘现代西洋的文明，是世界的，不是一民族的’（常乃德《东方文明与世界文明》）。他们不懂得，西洋文明固然是现代的，同时也是一民族的。”“经过了一个多世纪的代价巨大的社会实验，中国人终于懂得了一个真理：未来的陷阱原来不是过去，倒是对过去的不屑一顾。就是说，为了走向未来，需要的不是同过去的一切彻底绝裂，甚至将过去彻底砸烂；而应该妥善地利用过去，在过去这块既定的地基上构筑未来大厦。”

正如牟宗三先生所言，“我们不能不承认今日中国的问题，乃是世界的问题，其最内在的本质是一个文化问题，是文化生命之郁结，是文化理想之背驰，如是，不但综起来了解文化生命是可能的，而且对时代的症结言，疏通文化生命之郁结，协调其文化理想而泯除其背驰，且是必要而又急切的”。

其实，在新文化运动时期，作为孤独的先行者，作为一名著名的科普读物出版家、翻译家，杜亚泉先生在 1914 年就曾经提倡过一种“接续主义”比全盘西化式的、彻底否定中华民族历史文化传统的激进社会思想变革更为合理。杜亚泉先生认为：“国家者，国民共同之大厦，我国民生于斯，聚于斯，而不可一日无者也。”“国家如一大家产，我祖宗传之于我，我当经营之，增殖之，以复传之于我之子孙。”“国家之接续主义，一方面含有开进之意味，一方面又含有保守之意味。盖接续云者，以旧业与新业相接续之谓。有保守而无开进，则拘墟旧业，复何所用其接续乎？若是则仅可谓之顽固而已。……反之，有开进而无保守，使新旧间之接续截然中断，则国家之基础，必为之动摇。盖旧时之习惯既失矣，各人意见纷呈，甲以为然者，乙以为否；丙以为是者，丁以为非。此时虽有如何之理论，决不能折衷于一是。……故欲谋开进者，不可不善于接续。近世之国家中，开进而兼能保守者，以英国为第一，用能以三岛之土地，威加海陆。即北美合众国之政治，亦根据于殖民时代之历史者为多。此接续主义对于国家之明效大验也。”

相较于杜亚泉先生的真知灼见，我们不能不承认陈独秀、胡适等新文化运动的代表人物将民主与科学思想观念和整个西方发展的历史文化传统割裂开来，并绝对化为宇宙中亘古不变的唯一真理，确实存在着一种现代化思维方式的迷思。忽视了孕育思想观念文化土壤的时代性和民族性，试图彻底摒弃本土国族的文化传统，确实是矫枉过正的一时激进之举，并不能作为我国今天建设社会主义民主的唯一思想文化传统。

（三）知识范式的民族文化道路

后现代主义认为，西方近代现代性思维方式来源于现代知识型。知识型，也就是“知识的模型”或“知识的范式”。知识型就是通过界定知识与认识者的关系、知识与认识对象的关系、知识作为一种陈述本身的逻辑问题和知识与社会的关系问题与知识概念有关的四组问题而构成和产生的，具有结构特征的知识形态。知识型是一个时期所有知识生产、辩护、传播与应用的标准。它是从动态的、关系的角度考察知识问题的，是不断变化的。知识型的变化就是知识转型。人类的知识型可以分为四个发展阶段，由古到今分别是原始神话知识型、古代形而上学知识型、现代科学知识型和后现代文化知识型。现代知识型推崇客观性、普遍性和中立性三个基本原则。由于普遍主义的知识观认为具有一种放之四海而皆准的超越地域、时空限制的真理性知识，反对个体的、地方的、非主流的知识，反对人类文化的多元形态，所以极容易形成西方文化中心主义的知识霸权。而后现代知识型推崇相对性、生成性、个体性、文化性、科学性和境域性六个基本原则。后现代思想尊重文化的多元性，强调继承发扬本土文化传统，反对普世性价值观念的存在。知识是文化的核心，对于一个国家而言，本土知识就是这个国家的文化传统。丁钢先生认为，“传统是围绕人类的不同活动领域而形成的代代相传的行事方式，是一种对社会行为具有规范作用和道德感召力的文化力量，同时也是人类历史长河中的创造性想象的沉淀”。无论我们对作为传统的本土知识予以肯定或否定，毫无疑问，它作为历代积淀沿袭下来的一种思维或行为模式、模型准则，始终流淌在本土人民的血液里，并存在于我们的生活方式中。用后现代思想来反思我国近代新文化运动中全盘西化的文化观，有益于我们重新继承中华民族优秀传统文化，传承中华民族特有的文化传统，以便于更好地建设社会主义先进文化，孕育发展具有中国特色的社会主义民主。

当前，我国日益重视中华优秀传统文化的传承和社会主义核心价值观的培育。2012 年 11 月 8 日，胡锦涛在中国共产党第十八次全国代表大会上的报告中提出了社会主义核心价值观理论体系。2013 年 12 月，中共中央办公厅又专门印发《关于培育和践行社会主义核心价值观的意见》。在这份重要文件中，突出强调，“发挥优秀传统文化怡情养志、涵育文明的重要作用。中华优秀传统文化积淀着中华民族最深沉的精神追求，包含着中华民族最根本的精神基因，代表着中华民族独特的精神标识，是中华民族生生不息、发展壮大的丰厚滋养”。

2014 年 4 月，教育部又颁布了《完善中华优秀传统文化教育指导纲要》，明确表示：“当今世界，文化在综合国力竞争中的地位和作用更加凸显，越来越成为民族凝聚力和创造力的重要源泉，博大精深的中华优秀传统文化是我们在世界文化激荡中站稳脚跟的根基。青少年学生是祖国的未来，民族的希望，加强对青少年学生的中华优秀传统文化教育，对于培养中华优秀传统文化的继承者和弘扬者，推动文化传承创新，建设社会主义先进文化具有基础作用。”“加强中华优秀传统文化教育，对于引导青少年学生增强民族文化自信和价值观自信，自觉践行社会主义核心价值观具有重要作用。”

“加强对青少年学生的中华优秀传统文化教育，要以弘扬爱国主义精神为核心，以家国情怀教育、社会关爱教育和人格修养教育为重点，着力完善青少年学生的道德品质，培育理想人格，提升政治素养。”

2014 年 9 月，国家主席习近平《在纪念孔子诞辰 2565 周年国际学术研讨会暨国际儒学联合会第五届会员大会开幕会上的讲话》中明确指出：“文明特别是思想文化是一个国家、一个民族的灵魂。无论哪一个国家、哪一个民族，如果不珍惜自己的思想文化，丢掉了思想文化这个灵魂，这个国家、这个民族是立不起来的。”“优秀传统文化是一个国家、一个民族传承和发展的根本，如果丢掉了，就割断了精神命脉。我们要善于把弘扬优秀传统文化和发展现实文化有机统一起来，紧密结合起来，在继承中发展，在发展中继承。”中国传统思想文化“体现着中华民族世世代代在生产生活中形成和传承的世界观、人生观、价值观、审美观等，其中最核心的内容已经成为中华民族最基本的文化基因。这些最基本的文化基因，是中华民族和中国人民在修齐治平、尊时守位、知常达变、开物成务、建功立业过程中逐渐形成的有别于其他民族的独特标识”。“总之，只有坚持从历史走向未来，从延续民族文化血脉中开拓前进，我们才能做好今天的事业。”

2014 年 9 月 5 日，国家主席习近平在全国人大成立 60 周年纪念大会上发表重要讲话，提出“人民当家做主是社会主义民主政治的本质和核心。人民民主是社会主义的生命。没有民主就没有社会主义，就没有社会主义的现代化，就没有中华民族伟大复兴”。2014 年 10 月 23 日中国共产党第十八届中央委员会第四次全体会议通过了《中共中央关于全面推进依法治国若干重大问题的决定》。其中明确提出：“依法治国，是坚持和发展中国特色社会主义的本质要求和重要保障，是实现国家治理体系和治理能力现代化的必然要求，事关我们党执政兴国，事关人民幸福安康，事关党和国家长治久安。”“党的领导是中国特色社会主义最本质的特征，是社会主义法治最根本的保证。……党的领导和社会主义法治是一致的，社会主义法治必须坚持党的领导，党的领导必须依靠社会主义法治。只有在党的领导下依法治国、厉行法治，人民当家做主才能充分实现，国家和社会生活法治化才能有序推进。”

“坚持依法治国首先要坚持依宪治国，坚持依法执政首先要坚持依宪执政。”“制度化、规范化、程序化是社会主义民主政治的根本保障。以保障人民当家做主为核心，坚持和完善人民代表大会制度，坚持和完善中国共产党领导的多党合作和政治协商制度、民族区域自治制度以及基层群众自治制度，推进社会主义民主政治法治化。”

以上这些重要的文件，都是从近现代我国社会发展的历史经验中得出的宝贵政治理念，和杜亚泉先生倡导的“接续主义”确实很有思想渊源。可以明显看出其中存在的历史合理性。我国将要建设的社会主义民主，一定是基于我国特有文化传统基础上建设而成的具有中国特色的社会主义民主。一个国家要想长治久安，必须有合理的立国精神去凝聚人心。这种立国精神，既要立足于本国固有的文化传统，又要海纳百川，广泛吸取世界各国文明的优秀文化成就。当我们站在今天的中国社会发展的十字路口去回望新文化运动时期民主与科学思想观念的传入和逐步演变的这段思想史的时候，我们既不要全盘肯定，也不要全盘否定，而是要历史地继承其中的合理性成分，扬弃其中的不合理成分，以便于更好地开创未来，把我国努力建设成为自由民主、繁荣昌盛、安居乐业的社会主义民主制强国。

在中国发展的全新形势下，我们必须重新树立中国社会主义民主政治的文化自信、道路自信和价值观自信。正如庞朴先生在 1988 年早就指出的那样，我们要努力“摸索出一条既有时代精神又有民族特色的道路来。这就要求我们，在继续实现‘五四’的根本精神的同时，还要有超越‘五四’的勇气，在主张文化有时代性、高举科学与民主的时代大旗的同时，还要主张文化有民族性，将一切做得具有自己的特色。具体地说，摆在我们中国人民面前的任务，就是沿着有中国特色的社会主义道路前进，这是中国社会的必由之路，也是中国文化的认识历程的归宿”。

第二节　唐朝边塞诗《凉州词》创作中的历史意蕴和文化内涵

现在越来越多的人开始懂得诵读唐诗，感悟中华传统文化的文字之美、文学之美。但是，仅仅孤立地阅读欣赏一首诗，并不能充分体味其中的深厚文化底蕴，更不能深刻把握其中丰富的历史内涵。《孟子·万章下》中有这么一段话，“诵其诗，读其书，不知其人可乎？是以论其世也”。后世成语“知人论世”，就来源于此。现代学者施蛰存先生在《唐诗百话》中沿着这个思路对于我们应该如何阅读唐诗作了深入阐发：“读古代文学作品，必须了解作者的生平及思想，这是‘知人’。要了解一个作家的生活与思想，又必须了解这个作家所处的时代，有些什么重大的政治事件、社会事件，这是‘论世’。”对于《凉州词》这样一类唐朝边塞诗的赏析，无疑也应该这么做。

一、《凉州词》的文化溯源

笔者检索了一下清代人编校的《全唐诗》，以《凉州词》为题的唐诗数量其实并不多，共有王之涣、王翰、孟浩然、张籍、耿湋和薛逢6位诗人创作的14首诗。虽然数量不多，但是诗歌创作的质量是相当高的。其中传诵最广的是王之涣创作的《凉州词二首之一·黄河远上白云间》，还有王翰创作的《凉州词二首之一·葡萄美酒夜光杯》。张籍创作的《凉州词三首》，也很有名。限于篇幅，本书主要就这几首《凉州词》进行赏析。

关于《凉州词》的赏析，首先需要了解一个重要的历史背景。自从西汉时期汉武帝命令张骞通西域以后，丝绸之路逐渐形成并成为一条沟通东西方文明的重要文化交流通道。丰富多彩的异域文化经由西域传到了中原，对我国汉民族文化的发展产生了极其深广的影响。唐朝宫廷燕乐的“十部乐”就有八部是从西域传过来的。受朝廷影响，唐朝的文化广泛地吸收了西域文化的成分，唐诗也不例外。

唐诗，绝大部分是“歌诗”。唐诗使用的乐曲，很多是北朝以来从西域地区传来的，而且演唱的时候还有相应的舞蹈表演，可以说是“载歌载舞”。《凉州词》，就是为西域地区传入的《凉州曲》填写的歌词。据说有一位龟兹国王爱好音乐，他在大山中听风声水声，和他的乐师们一起谱成许多歌曲，在西域风行一时。唐朝的陇右节度使郭知远搜集到这些曲谱，进献给唐玄宗李隆基，唐玄宗就交给教坊翻成中国曲谱，并配上新的中国歌词。以歌曲产生的地名为曲调名，有“伊州”“甘州”“凉州”等十多个曲调。唐朝诗人们热烈欢迎这些新鲜的歌曲，大家都为它们作词，因此许多人的诗集里都有以“凉州词”“伊州词”或“瓜州词”为题的诗歌。可以知道，《凉州词》在唐代并不是诗题，而是一种来源于西域的新的乐府曲名。同时，当时还有凉州舞，是一种动作舒缓柔美的软舞，一般跟着凉州音乐而舞蹈。这些来源于西域少数民族的节拍强劲的乐舞，为《凉州词》等边塞诗的创作确立了刚健激越的精神基调，赋予了这些唐诗开放进取的时代精神。

二、《凉州词》的历史分析

据史料记载，唐朝时候，凉州是丝绸之路上一个重要的繁华城市，有很多西域商人在此经商，还不断有周边游牧民族内附后迁入，唐高宗显庆年间(656—660 年)，呈现出“人兼北狄，俗杂西戎”的景象。唐玄宗开元天宝年间，随着唐朝进入全盛时期，凉州的繁荣也达到顶峰。盛唐时期著名的边塞诗人岑参曾经生活在凉州地区。他就曾经写诗非常夸张地形容凉州的繁华，“凉州七里十万家，胡人半解弹琵琶”。盛唐诗人王翰《凉州词》中有“葡萄美酒夜光杯”的描述，葡萄酒、夜光杯，都是唐朝时期凉州地区的地方特产。中唐诗人元稹曾根据自己听到的逸闻追忆凉州的盛况，他说“吾闻昔日西凉州，人烟扑地桑柘稠”，并说“葡萄酒熟恣行乐”。元稹还特别借当年哥舒翰在这里开府时宴乐的盛况，以见凉州的富庶，当宴会达到高潮时，“前头百戏竞撩乱，丸剑跳踯霜雪浮。狮子摇光毛彩竖，胡腾醉舞筋骨柔。大宛来献赤汗马，赞普亦奉翠茸裘”。这样的繁荣富庶，确实为一时所少有。后来欧阳修撰《五代史记》时，还明显指出，“唐之盛时，河西三十三州，凉州最大，土沃物繁而人富乐”。因此，唐朝时期的凉州地区是一个融合了多民族文化，具有独特地域文化特色的地区，起到了多民族文化交流中心的重要作用。

从现存的几首《凉州词》中，还是可以了解到西北游牧民族音乐文化对于汉族文化的影响。比如，王之涣《凉州词》中提到，“羌笛何须怨杨柳”。羌笛，是源自古代羌族的一种横吹式管乐乐器。而杨柳，指的是北朝乐府“鼓角横吹曲”中的《折杨柳曲》。从南北朝以来，民间有折杨柳送别的风俗，因此《折杨柳曲》又成为离别时经常演奏的乐曲。追溯历史，融合了北狄、西域音乐的“鼓角横吹”始于汉代。史称：“张骞入西域，传其法于西京，唯得《摩诃兜勒》一曲。李延年因之更造新声二十八解，乘舆以为武乐。”横吹曲是军队中使用的音乐，要求雄伟悲壮。我国古代西北少数民族的乐曲，曲调往往雄伟悲壮，常常适于用作军乐，从而被中原文化所吸收。王翰《凉州词》中提到，“欲饮琵琶马上催”。其中，琵琶这种乐器，传自西域，自不待言。如果我们熟悉唐朝音乐，就会明白，“欲饮琵琶马上催”，“琵琶”“马上”是指两种不同乐调。诗中“马上”，是“马上乐”的略称。所谓“马上乐”，是“鼓角横吹”的军乐。这种“鼓角横吹”的“武乐”(军乐)，在殿庭之上，称作“横吹”；于军旅行中，则称“骑吹”。后世因“骑吹”是在马上演奏，也称为“马上乐”。明白了“马上”这两个字的典故，我们可以知晓：《凉州曲》中描写的乐调，除了用“琵琶”一类乐器演奏的马下俗乐以外，还有“马上”军乐，二者形成强烈对比。所谓“欲饮琵琶马上催”是说：边塞将士正欲欣赏琵琶一类乐器奏出的悠扬乐调，以就痛饮，突然远处传来金鼓钲钲、号角齐鸣的马上军乐，这马上军乐，使他们又回到即将出征的现实之中。了解了唐朝《凉州词》这种“诗中有乐”“乐中有诗”的特点，可能更有助于我们欣赏唐朝《凉州词》意境的雄壮之美。

三、凉州位置的诗性考证

唐朝时期的凉州究竟是今天的哪里呢？查阅一下历史地理学的相关书

籍，就可以知道，唐朝时候的凉州，隶属于陇右道，大致相当于今天的甘肃省武威市。那么，我们是不是就可以说《凉州词》所反映的就是唐朝时期的凉州一地的社会生活呢？我们还得通过具体的诗篇来辨析一下。盛唐诗人王之涣有首著名的《凉州词》，其中第一句是“黄河远上白云间”。但是，我们查看现在的中国地图就可以知道，今天的甘肃省武威市距离黄河还是比较远的。最后一句是“春风不度玉门关”。玉门关是古代丝绸之路上的一个重要关隘。西汉汉武帝时设置，因西域输入玉石取道于此而得名。汉代玉门关故址在今甘肃省敦煌市西北的小方盘城，是古代通往西域的要道。六朝时关址东移至今甘肃省瓜州县双塔堡附近。因此，隋唐时，玉门关关址已经由今天甘肃省敦煌市西北的小方盘城一带向东迁移到今甘肃省酒泉市瓜州县境内双塔堡一带，距离汉代玉门关东约240千米。原来汉朝的玉门关旧址被称为玉门故关。但是，玉门故关位于唐朝时期的沙州，也就是今天的甘肃省敦煌市境内，唐代的玉门关，位于唐朝的瓜州，也就是今天的甘肃省瓜州县境内，距离唐朝时期的凉州还是很远的。中唐诗人薛逢的《凉州词》中有一句，“黄河九曲今归汉，塞外纵横战血流”。其中提到的“黄河九曲”，应该泛指黄河上游（从今青海省黄河源头到内蒙古自治区托克托县的河口镇）的九曲十八弯，并不局限于唐朝的凉州地区。依据上述情况综合可知，唐朝时期《凉州词》的创作，并不仅仅反映唐朝时期那个相对狭义的凉州一个地区的社会生活，其中反映的时代生活应该具有更为广阔的地理区域范围。

四、凉州地位的发展变迁

众所周知，西汉汉武帝时期，为了方便监察地方行政事务，曾经把全国分为十三个州刺史部。到了东汉灵帝时，为了彻底镇压黄巾起义，任命朝廷九卿充任州牧，总揽一州的军政大权。这样，州牧就变成了地方官，州也由原来的中央监察区演变成了地方一级行政区。汉朝的地方行政区划也由西汉时期的郡—县二级制变成了东汉的州—郡—县三级制。其中，东汉疆域的西北部就有一个一级行政区叫作凉州。三国两晋南北朝时期，都基本沿用了这种行政设置。而诗歌创作，又可以使用历史典故。唐诗中经常使用汉朝的典故，以表达对强盛的汉朝的崇敬和继承之意。唐诗中提到的“凉州”，也可以借用历史上的那个大的“凉州”的历史概念。因此，唐朝诗人创作的《凉州词》，其中所涵盖的地理范围，其实是整个古凉州地区，也就是唐朝的陇右道东部地区，包括当时的沙州（治所在今甘肃省敦煌市）、瓜州（治所在今甘肃省瓜州县）、肃州（治所在今甘肃省酒泉市）、甘州（治所在今甘肃省张掖市）、凉州（治所在今甘肃省武威市）、鄯州（治所在今青海省乐都县）、兰州（治所在今甘肃省兰州市）等共计18个州。

唐朝的陇右道东部地区，也就是古凉州地区，是一个关系到唐朝生死攸关利益的重要战略地区。这里北御突厥和回纥，西抗吐蕃，扼守丝绸之路上至关重要的河西走廊，连接西域地区的安西大都护府和北庭大都护府辖区，又是唐朝放牧战马的重要地区，还承担着拱卫唐朝都城长安所在的关内道的艰巨国防重任。因此，唐朝前期一直把自己的国防重心放在这个地区。《旧唐书》卷40《地理志》记载，唐高祖武德二年（619年）平定河西，遂置凉州总管府。武德七年（624年）改为凉州都督府。凉州都督府，在唐玄宗开元年间属于中都督府。

唐太宗时期，唐朝一举攻灭自己的心腹大患东突厥，又派文成公主到吐蕃与赞普松赞干布和亲。这个时期，唐朝西北边防处于比较安全的时期。可是好景不长，随着松赞干布和唐太宗的相继去世，因吐蕃新赞普年幼，辅政的吐蕃权臣禄东赞开始发动战争，迅速攻灭了唐朝在今青海高原境内的依附国吐谷浑。随着吐蕃攻占吐谷浑旧地（今天的青海省大部），对于唐朝的边防造成了巨大的威胁，唐高宗下令反击。从此，唐朝和吐蕃开始了长达百年的激烈战争，之后再出现的和平，不过是双方短暂休战喘息的代名词罢了。同时，北方的突厥又开始恢复元气，重新侵略唐朝。从此，唐朝的西北边防日益吃紧。因此，唐睿宗景云二年（711年），唐朝正式任命凉州都督贺拔延嗣为河西节度使，目的是加强对边地的统治，防范吐蕃、突厥的侵扰。从此以后，节度使制度成为唐朝定制。

到了唐玄宗开元年间，全国共有十个节度使，分布于各个边地。其中安西、北庭两节度使驻陇右道西部，河西、陇右两节度使驻陇右道东部，而驻于关内道灵州（今宁夏灵武县）的朔方节度使也和陇右道东部有相当密切的关系，可以说当时唐朝全国兵力的重点就在西北。河西节度使驻凉州，其任务是断隔羌胡。羌指吐蕃，胡为突厥。陇右节度使驻鄯州，是为了防备羌戎，这是说主要是为了对付吐蕃。朔方节度使捍御北狄，也是防御突厥。十节度使管兵数目各不相同。河西节度使管兵7.3万人，马19400匹，其兵数仅次于东北的范阳节度使。陇右节度使管兵7万人，马600匹。就是朔方节度使也管兵64700人，马4300匹。可以说，陇右道东部的驻军也是全国最为雄厚的。

陇右道东部南北两侧，都有天然的山脉和大漠作为屏蔽。唐朝又派重兵守护。但是，由于这个地区一些天然的不利因素，整个唐朝前期，这个地区的战争一直是不断的，一直到唐朝爆发安史之乱，被迫把陇右道各个节度使掌管的精兵东调救援，边防顿时空虚，吐蕃乘机占领整个陇右道为止。这些不利的天然因素具体分析如下。

第一，陇右道东部，特别是河西诸州，是有战略上的缺点的。河西诸州东西绵延数千里，南北最狭窄处却短促到只有一百多里，又夹处南北两大强邻之间，万一中间被截断，不仅陇右道东部不能首尾兼顾，就是安西北庭四镇，也将和中原难以联系。这一点非常明显，吐蕃和突厥也都是知道的。武则天统治时期，吐蕃掌握实权的大臣论钦陵就说过："甘、凉距积石道二千里，其广不数百，狭才百里，我若出张掖、玉门，使大国春不耕，秋不获，不五六年可断其右。"所以，唐朝陇右道东部地区的国防压力一直是很沉重的。这直接导致了唐朝前期府兵制向长期戍边的募兵制的转变。由此，我们才能理解王之涣在《凉州词》中为什么要劝慰戍边将士"羌笛何须怨杨柳"。因为总得有人作出牺牲，戍守边疆，守卫自己的家园吧。怨了又能怎么样呢？不还是得忍耐下对家乡亲人的思念之情，鼓足勇气拼命抵御强敌的入侵吗？我们也才能更加充分地理解王翰《凉州词》中抒发的"醉卧沙场君莫笑，古来征战几人回"的悲壮豪情。清代学者施鸿保称王翰的这两句诗"作悲伤语读便浅，作谐谑语读便妙"。将战死沙场诙谐地诗化成"醉卧"，将残酷的战争演绎成一种浪漫的英雄传奇，这样积极进取的人生态度，这样朝气蓬勃的青春气息，这样豪迈奔放的英雄主义精神，恐怕才是盛唐边塞诗的真正“诗魂”吧。正如余恕诚先生评析的那样，沙场征战生活，“其中并非没有可惊可畏的成分，但是富有血气的唐人正是常常在艰苦奇险中发现美，或者用对它的克服来显示气魄，表示精神上的坚强。‘孰知不向边庭苦，纵死犹闻侠骨香’（《少年行四首》其二），王维的名句把这种襟怀和性格用更为直截的语言表达了出来，似能有助于我们进一步把握像王翰《凉州词》一类诗的情调”。

第二，唐朝陇右道东部地区，也就是古凉州地区，分布着很多像黄河这样的大大小小的、由西向东流向的河流。这些河流流经的狭长的河谷地带，水草肥美，是吐蕃、突厥和回纥等游牧民族向唐朝侵略的极佳通道。唐朝虽然在这些地区部署了很多军事要塞，但是依然很难有效阻挡游牧民族大军的突然性袭击。正如王之涣《凉州词》所描绘的那样，“黄河远上白云间，一片孤城万仞山”。对于如此广阔的军事防区来说，形成一个没有漏洞、互相呼应的立体军事防御体系，即使到今天都不太容易做到，更不要说是唐朝了。阅读这个时期的史料，我们经常读到战争突然爆发后，唐朝边境的某个军事要塞孤军困守，迫切盼望援兵赶快到来的相似情境不断重复上演。因此，整个陇右道东部地区经常承受着人民生命和财产损失的风险，百姓很难做到安居乐业。当时河西节度使和陇右节度使防区有个非常重要的边防重任，就是“防秋”。因为秋天，游牧民族的战马膘肥体壮，而农耕区域的庄稼正好成熟，是劫掠的好季节。了解了这些情况，我们才能更好地体味西鄙人的那首《哥舒歌》为什么要狂热歌颂唐朝陇右节度使哥舒翰攻战吐蕃军事要塞石堡城（在青海境内靠近唐朝鄯州陇右节度使防区）的胜利，高呼“至今窥牧马，不敢过临洮”。因为吐蕃偷袭的“窥牧”马，暂时不会再敢侵扰唐朝边境了，唐朝边境居民终于能够过一段安生日子了。但是，这只是百姓的美好愿望，因为即使有时候打了大胜仗，重创来犯强敌，边境的节度使为了邀功请赏，加官晋爵，又会进一步去侵略吐蕃边境。就这样战火连天，弄得民不聊生，苦不堪言。唐玄宗开元年间，针对与吐蕃的连年战争，就有大臣直言进谏道，“兵连不解，日费千金，河西陇右，由兹困敝”。好大喜功的唐玄宗最终也不得不采纳了大臣建议，与吐蕃修好。

第三，唐朝的陇右道东部地区地处非季风区，属于降水稀少的干旱和半干旱地区。王之涣《凉州词》中“春风不度玉门关”所指的“春风”，首先可以理解为温暖湿润的东南季风，然后才是朝廷关怀体恤的“春风”吧。特别是河西走廊中的很多地方都是戈壁沙漠，正如岑参诗歌中描述的那样，“酒泉西望玉关道，千山万碛皆白草”。他还说：“玉门关城迥且孤，黄沙万里白草枯。”这个地区的城市聚落基本上都分布在小小的绿洲上。虽然唐朝曾经下大力气在适合引祁连山雪山融水灌溉的地区进行屯田，特别是军屯，但是，杯水车薪，并不能彻底支撑持久的边防战争的军粮需要，大部分军粮还得靠从内地万里转运。少数的草原地区虽然适合畜牧业，也由于敌人骑兵的长期侵扰，使这一带的畜牧业受到了严重摧毁。所以，这个地区一向是地广人稀、地寒民贫的。远在唐初，就有人说过“凉地土薄民贫”，唐高宗时仍有人说“陇右诸州，人户寡少”，就是到了唐玄宗开元年间，还有人说“秦陇之西，户口渐少”。这些话应该都是道出了实际情况。而像《明皇杂录》说“自安远门西尽唐境万二千里，闾阎相望，桑麻翳野，天下称富庶者无如陇右”[1]，恐怕只是边疆节度使用于粉饰太平的阿谀之词吧。

当安史之乱爆发后，河西节度使和陇右节度使管辖的驻军先后东调，平定乱事。边军既撤，吐蕃就乘虚直入，而回纥也逐渐渗入河西地区。唐朝逐渐失去了对于陇右道东部地区的控制，西域地区的安西都护府和北庭都护府辖区也随之被吐蕃占领。唐朝甚至沦落到一度被吐蕃占领都城长安的落魄境地。唐朝开始由盛转衰。中唐诗人元稹曾在《西凉伎》一诗中感慨道：“一朝燕贼乱中国，河湟没尽空遗丘。”在这样的时代背景下，中唐诗人张籍在创作《凉州词三首》时，曾经深情怀念盛唐时期陇右道东部地区丝绸之路上的繁忙景象，“无数铃声遥过碛，应驮白练到安西”，同时也悲愤于“边将皆承主恩泽，无人解道取凉州”。

唐朝的朝廷无力也无心收复陇右道东部地区。而正如《敦煌曲子词·献

[1] 这段话为司马光《资治通鉴》所引用，载在玄宗天宝十二载八月。

忠心》所反映的那样，“生死大唐好，喜难任。齐拍手，奏仙音。各向本国里，呈歌舞，愿皇寿，千万岁，献忠心”。广大河西地区的各族百姓却并不愿屈服于吐蕃的暴虐统治。他们在沙州（今甘肃省敦煌市）汉族豪强大户张议潮的率领下发动起义，驱逐了吐蕃军队，建立了归义军，重新接受了唐朝中央的统治。后来还在孤立无援的艰难境地下，逐步收复了整个陇右道东部地区。中唐诗人薛逢《凉州词》就歌颂了沙州归义军节度使张议潮乘吐蕃内乱的机会，重新攻占吐蕃在河西地区的最后一个军事基地凉州的壮举，“昨夜蕃兵报国仇，沙州都护破凉州。黄河九曲今归汉，塞外纵横战血流”。此后，直到唐朝灭亡，河西地区在张议潮家族的世代统治下，一直效忠于唐朝中央政府。这样的壮举，真的值得我们大书特书、深为钦佩。

但是，随着唐朝国势的日益衰颓，这一切就如同回光返照。重新收复回来的陇右道东部地区已经元气大伤，呈现一片萧条破碎的景象，难与唐朝前期相提并论了。杜牧《河湟》一诗慨叹道，“唯有凉州歌舞曲，流传天下乐闲人”。盛唐边塞诗反映出大唐昂扬向上的时代精神没了，大唐也就不可避免地走向了衰亡。

第三节　历史主题教学“文艺复兴”的问题意识

文艺复兴是初中历史教材中少有的使用较大篇幅重点介绍的，对于世界历史发展有重大影响的文学艺术革新运动。笔者在听课时做了准备工作，有意识地阅读了一些艺术史家的著作，这对于正确处理这一课中涉及的图像资料还是很有帮助的。正如哈斯克尔所言，“在历史学家可以试图有效地利用视觉材料之前，不管（这材料）多么不重要、多么简单，他都必须弄清楚他看到的是什么东西，是否可信，它于何时出于何种目的被做出来，甚至它是否被认为是美的，等等。他还必须对任何特定时期内对艺术所能传达的东西永远起绝对作用的环境、习俗和禁忌，以及造型艺术家们用以表现个人想象的技术手段都有所了解”。为了弄明白文艺复兴时期绘画风格，笔者还阅读了德国学者沃尔夫林、英国学者贡布里希关于文艺复兴的研究著作，认为如果想在多媒体教学环境下应用历史图像资料引导学生重构一个关于文艺复兴运动的印象，主要解决好四个问题。第一，为什么在15世纪的意大利会出现文艺复兴运动？第二，文艺复兴运动的实质是什么？第三，文艺复兴运动的典型风格是什么？第四，如何避免学生对文艺复兴运动的印象简单化？

一、文艺复兴运动兴起的地域归因

对于“为什么在15世纪的意大利会出现文艺复兴运动”这一问题，可从15世纪意大利文学艺术作品的订购者和赞助人身份的变化上入手，揭示在那个时代不同于今天的一个巨大差异，那就是今天我们看作“艺术作品”的东西在当时是宗教信仰的表现工具，而不是传达审美情趣的艺术作品。一方面，随着以教皇为首的西欧基督教会获得巨大世俗财富，教会也开始世俗化，在教堂的装饰上开始接纳不同于中世纪哥特式艺术风格的、充满人性气息的新的艺术风格的尝试；另一方面，依靠对地中海国际贸易的控制权发了财的意大利各地世俗统治者和有钱的富商也开始大力资助艺术创作。而艺术赞助人欣赏趣味随着整个时尚潮流的变化而发生的变化，对全新的文艺复兴艺术风格的出现与发扬光大，起了巨大作用。文艺复兴运动是时代发展的产物。如果用拉斐尔的绘画作品《教皇利奥十世与两位红衣主教》和米开朗基罗的雕塑作品《大卫》来辅以教师的语言解释，可能效果会更好。

二、文艺复兴运动的本质探源

对于“文艺复兴运动的实质是什么”这个问题，历来是教师讲课和学生学习中的难点。为了解决这个难点，教师们首先需要使用图片资料引导学生注意到文艺复兴艺术风格和西欧古典艺术风格之间的继承关系，再通过对文艺复兴运动中的很多名画涉及的基督教宗教题材的分析，引导学生关注到西欧中世纪基督教文化对于文艺复兴运动创作题材的影响，使学生发现文艺复兴运动实际上是继承了西欧古典文化和中世纪基督教文化两种不同的文化传统而产生的新文化。然后引导学生带着教师提出的问题观察对比中世纪和文艺复兴关于基督教圣母与圣子相同题材的不同表现风格，发现文艺复兴艺术风格中全新的人文主义气息。最后引用钱锺书先生在《中国诗与中国画》中的一段论述，“（新风气）一方面强调自己是崭新的东西，和不相容的原有传统立异；而另一方面更要表示自己大有来头，非同小可，向古代也找一个传统作为渊源所自。……这种事后追认先驱的事例，仿佛野孩子认父母，暴发户造家谱，或封建皇朝的大官僚诰赠三代祖宗，在文学史上数见不鲜。它会影响创作，使新作品从自发的天真转而为自觉的有教养、有师法；它也创造传统，使旧作品产生新意义，沾上新气息，增添新价值”。通过这段文字材料，引导学生举一反三，认识文艺复兴名称的由来。

三、文艺复兴运动的典型特征

对于“文艺复兴运动的典型风格是什么”的问题，教师一般通过引导学生重点赏析达·芬奇的名画《最后的晚餐》和《蒙娜丽莎》来解决。英国学者贡布里希说得好，“现实中根本没有艺术这种东西，只有艺术家而已”。我们今天所褒贬的文艺复兴典型艺术风格，其实是由以达·芬奇、米开朗基罗和拉斐尔为首的一大批杰出艺术家共同创造出来的。教师在讲授过程中，需要将这三个人好好地介绍一番，尤其是米开朗基罗的雕塑作品。但限于课堂时间，教师们一般以课本上重点介绍的达·芬奇为例。对于《最后的晚餐》和《蒙娜丽莎》的赏析，应该遵循美国艺术史家艾迪斯和埃里克森在《艺术史与艺术教育》中提出的主张，“艺术史探索可以界定为：确定事实、解释意思和诠释变化的原因”。关于《最后的晚餐》，首先介绍有关它的基本事实，特别指出其所在场所是一个基督教修道院，而且刚创作出来时色彩比现在要鲜艳美丽得多。然后解释这幅壁画在当时对于订购画作的修道士们和作者达·芬奇的意义和用途。接着给出《圣经·旧约》中关于这件事的文字材料，让学生设想自己是如何把这段文字材料转变成图像的，再比较乔托和达·芬奇对于同一题材的不同绘画布局和细节的处理，认识达·芬奇绘画构图的巧妙和对人物内心活动的深刻刻画。在这节课的反思过程中，美国学者帕诺夫斯基对这幅壁画的分析更加深刻。他指出，在比《最后的晚餐》更早一些的绘画作品中，画家通常描述基督宣布吃的面包、喝的酒就是他的肉和血这一时刻的情景，在教堂史上这是圣餐礼仪的伟大起点。然而达·芬奇选择的是基督揭示有一个圣徒会背叛他这一时刻来描绘，这是描绘心理而不是宗教，意境高。作品表现了以一种新的带有情感的态度来对待圣像画。这一点在意大利文艺复兴高峰时期对达·芬奇有特别的意义。这样，文艺复兴艺术风格中的人文主义思想就比较容易揭示出来了。关于《蒙娜丽莎》，教师们首先要提醒学生注意画作订购人是一个佛罗伦萨富商，体现了一个全新的市民阶层的趣味和时尚。再请学生注意绘画题材由宗教信仰向世俗生活的变化，然后引用贡布里希的分析，结合这幅画放大了的面部细节图像，分析达·芬奇首创的“晕染法”对于展示画像中女性的生命的活力，揭示人物内心活动的妙处。正如贡布里希指出的那样，“画家必须给观众留下猜想的余地。如果轮廓画得不那么明确，如果形状有些模糊，仿佛消失在阴影中，那么枯燥、生硬的印象就能够避免。……曾经尝试勾画出或涂抹出一个面孔的人都知道，我们称为面部表情的东西主要来自两个地方：嘴角和眼角。在这幅画里，恰恰是在这些地方莱奥纳尔多有意识地让它们模糊，使它们逐渐融入柔和的阴影中。我们一直不大明确蒙娜丽莎到底以一种什么心情看着我们，原因就在这里，她的表情似乎总是叫我们捉摸不定”。通过对人物表情的描绘，达·芬奇在画布上留下了一个活生生的、正在享受世俗生活的、令无数人魂牵梦绕的美女的形象，而不是虔诚信仰上帝的、视人间世俗生活如粪土的信徒的形象。这就是人文主义思想的最大体现。

四、学习文艺复兴运动的思维拓展

对于“如何避免学生对文艺复兴运动的印象简单化”的问题，教师们不妨尝试将课堂教学设计为一个开放式结构，留给学生课后依自己兴趣进一步探索的思维空间，并在几个整体学习水平较高的班级尝试引用贡布里希的论述，启发学生的思索。贡布里希指出，“一个社会中的全部人都有统一的精神或心态的‘时代’是没有的。人们的教育程度不同、党派不同、志趣不同、智力不同，机会也不同。在文艺复兴中，谁是真正的文艺复兴人，如果你这样问，那实在是太可笑了。答案当然不会是‘伐木者’‘汲水者’、普通商人或一般去教堂者。有发言权谈论时代的人，数量总是少的。大众传播媒介发明之前，人数尤其少。此外，他们每个人都是互不相同的个体。人是复杂的，他们会由于考虑声望而口头上说一套，但在心灵深处或在临终时刻，会忽然记起他们早先的虔敬。每个人在多层次上属于文明的多方面。我想说明或我想作些澄清的是，文艺复兴是运动，而不是‘时期’。‘运动’是可以宣布开始的。它既能吸引那些不容异己的狂热者，也能吸引那些摇摆不定的奉承者。任何运动中都有各种‘派别’，也有各种情绪强度不同的人。还有反对者和许多别有担忧的局外人。……优势会带来妒忌，反对传统价值，也会使人坚持传统价值，二者是紧密相随的……任何变革都会招来批评，有些批评还是相当有道理的”。对于少数历史思维能力很好的学生，教师还应引用钱锺书先生论述唐诗和宋诗区分的一段话来帮助学生正确认识中世纪艺术风格和文艺复兴艺术风格之间的区分。钱锺书先生是这样说的，“唐诗、宋诗，亦非仅朝代之别，乃体格性分之殊。天下有两种人，斯分两种诗。唐诗多以丰神情韵擅长，宋诗多以筋骨思理见胜。严仪卿（按：南宋诗论家、诗人严羽，字仪卿）首倡断代言诗，《沧浪诗话》即谓‘本朝人尚理，唐人尚意兴’云云。曰唐曰宋，特举大概而言，为称谓之便。非曰唐诗必出唐人，宋诗必出宋人也”。通过这种教学设计，可以启发一些学习程度较好的学生警惕仅仅依靠现存的一些艺术杰作去重构一个虚幻的过去的错误，提醒自己别把这个复杂的世界想象得过于简单了。

通过这几年来对文艺复兴这一历史主题的反复听课，笔者认为，教师们在讲授文艺复兴时，不仅要具有将文艺复兴运动放在整个文学艺术史和人类历史的进程中去认识的整体史观，而且还要有文艺复兴何以、何时、何地、何用的问题意识和时空观念。只有这样，才能引导学生树立高位完整的全球史观，进而塑造高度参与的时空观念。

第八章

中学语文及其他学科课程教育教学探索

第一节　语文学科课程人文性实现的途径

《语文课程标准》指出："工具性与人文性的统一，是语文课程的特点。"语文学科的人文性是指学生在语文学习过程中实现自我成长的过程，是在特定的时间、空间中，教师和学生双向体验生命运动的过程。所以，营造良好的课堂人文教学氛围是实现语文教学人文性的有效途径之一。课堂教学也是一样，尤其是语文课堂更应该创造学生能找到感觉、找到学习氛围的地方，就是让学生受熏陶感染，从而调动他们的情绪。对于如何营造这种氛围，每一个教育实践者都有不同的体验，也总结出了很多经验。通过多年的语文教学，笔者认为，智慧的语文教师能在有形与无痕之间，营造良好的语文氛围，实现语文学科的人文性。

一、以人育人

"学高为师，德高为范。"教师用言传身教产生示范作用，就是教育艺术（智慧）的应用，因为教育艺术是教育者的个性融会贯通、审美化的素质境界；是教育者教育经验、教育理念、教育精神修养等的综合运用；是教师教育智慧的最高发展形式，包含了人类的智慧之美，其中蕴含人性美和人格美。这种智慧具有使学生积极投入学习生活，热爱学习和创造，愿意与他人进行心灵对话的魄力。

（一）气质修养

语文教师不仅要具备一般教师的基础素质，鉴于语文学科的特殊性，即工具性和人文性的统一，语文教师还必须有独特的人格魅力。尤其在讲课的开始，应该做到：未进教室，先入角色；登上讲台，满面春风。仪容整洁，举止端庄。而且将这种人格魅力与课堂教学内容紧密结合，相得益彰。比如，在一次语文拓展课《国学——中国人的知与行》中，教师的个人修养、人格素质，给人的印象非常深刻。教师穿着与教学内容协调的深色西装，上课伊始，以鞠躬还礼，一种庄重、严肃的人文氛围就自然形成了。整节课，教师始终温文尔雅、文质彬彬，娓娓道来，展示对中国传统文化中“知”的独到理解、对于行的重视。激发起学生的向往、憧憬之情，达到思维活跃、情感共鸣，有向古人学习的冲动，有立即行动的冲动，有用理解的“知”指导“行”的冲动，荡涤心灵的冲动，这就是“体验即成长，体验即教育”。也就是教师美好的形象气质、高尚的文明礼仪、良好的精神风貌对学生的直接的影响，才产生了这种效果。

（二）语文功底

一名优秀的语文教师，不仅要具有良好的气质修养，还应具备厚实的语文功底。在这些功底中，教师较强的语言表达能力和较好的教学设计能力对于在课堂上营造人文氛围，实现语文学科的人文性起到非常重要的作用。

1. 语言表达能力

语文教师在语文教学中，把文中的思想感情灌注在自己的语言表达中。积极发挥语言的魅力，用充满激情的、诗一般的教学语言渲染课堂气氛，调动学生的情感因素，深化学生的情感体验，促进学生在形成最佳情绪状态时，情不自禁地走进文本，和作者、作品中的人物甚至文体进行情感交流、心灵碰撞。“文章不是无情物”，再朴实的文字后面都是滚烫的心、火热的情。比如，八年级语文下册《吆喝》一课，教师用略带沉重的语调、饱含同情又稍显无奈的语言，引领学生回到老北京的时代，穿行在大街小巷，看到雕花的影碑、彩绘的门楼、古老的门礅儿和贴有大红对联的朱漆大门，感受到生活在那里的人们谋生的不易。正如冰心所说：“读了萧乾的《吆喝》，他那流利而俏皮的京白，使得七十年前的北京城的色、香、味，顿时萦绕而充满了我的感官，引起我长时间的含泪的微笑。”

2. 教学设计充满浓郁的人文气息

语文教学具有审美性的特点，遵循这一特点，精心进行教学设计，创设最佳教学情境，能有效地营造人文氛围，实现语文教学的人文性。下面仅以一节写作课《放飞灵魂的文字——心理描写篇》为例，谈谈这方面的体会。

导入：

《放飞灵魂的文字》系列写作指导已进行了三期，围绕着人物形象塑造，一起讨论了外貌描写、语言描写、动作描写的方法，这节课一同来探讨怎样描写人物的心情。

新授：

一、初绽心花

各组分别朗诵写作了心理描写片段（课前准备），其他组员猜出所描写的是哪种心情（紧张、高兴、伤心、后悔），并将习作发表在论坛上。

二、撷英咀华

学生交流创造经验或写作体会。教师总结心理描写的基本方法。

三、锦上添花

1. 读论坛中的《诗经·采薇》或杜甫的《江南逢李龟年》，体会以乐景写哀事的写法。从经典文学作品中汲取精华，学生修改作品，使作品锦上添花。

2. 读论坛中的《红楼梦》第 17 回宝黛闹气一节，体会心理活动的层次，在动态中描写心理，把杂乱的心理描写得生动有趣，并修改习作。

四、妙笔生花

根据《枫桥夜泊》所描写的情境，展开联想和想象，描绘诗人张继当时的心理活动。

在这一教学设计中，人文色彩随处可见。首先，“初绽心花”“撷英咀华”“锦上添花”“妙笔生花”四个教学环节，文字不仅有华丽的美，还有对称美，对于丰富语言积累，提高语言感悟能力，具有潜移默化的作用。因为新颖的素材、精巧的构思、深刻的立意，都要以语言为载体。其次，从材料的选择上，也匠心独具。选取了《诗经·采薇》、杜甫《江南逢李龟年》及《红楼梦》中的经典片段。我们知道，中国传统文化蕴含了丰富的人文底蕴、浓郁的文学色彩，尤其是古典诗词的运用，都有效地烘托了一种极具典雅的古典美，创设出文学意境。在第四个教学环节中，请学生根据张继《枫桥夜泊》所描绘的情境，展开联想和想象，描绘诗人当时的心理活动。采取移情换位法，让学生站在作者的角度去面对此情此景，去感受诗人的内心暗流涌动，然后用自己的笔写下来。这就是与文本对话。披文入情，方可对话。这种对话过程，对学生而言，就是一种人文关怀。这种关怀将影响学生的一生。最后，教师的教学语言也能给人以审美愉悦，调动学生的兴趣、情感，“真情流淌蕴华章，灵活运用有匠心”。以上这些交融在一起，营造了很好的人文氛围，创高了最佳的写作情境，充分调动学生的兴趣、情感和生活体验，激发学生写作能动性。

二、以情育人

情感丰富的教师往往能声情并茂、挥洒自如地以声传情、以情传“道”，激发学生学习语文的兴趣。

（一）不掩饰真情

语文课上，教师应注重突显自我在教学中的个性和独立性，要善于自然地表露和恰当表达作为教师的情感体验。因为教师也是人，也是有喜怒哀乐、爱恨情仇的人，所以课堂上教师大可不必以正人君子自居，一副板正面孔，完全可以随文表现情感，让学生有亲近感，而不是高高在上的师者，这样师生才能更容易心灵共融，更容易让学生走近教师“这个人”。如《子路、曾皙、冉有、公西华侍坐》篇，这泗水河边、春风浩荡中的浓浓师生情谊，不仅来自学生们不同的志向，更来自师者的长者风范、谆谆教导，来自学生对为师者的无限尊重和仰慕。这是每个教师所终身追求的“桃李不言，下自成蹊”，所向往的桃李满天下。在这里，教师将自己与文本融为一体，将本身作为师者与文中的师者——孔子合而为一，真情实感地体认世界时，他特有的审美思维就蕴含着深刻的哲理、智慧，传送着让人景仰的人格风范，从而点拨学生的学习欲望，给学生以无尽的启迪。

（二）尊重学生独特的情感体验

很多时候，我们的阅读教学认为文本是客观的，阅读就该以文本为第一性，不顾学生的阅读视界，阻断文本解读的丰富生成性，这种“寻求唯一正确性”的危害是不言而喻的。《语文课程标准》提出：“逐步培养学生探究性阅读和创造性阅读能力，提倡多角度的、有创意的阅读，利用阅读反思和批判等环节，拓展思维空间，提高阅读质量。”“阅读是学生的个性化行为，不应以教师的分析来代替学生的阅读实践。应让学生在主动的情感活动中，加深理解和体验，有所感悟和思考，受到情感熏陶，获得思想启迪，享受审美乐趣。要珍视学生独特的感受、体验和理解。”“语文课程丰富的人文内涵对学生精神领域的影响是深广的，学生对语文材料的反应又往往是多元的。因此，应该重视语文的熏陶感染作用，注意教学内容的价值取向，同时也应尊重学生在学习过程中的独特体验。”尊重学生独特的情感体验，就是尊重人，就是“教育以人为本”的细化，这些都是新课程改革着重强调的理念。关于这方面的讨论已经非常多了，本书不再赘述。这里强调一点，就是“语文向生活回归”，这种“回归”意味着紧密联系学生的生活和学习实际，充分调动已有经验，让课文进入学生的生活世界、内心世界，发出自己的声音，有自己的理解方式，萌发自己的想法，而不是以种种方式让学生来印证文章内容、情感。许多老师在讲高一年级语文必修课中戴望舒的《雨巷》时，刻意对“姑娘”的象征意义挖掘不同的理解。如有人认为“姑娘”就是“我”，有人认为“姑娘”相当于“我”心中的理想，还有人认为“姑娘”就是姑娘，没有其他意思。但我们仔细阅读诗歌就会有想法：从“撑着油纸伞”到“一个丁香一样地结着愁怨的姑娘”，作者是满怀希望的；从“她是有丁香一样的颜色”到“丁香般的惆怅”，因为姑娘消失了或者这个姑娘就是作者想象中的，根本不存在，所以作者是失望的；最后一部分，作者还是心存希望的，还是希望存在这样一位姑娘，哪怕是一闪即逝地“飘过”。如果我们稍微留心一下，我们会发现，这样的姑娘是不会遇见的，她只会像梦一般，可遇不可求。作者也就有永远无法排遣的忧愁，他也会重新陷入希望的困境。所以本诗的内在情感发展，就是“希望——失望——希望——失望”无休止地循环下去。这种情感，我们可以理解为作者美好的个人情感（寂寞的爱情等），也可以理解为一种忧国忧民的情怀，并非仅可以理解为20世纪30年代知识分子的特有的寂寞惆怅。关于诗歌的主题不一定必拘泥于某种固定的说法，学生完全有不同的理解。

三、以文育人

随着时代的发展，尤其在新课程改革背景下，“文以载道”的提法屡遭尴尬。但文章是作者情感的表露，寄托了某种理想或愿景，从来是不容置疑的。客观地说，近几年的语文教材，不管是中学课本，还是小学课本，大多是情文并茂的佳作，其中蕴含着丰富的情感因素。语文教师应根据教学目的、教学内容的需要，挖掘这些因素，“以文育人”，实现语文教学的人文性。

（一）引导学生正确体会作者的情感

刘勰在《文心雕龙》里说：“夫缀文者情动而辞发，观文者披文以入情，沿波讨源，虽幽必显。”在他看来，文章就是作者主观感情的流露，阅读者必须融入其中，才能理解作品内涵。但在同文本、作者、教师对话过程中，限于阅历、认识水平等，学生的情感体验有时会有些偏离，所以教师要充分调动一切因素，发挥智慧，适时引导。如在教授《将进酒》时，学生通过朗读，根据不同感悟找到不同的主旨句。有的学生认为是“天生我材必有用，千金散尽还复来”。有的学生认为是“人生得意须尽欢，莫使金樽空对月”。有的学生认为是“钟鼓馔玉不足贵，但愿长醉不复醒”。为什么会出现对主旨句的不同理解呢？这正是作者当时矛盾复杂的感情所致。这时智慧的教师具有根据教育对象实际和面临情境及时作出决策和选择、调节教育行为的魄力。所以教师立即指导学生进行朗读，通过有感情的诵读，加上教师的范读，引起学生的内心共鸣，体会到诗人借着酒兴淋漓尽致地抒发不平之气，深切体会到李白放纵不羁的性格。也通过反复朗诵，让学生在思绪中，在血脉奔流中，体会李白诗歌伟大的浪漫主义特色。多次同类示范后，学生体会到学习古典诗歌要置身诗境，反复吟咏，才能陶醉其中，体会作品蕴含的情感。从诗的主要内容看似乎写的都是及时行乐、看透人生、只愿长醉不愿醒的情感，相当消极。但深入理解李白的内心世界，就会发现这不是真正消极颓废，而是胸怀伟大的抱负却不能施展，便借酒发泄，以此来排解心中的苦闷，来表现对权贵和世俗的蔑视。

（二）引导学生探寻人类普通的、永恒的价值追求

从上面的论述中我们看出，语文课堂教学要尊重学生原认知基础、尊重学生的生活阅历，进而尊重学生独特的情感体验，这是必须坚持的。教师在教学过程中，不能够做“价值中立者”，教师和学生具有自己的个人情感和价值取向，但是作为师者，有责任、有义务放下自己的个人感情或独特见解，注意引导学生在不同观点、不同情感面前对比分析，探寻符合人类普遍意义的永恒价值，如爱、宽容、理解、公平、正义等，培养高尚情操和审美情趣，形成健全人格，实现语文教学的人文性。比如，一节作文教学课上，教师出了这样一个写作题目：

“运动会上，你是800米的选手，但你只是个凑数的，老师和同学把希望都放在你的同伴身上，此刻你站在起跑线上……”请写一段话，表达你此时的心情。

同学们的作文写出来后，绝大多数同学表达了“冷嘲热讽、奚落、我的心掉到冰窟窿、失望到了极点……”的情感，而教师为了达到教学目标——让学生学会描写人物的心理，对这些听之任之，这是不对的。这里有两个值得注意的问题：第一，教师在出题目时，完全可以把“凑数的”改为“替补队员”，既正式又不带贬义；第二，即使是“替补队员”，也不应该自暴自弃，而应该像一个足球队的“替补队员”一样，为集体而拼搏，为荣誉而战。这就是作为一个集体中的人的基本要求和追求。如果教师有这种意识，完全可以引导学生写出另一种阳光的、积极向上的情绪，如“虽然我是替补，但我会尽我所能；为集体争光，我很自豪”。这样难道不是教学任务的完成、教学目标的达到吗？

总之，人文性的达成表现在智慧教师的“润物细无声”，表现在对学生潜移默化的影响中，用细心去影响学生，用细腻的方式去感染学生，让它打动心灵，提升情感。所以，语文课堂应是灵动的心灵之旅。在这快乐的学习旅途中，师生共同分享人类文明的灿烂辉煌，让智慧充满我们的人生，这就是人文性的实现过程，也是人文性的必然结果。

第二节 “话说台湾”：史地政跨学科课程整合的实例分析

2014 年 4 月 4 日，笔者受邀与北京市朝阳区教育研究中心陆志望老师、朝阳区教育委员会石志芬老师一起走进北京市望京实验学校，听了张燕茹、陈静、王慧敏三位史地政老师的跨学科课程整合课——“话说台湾”。

一、“话说台湾”教学设计（见表 8－1）

表 8–1　“话说台湾”教学设计

课题	话说台湾	授课时间	2014 年 4 月 4 日
授课教师	张燕茹　陈静　王慧敏	授课年级	初一、初二年级学生
教学目标	通过对台湾位置、物产、饮食关系的分析以及对台湾历史的追溯，认同台湾与大陆文化同根同源，血脉相连。理解中华传统文化是中华民族强大凝聚力的源泉，自觉弘扬民族精神。激发学生主动践行中华优秀传统文化，提升学生的人文素养及社会责任感		
教学环节	教师活动	学生活动	设计意图
导入	台湾风景、名胜幻灯片，循环播放，背景音乐 刚才我们看到的是—— 今天我将同陈老师、王老师一起和同学们聊聊台湾。我们希望通过今天的课能使大家更深入地了解台湾 老师现在现场采访一下，班级内多少同学去过台湾？谈谈你的感受	台湾 七嘴八舌话台湾	直接导入 以学生眼中的台湾为切入点，增强感性认识
台湾的范围	台湾在哪里？中国政区图 PPT 台湾省 PPT 指图讲解 台湾省是我国 34 个省级行政单位之一，位于祖国的东南沿海，与福建省隔海相望。除了台湾岛，还有诸多岛屿，如澎湖列岛、钓鱼岛、赤尾屿、彭佳屿、兰屿、绿岛、金门、马祖等。台湾省总面积约 3.6 万平方千米，其中台湾岛面积约 3.58 万平方千米，占台湾省面积的 97% 之多。台湾省的人口和经济主要集中在台湾岛上。平时我们去台湾一般去的是台湾岛 台湾省与福建省隔台湾海峡相望，台湾海峡最窄处在台湾岛白沙岬与福建海坛岛之间，约 130 千米，相当于 70 海里，距离非常近	中国行政区划图 中国的东南沿海	正确理解台湾省的范围组成
物产丰富的宝岛	第一组：海产品 PPT。台湾四面临海，海产品丰富。鱼仓 第二组：各种热带、亚热带水果 PPT。类型多，产量大，台湾有水果之乡的美誉 第三组：甜食 PPT。因为盛产甘蔗，所以当地人喜食甜。亚洲糖缸 第四组：PPT。台湾因为气候湿热，适合种植水稻，加上西部又是平原，所以台湾美食中以大米为原料的特别多。米仓		

续表

教学环节	教师活动	学生活动	设计意图
	这么多的美称说明了什么？ 宝岛的美称 物产丰富加上各式美食文化的融合，形成了台湾的美食 谈去厦门的感受（或邀请去过厦门的学生谈厦门饮食与台湾的相同点） 简单讲解台湾闽客饮食文化与大陆的关系	台湾物产丰富 学生谈闽饮食特点	通过美食，说明物产丰富 饮食文化同源
地理总结	除了饮食，在台湾，姓氏、语言等和大陆也是一样的，为什么呢？ 下面请陈老师和大家一起探讨		引出历史
追溯大陆和台湾关系的历史	下面我们来聊一聊台湾和大陆关系的历史 一、三国时期：建立联系 历史上台湾与大陆的关系可以追溯到什么时期呢？ “黄龙二年（230年）遣将军卫温、诸葛直将甲士万人浮海求夷州及亶（dǎn）州（日本）……但得夷州数千人还。” ——《三国志·吴志》 问：什么时期？这个时期的台湾叫什么名称？谁最早去的？从哪看出来？结果如何？ 二、元朝：归属中央 教师出示地图及材料： 澎湖“地隶泉州晋江县，至元年间，立巡检司，以周岁额办盐课中统钱钞一十锭二十五两，别无科差”。 ——汪大渊《岛夷志略》 问：这个时期的台湾叫什么名称？元代如何管理澎湖及台湾本岛？ 这是中国政府首次在台湾地区设立的正式权力行政机构，其管辖范围不仅有澎湖列岛，还包括台湾本岛 表明从元朝开始台湾就已经正式归属中央了 三、清朝：行使主权 1.郑成功收复台湾 “然台湾者，早为中国人所经营，中国之土地也。久为贵国所踞，今余既来索，则地当归我。” ——郑成功《谕降书》 清朝初年，郑成功从哪个西方殖民者手中收复了台湾？ 从郑成功大义凛然的话中，我们可以看到郑成功是如何宣布台湾的主权归属的？ 2.1684年清政府在台湾设一府三县，隶福建省，并在台湾设总兵一员，驻兵八千 施琅平复台湾以后，清政府如何进行管辖？	分析材料，提取有效信息，回答问题 阅读地图和文字材料，从材料中提取有效信息 阅读材料，提取信息	通过阅读文字材料，提高从材料中提取有效信息的能力。学生认识到，三国时期台湾和大陆建立了联系 通过读图，培养历史的时空观念 提高学生从材料中获取有效信息的能力，认识中央对台湾的管辖 与第一位老师的讲解相印证

续表

教学环节	教师活动	学生活动	设计意图
	3. 1887 年，台湾建省，首任巡抚刘铭传 到了清朝末年，清政府又采取了什么措施？ 从元朝到清朝，随着中央政府对台湾的管辖，大量的移民也开始迁移到台湾 四、移民 出示地图： 移民主要来自大陆的什么地区？主要迁到台湾的什么地区？ 出示人口迁移柱形图： 移民人数有什么特点？ 大量移民的迁入，会给台湾带去什么呢？ 1895 年中日甲午战争后，台湾的命运又经历了怎样的波折？通过哪个条约？ 五、抗战胜利后：台湾光复 “此次战争的目的……使日本所窃取的中国领土，例如满洲、台湾、澎湖群岛等(包括钓鱼岛)，归还中国。” ——《开罗宣言》 问：三个人分别代表哪个国家？关于台湾和钓鱼岛，《开罗宣言》作出了什么重要决定？ 从三国时期到抗战胜利后，我们发现，台湾和中央的关系是怎样的？ 六、由对峙走向沟通 既然台湾已经光复了，为什么我们现在去台湾还要办理复杂的手续呢？ 这种对峙的状态何时出现转折的呢？ 出示《人民日报》1979 年 1 月 1 日： 中央作出了什么重要决定？ 表明两岸已经改变了原来对峙的状态，同时，大陆也通过各种渠道和方式加强与同胞的联系 出示“三通”、贸易额数据表： 解释三通。有何影响？ 贸易数据变化特点是什么？ 在经济联系密切的背后，两岸有更深厚的血脉之情，下面让我们共同感受	研读地图和图表，从中提取有效信息，回答问题 研读文字材料，提取有效信息，回答问题 观察资料，提取有效信息 观察图片、柱形图，得出结论	学生认识到两岸有很多共通的地方，是大陆移民的结果 学生认识到《开罗宣言》具有法律效力。台湾属于中国是具有法律依据的 知道从 1979 年以后，两岸关系出现了重大转折 学生认识到两岸关系密切体现在很多方面。引出下一位老师
导入	视频播放：《老兵回家》 家指的是哪里？ 他们为什么要回家？ 对，是亲情。是对亲人割舍不断的思念，是对家乡的认同	学生观看	引出问题

续表

<table>
<tr><th>教学环节</th><th>教师活动</th><th>学生活动</th><th>设计意图</th></tr>
<tr><td>两岸文化的共同点</td><td>我们在座的有的去过台湾，甚至还有就来自台湾的同学，但也有不少没去过的，我也没有去过。但刚才经过老师和同学的介绍，我也特别想去看一看，你们呢？那我们就请去过台湾的同学做导游，我们没去过的积极参与，一起开始我们的台湾之旅
到台湾，下飞机，第一印象感觉是熟悉的还是陌生的？为什么？
学生回答：文字、建筑、语言……
文字、建筑、语言等都属于文化的范畴，下面就请大家和去过台湾的同学一起体会一下台湾与中国大陆文化是如何一脉相承的
1. 建筑文化
宫廷建筑、园林建筑、民居建筑
2. 节日文化
春节、元宵节、中秋节、清明节
过渡：清明节为什么要祭祖？
朱子家训：祖宗虽远，祭祀不可不诚；子孙虽愚，经书不可不读
3. 传统儒家思想
百善孝为先
小结：
两岸文化同根同源，是维系两岸关系的精神纽带</td><td>同样的语言、同样的文字等

学生展示：两岸建筑、节日共同点</td><td>从学生容易忽略但又具有鲜明特点的角度入手，引发学生的共鸣和思考</td></tr>
<tr><td>两岸文化的交流</td><td>中国传统文化博大精深，两岸都在传承。如教育方面，两岸都从娃娃抓起，贯穿在教育过程中
两岸文化的交流
周杰伦的中国风
台湾的国学教材到大陆
交换生</td><td></td><td></td></tr>
<tr><td>自省</td><td>谈感受，说反思自我
日常行为举止如何提升？</td><td>学生发言</td><td>提升自己</td></tr>
<tr><td>小结</td><td>台湾和大陆同根同源，是共同的文化把我们联系在了一起，越走越近。相信只要我们能够像今天这样各美其美、美人之美，两岸间求同存异，搁置争议，美美与共，相信一定能实现文化大同，更进一步带动两岸政治、经济的大同</td><td></td><td></td></tr>
<tr><td>作业</td><td>台湾游攻略</td><td></td><td></td></tr>
</table>

就“话说台湾”这一史地政跨学科整合课来说，笔者认为需要从几个方面来进行解读和思考。

二、对学校教育的多元解读

第一，学校定位的全新理解。由于学校地处望京，是众多的国际五百强跨国公司总部驻地，并成为大量的外国人尤其韩国人居住地。因此，对学校定位重新作了解读：基于校情，中外融通，实验先行，课程整合，建构学习。史地政跨学科整合课程建设的目的，最终要落到学生的学习是否具有建构性和生发性，是否真正生成了知识，成就了学习。

第二，对学校课程的解读。课寓内容，程以架式；跑步奋进，道自法则。人本文兴，科学理性；整合有序，教育昌明。第一句课寓内容，程以架式。其中课程的课首先要有内容，有内涵；程以架式，程是什么，程不能等同于课，程是要架式和法则的；这是课程应该具备的两翼，第一个是内容，第二个是架式。第二句跑步奋进，道自法则。因为从西方的课程含义来讲课程是跑道，学校领导和教师要思考的问题是，北京市望京实验学校到底需要建构的是什么样的跑道，应建构一个让学生能够奔跑起来的跑道，让学生能够不逾矩、不逾轨地奔跑。第三句人本文兴，科学理性。这是课程需要追求的精神，人本文兴，人本即以人为本，以师生为本，最终以学生为本。文兴是指课程需要具有人文性，不仅是现在提倡的传统文化。科学理性指的是学校课程不仅要有人文性，更要有科学理性、科学精神、思辨能力、推理能力。第四句整合有序，教育昌明。学校课程是在大教育观的有序整合的前提下，而不是盲目的整合、随意的整合，只有这样学校教育才能真正昌明起来。其实课程是需要整合的，任何一堂课的知识教学，都是在教师整合的基础上建构并传递出来的。

三、课堂教学中的四维关系

英国有一个教育学家夏洛特·梅森，他曾在《教育的目的》一书中说，教育其实是处理关系的学问。那么，对应到史地政课堂教学中，教师应该怎么处理这种关系呢？其实不外乎处理好四对关系。

一是课程和教材的关系。有课程这个理念和站位之后，教师怎么去处理具体教学环节，这两者怎么结合起来，这是一个大问题，是关系到课程理念能否在课堂教学中有效落实的大问题。教师们在课堂教学的过程中经常紧扣教材，看看在教材中这一堂课到底呈现了什么内容，但是往往忽略了这之上的课程或者课标，以及对这节课所产生的一个主导作用。

二是师生之间的关系。教师和学生之间到底是怎样一种关系，以前的课堂经常是教师讲授知识并提出问题，学生是被动的学习者，现在新的教育理论、课程理念不断产生，从黑箱理论到学习的建构理论，认为人的大脑是可以认知的，是可以解构的。因为“大脑的发育分成四个步骤。神经元首先是形成，或者说‘诞生’——由它的源祖细胞分裂而来，然后移动到合适的位置，再伸展出分支，最后是建立连接”。大脑的这种“诞生分裂——移动位置——伸展分支——建立连接”的发展步骤，说明教育和学习其实是大脑中的神经元伸展分支和建立连接的过程。这样，新的理论出现以后，师生之间的关系发生一个逆转，教师主导，学生主学，那么学生到底怎么去主学，学生的大脑是可以进行建构，是可以进行预支的。

三是处理生生之间的关系。学生和学生之间到底是什么关系，在课堂活动当中，教师作为一个引领者，作为一个主导课堂的教师，怎么让学生动起来，学生动的目的不仅是让学生活动，而且是围绕课的主题来设问，使学生之间通过小组合作来共同解决疑难问题，最终达到这节课所实现的目的。

四是处理传统板书和多媒体展示之间的关系。多媒体是动态的，它的呈现方式可以吸引学生，它是一个教学辅助的技术；而板书是静态的知识呈现方式，它应该是一个列下来的纲目。既有纲目的呈现又有多媒体的辅助，二者相互融合，这样一种呈现方式就会吸引学生更多的注意力。教师在授课的过程中或者最后的总结中再引导学生思考，这节课讲了什么主题，主线是什么，就一气呵成了。

四、“话说台湾”跨学科课程整合课的几点思考

具体到“话说台湾”这节课来说，实乃有开风气之先的事情。

第一，实验先行，不仅要做好，而且要做出精品。因为台湾是个敏感的话题，大家能够把这个敏感话题课程化、整合化，重新建构，这就是非常了不起的，不要简单地认为这是课程要怎么去整合的单一问题。

第二，中外融通，针对“话说台湾”这节课来说既要融通，更要求异。所谓的中外融通，首先融通的是学校课程在战略思维上已经站在课程标准这样一个高地上了。作为课程整合的话，史地政学科整合的课程目标，主要落在文化同源、人种同根、血脉相连、语言通用。在这样一个基础上，这门课的课程目标应该定位在人文性的弘扬上，让学生通过史地政“话说台湾”这个课程，能够真正了解人文性到底应该弘扬哪些人文的东西，不仅是文化的，还有中华民族的精神在哪里。既然大陆和台湾的根同在，我们是求同的地方多于求异之处，本节课没有有效挖掘“异”在什么地方，即大陆和台湾“之异”“之不一样”的这个实质。

第三，增加师生、生生之间的活动。本节课教师说的多，学生活动比较少，应该设计一些活动。比如，地理老师讲的，过于偏重饮食，尽管民以食为天，但过于挖掘饮食以后，没有很好地思考饮食和地理之间的关系，要挖掘出地理学科的本质，它是怎么决定地理学科的饮食文化，怎么形成了跟大陆不一样的饮食。其实可以进行深入拓展：大陆是内陆性的地质地貌，长城环绕，北边的阴山山脉，西边的喜马拉雅山脉，整个形成一个半包围型的内陆板块；而台湾四周环海，是一个岛屿。这样一个前提决定了大陆文化和岛屿文化的差异性，岛屿文化最终归结为海洋文化，它们是有差异的。正如法国著名的思想家孟德斯鸠所说的，地理环境决定了民族的个性、民族的性格、人文饮食等方方面面。再如，讲台湾与大陆血脉相连，应具体讲台湾和中央政府之间的关系。追溯历史的时候，不仅要厘清历史前后的勾连，关键还要挖掘出台湾和中央政府之间的密切关系，清楚台湾是怎么从挫折中走过来的：第一阶段是郑成功收复台湾，最后荷兰人占领了台湾；第二阶段是1895年，日本又从清政府手中割占了台湾，这是第二次挫折；第三阶段是抗战时期，日本再次占领了台湾。在台湾与中央政府之间的关系中，应厘清台湾和中央政府之间到底是一种附属关系还是隶属关系。中国在历史上是一个泱泱大国，并且形成了华裔朝贡体系这样一个文化圈，周围的许多国家是纷纷向中国来朝贡的，诸如日本、暹罗、高丽、琉球等国与中国之间就是一种附属国的关系。这里，可以有力地紧扣这个点去回应台湾问题，《开罗宣言》中明确讲过台湾、澎湖列岛归还中国。《开罗宣言》是国际性的条约，它具有国际法的法律效应，这一点是不可否认的。第二次世界大战结束之后，美国、英国等国家相继在《开罗宣言》上签了字，并承认台湾的主权是归属于中国的。1979 年，大陆与台湾之间开始两岸互通。1982 年“一国两制”提出来以后，香港、澳门的回归，与台湾存在着明显的不同，港澳当时的主权是不完整的、受到侵犯的；而今天的台湾，主权属于中国的问题，已经得到国际法上的承认。

专业发展篇

如美国法学家伯尔曼所说：法律必须被信仰，否则形同虚设。

教育必须被信仰，否则将不会实现育人之目的；必须通过“野蛮其体魄，文明其精神”的途径，实现依法治教和教育创新的目的。

第九章

教育变革视域下的教师专业发展

第一节　教育改革的实质是人的再认识

人，自古以来自喻为万物的尺度，自封为万物的灵长，自视为地球和宇宙的主宰。作为尺度、灵长和主宰，人的唯我独尊性似乎不需要变革自身，因为只需要万物适应人即可。然而，人的成长发展史证明了：改变是永恒的，正如古希腊哲学家赫拉克利特所言：世界上唯一不变的就是变化本身。人始终沿着自我变革和社会改革两条路径不断改变：一是为了个体的个性成长和全面发展需要不停地自我变革；二是为了族群的发展和强大，需要强有力的社会变革以改制革新、规范秩序、确立行为和养成风习。

改革、变革乃至革命，是个体或社会群体面对现实危机和严峻挑战而产生的渐进式或突发式的个体与社会群体的心理反应和现实映射。纵观世界近世发展历史，人类社会先后出现了三种规模巨大、意义丰富的革命，分别是经济革命、政治革命和教育革命。[1] 不同的国家虽然国别不同，但都大致遵从着政治革命为先声、经济革命为先导、教育革命为奠基的发展模式，革命

---

[1] 这一观点来自塔尔卡特·帕森斯的“现代社会始自17世纪‘三大革命性的结构变革过程：工业革命、民主革命和教育革命’”。

都指向了马克思所说的“个体全面而自由的发展”的终极目的。只不过，政治革命需要达到凝聚政治共识实现治国理政的共治理想；经济革命需要通过发明工具解放人力，并实现人类自身发展的生存梦想；教育革命实际上要实现的是开民智、鼓民力、践民主的根本目的。

无论是人的自我变革，还是社会的大规模改革，最终都需要落实到教育上，需要教育领域的综合改革来促进人的发展、社会的进步，因为教育是整个社会政治经济发展的动力与基础；人类社会的每一次大发展都伴随着相应的教育革命。与原始社会中的部落群居式生活相伴生的是原始共产主义的集体教育，与农耕文明相适应的是分散性的个别化耕读教育，与近代以来的工业文明相符合的是规模化、标准化、集中化班级授课制的现代学校教育，与未来文明相呼应的将会是个性化、网络化和生命化的未来学校教育。人类教育发展史大体上沿着个别教育——规模教育——个性教育的发展路径前行。20 世纪之前，三大革命基本沿着政治、经济、教育单回路导向发展；到 1913 年，福特流水线的引进及泰勒制的影响，经济革命、教育革命、政治革命逐渐向双回路导向转变。从 20 世纪开始，教育革命已经不是教育领域内的自变革和改革，而是波及了经济、政治和社会等诸多领域的综合性改革。

三种类型的革命所用的术语各不相同，一般来讲，暴力的或非暴力的政治改革为政治革命；经济领域的计划经济迈向市场经济的改革称为经济改革；教育领域的以课程改革为核心的行政治理与学校自主的综合性变革，称为教育改革。“革命”一词，在中国人眼中一般倾向于暴烈的、突发的、急剧的流血冲突，不过也有例外，如英国的光荣革命便是没有发生大规模流血冲突的革命范例；而今，中国人经过中国改革开放的总设计师邓小平同志的“改革也是一场革命”的思想改造，暴烈的革命观念逐渐弱化，并渐渐转换为渐进式改革理念。本书遵循多年来的传统沿用“教育改革”一词更为妥帖。

当前，人类又迎来了历史上前所未有的发展机遇，信息革命促进了“人类第二次进化”，以 3D 打印为基础的数字制造技术、互联网技术、云计算、大数据和再生性能源技术的交互融合为标志的第三次工业革命风起云涌，其实质就是新能源、新材料、新技术、新理念与互联网的创新、融合与运用，从而引发全人类的社会生产方式、生活方式、消费方式和行为方式等发生“革命性”变革，使人类社会进入生态和谐、绿色低碳、可持续发展的新社会。新的社会样态需要人的创新性发展，以紧跟乃至引领第三次工业革命，而工业时代的学校规模教育无法培养出个性化的创新性人才。因此，学校教育改革是应社会改革之需、适创新人才之义的教育大变革。

教育是实现民族复兴中国梦的主要渠道，是指向人人成才、社会正义的必要乌托邦：构筑一个在获取数据、更新信息、使用技术、创新知识和发明成果基础上的教育社会。在这样一个社会里，全民教育的生活理念与全民学习的生活方式相伴生，终身教育的教育理念与终身学习的实践行为相一致，信息获取的管理观念与知识加工的生成效率相协调。信息社会的发展，教育有责任使每个人都能有效收集、选择、整理、管理和使用信息。教育改革始终承载着适应与传承的双重使命，即教育应不断地适应社会变革，但又不忽视将人类实践的经验、依据和成果传承下去。在这个意义上，教育改革既是一种迫于外在压力下的刺激—反应型改革，又是一种基于教育内在需求下的自觉—内源型改革。换言之，基础教育改革是以人为预先设计为手段、外在力量推进为要旨的综合性变革，其目的在于促使基础教育从目标到内容、方法到评价体系的改革，还是一种源于教育特别是学校教育系统内部的自觉、自主、自为的主动行为。这是值得每一个教育改革者深思的问题。

在教育大变革的时代，首都基础教育既要迎接第三次工业革命的洗礼，又有肩负引领中国基础教育改革之重责。首都基础教育在基本解决了所有人“有学上”的受教育群体的普遍生存问题之后，又面临着所有人需要“上好学”的教育质量改进问题；在全面解决了中小学校硬件建设“基本均等”之后，又面对着贫富人群对“教育公平”的内在正义诉求问题；在基本满足了所有受教育者的平等教育权问题之后，又面临着人际、校际和区际的差异发展问题。所有这些问题最后都指向了首都基础教育必须作出区域性、综合性和系统性的重大改革，而区域性改革的目的就是要缝合教育的实践行为与教育的价值追求之间的距离，以沟通实践与理念之间的差异，弥合实然与应然之间的鸿沟。

第二节　新课程改革下的教师专业化发展

基础教育课程改革的全面展开不仅带来了教育观念的更新与人才培养模式的变革，而且也给中小学教师提出了更高的要求和挑战。教师到底应当怎样应对新课程改革？是墨守成规还是积极进取努力走专业化发展之路，争取将新课程改革的理念与目标落到实处。基于此，笔者认为：新课程改革推动了教师专业化发展。

笔者分别从新课程改革的挑战、教师专业化发展的维度以及新课程改革对教师专业化发展的促进作用三个方面进行论述。

一、新课程改革的挑战

（一）新课程改革的源流

新课程改革不仅仅是教材内容的删减与改变，也不是教学方式方法的演变，而是要建构符合素质教育要求的新课程体系，是一场从课程观念、课程结构到课程实践的全面、深刻变革。教育部颁布的《基础教育课程改革纲要（试行）》是实行新课程改革的法定依据，是教师专业化的基本路标。新课程对教师的工作赋予了新的要求和内涵，新课程改革要求“教师在教学过程中应与学生积极互动、共同发展，要处理好传授知识与培养能力的关系，注重培养学生的独立性和自主性，引导学生质疑、调查、探究，在实践中学习，促进学生在教师指导下主动地、富有个性地学习。教师要创设能引导学生主动参与的教育环境，激发学生的学习积极性，培养学生掌握和运用知识的态度和能力，使每个学生都能得到充分的发展”。

（二）教师面临的三大挑战

新课程改革的深入推进，促使全体教师必须应对来自三大方面的挑战，即教育观念革新、教学方式变革以及整合教材的能力。教育观念革新的核心是人本与创新。教育上的“以人为本”主要体现在“以学生为主体”意识的确立，牢固树立“学生是学习的主人”的观念。这实际上就要求教育尊重人的个性，并承认人的差异性存在。基于“人本、个性与差异”原则，新课程为学生提供了大量的思考空间与创新余地。唯有如此，新课程改革才能最大限度地发挥学生学习的积极性与能动性。教学方式从过去单纯的填鸭式讲授演变为问题引领型与探究式讲授，方式的变革使教学过程更加民主、学生参与度更强。教材内容的改变是新课程改革最直接的变化：课程内容一般具有形散而神聚的特点。这就要求教师在拥有较广的知识领域的基础上，必须具有整合教材的能力。这不仅因为教材不再是教师进行教学的唯一标本，而且还因为教师是新课程改革中的关键力量之一，教师充分享有和自由行使与其专业地位相适应的专业自主权。

三大挑战不仅引起了教师角色的转变，即教师成为学生学习的组织者和促进者、成为教育教学的实践者和思考者、成为新课程的建设者和开发者，而且还直接考量着教师的专业化能力。

二、教师专业化发展的维度

（一）专业化的概念与发展的必要性

1. 概念与衡量标准

专业化是指具有运用专业知识诊断、分析事情的前因后果，思考各种可能行动方式，并评估行动及决定可能产生的长远后果的判断决策能力。

哲学意义上的发展（development）是指事物由小到大、由简到繁、由低级到高级、由旧质到新质的运动变化过程。教师的发展是作为社会职业人的教师从接受师范教育的学生，到初任教师以及成为有经验的教师，最终成为实践教育家的持续过程。教师发展的中心是教师的专业成长，它是一个终身学习的过程，是一个不断解决问题的过程，是教师的职业理想、职业道德、职业情感与社会责任感不断成熟、不断提升、不断创新的过程。

教师专业化是教师职业专业化的一种类型，其本质上是个体成长的历程，是教师不断接受新知识、增长专业能力的过程。教师的专业化是要经过一个不断积累和内化的过程，衡量一个教师是否真正走向专业化，一般看他是否具有良好的知识结构、丰富的教学实践以及反思能力。

2. 专业化发展的必要性

专业化发展日益成为绝大多数教育工作者需要牢记于心、经常付之于行动的头等大事。教师专业化发展问题的提出，既顺应了世界潮流，又解决了当今中国基础教育中最迫切的现实问题。

（1）国际化潮流的促推作用。

20世纪60年代以来，对教师素质的关注达到了前所未有的程度。1966年，联合国教科文组织与国际劳工组织在《关于教师地位的建议》中提出：应当把教师职业作为专门职业来看待。20世纪70年代中期，美国提出了教师专业化的口号，目的是提高公共教育质量，推动教学成为真正的专业。美国教师专业化发展，要求教师具有相应的教学设计能力，同时主张教师积极参与教学目的与教学内容的设计，扩大教师的自主权，促使课堂教学合理化。在教育实践中提倡反思，提倡研究，形成了教师反思运动以及教师成为研究者运动。

自20世纪80年代以来，教师专业化进程出现了一个重大转折，从追求教师职业的专业地位和自主权利转向了教师的专业化发展。在此背景下，教师专业化目标的重心开始转向教师的专业发展。

（2）人性化的教育改革方向。

知识经济愈益成为主宰整个社会进步的核心动力，它使哲学家培根的“知识就是力量（权力）”的预言成为可能并逐渐变为现实。知识的决定作用促使人们深切地认识到教育对知识的传承与创新的重大作用。这进一步加强了中国政府“教育振兴计划”与“教育强国战略”。因此，发展创新型教育就成为中国教育振兴的首要任务。

在贯彻“以人为本”理念的前提下，创新型教育需要人的全面发展。对于学校教育来说，只有做到以下三个方面才能发展创新型教育，进而真正实现人的全面发展。首先是学校“自主”。法律已经赋予各级各类各所学校享有一定程度的自主权，这在很大程度上决定了各所学校应该有自己鲜明的个性特色，同时这也是各校的立校之本与强校之基。其次，教师应做到“自强”。作为知识的传递者、思想的启蒙者、道德的引导者以及心灵世界的开启者，教师应该随时进行修身、养性的工作，以更新知识、加强素养，从而真正实现教师的专业化发展。最后，学生在学习中寻找“自我”。学校的自主与教师的自强为学生通过学习不断地寻找“自我”奠定了基础。学习的过程实质上是一个对“我”的不断阐释过程，是一个“我”的不断认识、不断发现、不断超越与不断完善的过程，是一个从“小我”到“自我”、上升为“他我”、最后融入“无我”之境界的过程。其中，教师的“自强”对创新型教育的发展真正起着奠基石的作用，因为只有教师的自强才能促进教师的专业化发展，教师专业化程度高了才能真正促进创新型教育的实现。

因此，在“以人为本”的教育理念的指引下，创新型教育的实现必须是一个学校自主、教师自强与学生自我意识的相互协调、相互促进的良性互动过程，最终到达人人自我、自主与自尊的全面人性化发展。

（二）教师专业化发展的路径

教师的专业化发展必须按照循序渐进的方式逐渐发展，不能躐等、不能越级。按照时间的先后顺序，锻造一名专业化的教师必须经过四个不同的发展阶段：顺应期、适应期、发展期与专业化期；按照专业化纵深程度的不同，又存在着非专业教师的专业化、专业教师的纵深化与专业教师的融通化三个不同层面的分野。

1. 教师专业化的时间阶段

对于任何一个刚毕业的大学生来说，要走向专业化一般需要经过顺应、适应、发展、专业化四个阶段。

顺应阶段：对于刚毕业的大学生来说，脱下校服、穿上新教师盛装的心情可以说是既兴奋又惶恐。兴奋的是，自己从一个单纯的学习者转变为知识的引导者与智力的启蒙者；惶恐的是，怎样才能更快地进入角色。作为一名新教师，需要解决好学生的求知欲、家长的期望、教学管理的陌生以及同行前辈的专业期待等方面的复杂关系。在顺应阶段的一年时间内，新教师大多都面临着对新工作的紧张与欣喜、焦虑与期待、期望与收获的复杂心情。因此，教师培训指导者对新教师进行的工作辅导与精神支持是绝对必要的。比如，师父带徒弟式的传、帮、带就是目前新教师培训过程中最为方便可行的方式。

适应阶段：经过一年的实习期，新教师逐渐克服了工作之初的紧张与惶惑，开始摸索到教师职业的“门径”了。这体现在：他们已经逐渐了解学生的学习习惯、行为特征与心理状态，初步具备了掌控课堂教学秩序的能力，基本熟悉了教育教学的基本路径和程序。根据这一现实情况，教师培训人员的工作重点可以通过审阅教学计划、现场听课与观摩的方法，帮助新教师分析教学过程中到底存在哪些问题，对应当如何解决此类问题提出切实可行的改进意见，从而为新教师的专业发展打下坚实的基础。新教师真正适应教师工作一般需要 3 ~4 年的时间。

发展阶段：新教师在工作 4 ~5 年之后，多数教师对程式化的教学方式与僵化的教育模式逐渐感到厌倦，大学里所学的知识开始变得僵化起来。作为人的一种本能，教师们对新知的好奇与对未知的渴望，促使他们开始关注与本专业有关的教育前沿研究以及专业成长的探讨。为了满足新教师的这种需求，教师培训指导者应着重从教材教法与专业成长两个方面做好教师的培训工作。这就要求教师培训指导者将教研与科研有机地结合起来，目的是教师早日实现个人的专业化发展。这一时期一般需要 5 ~8 年的时间，甚至更长。

专业化阶段：根据个人情况的不同与天赋的差异，教师进入专业化的时间是长短不一的。有的较短，有的则很长，甚至有的永远都难以实现专业化。这一时期的教师一般具有丰富的教学经验、娴熟的教育教学方法、较为深厚的教育教学理论以及较好的知识组合能力。专业化阶段的教师多数习惯于自我反思与大胆的探索实践，他们运用新知识处理新问题的能力得到大大提高，从而为教师的自主意识与自由发挥留下宝贵的空间。

2. 教师专业化的纵深层面

任何一名教师要真正走向专业化，如果只经过四个阶段的时间磨砺而没有学科专业知识的纵深发展，那是很难实现专业化的；如果没有纵深发展这一前提，专业化只能流于形式或者限于口号。因此，所有教师学科知识的专业化与纵深化是真正的教师专业化。

从专业化的深入程度来看，所有教师都可以纳入非专业教师的专业化、专业教师的纵深化以及专业教师的融通化三个梯级纵深体系之中。

非专业教师的专业化：对于初中教育来说，中考与非中考的现实境况迫使人人关注中考，进而导致各校的教育管理者不得不将本校中教学能力最强的教师调集到五个中考学科。这在一定程度上加速了中考学科任职教师的流动速度，一些教师被迫流动到非中考学科。这就导致了如历史、地理、思想品德等非中考学科的教师中存在着严重的专业不对口现象。北京市通州区初中教育近年的统计数据显示，计算机的专业对口率为 59.5%，政治为 46.5%（有 52 人专业不对口），地理专业对口率为 42.4%，生物为 39.7%（有 40 人专业不对口），历史的专业对口率仅为 37.5%（47 人专业不对口）。因此，学术界在探讨教师专业化发展问题时必须关注学科特点与考试性质。

对于非中考学科的非专业教师来说，专业化首先是要求他们做到对所教学科的学科知识达到普及化和专业素养达到系统化。比如，一个中文专业毕业改教历史的教师表面上看起来是能够胜任历史教职的，因为文史哲具有共通性，但实际上这两门学科之间存在着本质的差别。从情感上讲，语文含有追求美感与浪漫的主流成分，历史则以追求真实与客观为主；从功能用途上讲，语文体现了语言的工具性（交流功能）与人文性（精神功能）的和谐统一；历史则是融知识性（多学科的大熔炉）与哲理性（智慧的化身）于一身。任何一个想教好历史的语文教师必须通读《中国通史》《世界通史》，只有这样才能做到历史知识的普及性，进而熟读一些断代史、国别史的经典著作，如《中国近代的新陈代谢》《英国史》与《美国史》等。只有经过多方面、多角度的读书，非专业教师才能逐渐达到历史知识的系统化。当然，研修员在教材教法方面给予非专业出身的历史教师以具体的指导与传授，在短期内是最为有效的途径之一，但这并不是解决非专业教师走向专业化的最佳途径。

专业教师的纵深化：对于一个专业出身的教师来说，是不是就不存在专业化的问题了呢？如果存在，他们的专业化之路到底应走向何方呢？这是值得每一位教师、每一个从事专业化研究的人员认真思考的问题。

解决这一难题的关键就在于对专业化术语的理解上：专业化是每一个教师终身学习、终身追求的实践过程，是永无止境的追求。显然，对于专业教师来说，不断进行学科知识的专业化是非常必要的，因为许多学科都存在着诸多知识点需要深度挖掘的问题。譬如，如果不了解民主与共和的概念、邦联与联邦的分野、权利与权力的辨析、全球化与当代民主的热点问题以及主权与领事裁判权的历史问题等，就很难揭开事件的真相与历史的迷雾，因为这些问题既属于基本概念与教学难点，又属于贯穿整个历史的人类发展走向问题。这就需要包括专业教师在内的所有教师都进一步专业化，促使自己在专业化道路上朝着纵深化的方向发展。

专业教师的融通化：融通化是教师专业化的最高境界。真正的学者型、专家型教师必须朝着融通化的专业方向发展。学科的划分原本是为了学习的需要与研究的方便。但在实际的教育教学中，各个学科间的联系是非常缺乏的。这一状况与知识的系统性、体系性相悖离。

每一学科的知识都是相互联系的，如果人们简单地将各个学科人为地割裂开来，造成学科之间老死不相往来的状况，结果就会出现师生双方都处于一种知识的断裂与文化的失语状态。比如，在讲授欧阳修的《醉翁亭记》一课时，有的语文教师对文中出现九次之多的“太守”一词视若不见，这就造成学生不知：“太守”是谁？多大的官职？频繁出现的目的何在？它与文中一再出现的“醉”与“乐”又有着怎样的关系？笔者认为，教师对“太守”一词的解读至关重要，甚至在一定程度上成了解读文本的关键。解决这一问题，不仅需要明白太守的词义，而且更要明确欧阳修的仕途状况、古代文人“学而优则仕”的文化传统以及文人习性。唯有如此，学生才能真正深懂“醉翁”的深意。如此看来，语文教师对历史知识的掌握与文化传统的熟稔又成了加强语文人文性功能的主要途径之一。再如，初中思想品德教材第四册中讲到：《民法通则》的调整对象是老百姓之间发生的财产关系和人身关系。然而在法学中，《民法通则》则被严格界定为调整平等主体的公民之间、法人之间以及公民与法人之间的财产关系和人身关系的法律规范的总称。这里，“老百姓”并不能与“公民”或“法人”等同起来。“老百姓”一词尽管通俗易懂，但并不严谨、科学。因此，对于每一个专业发展的教师来说，专业化的发展是无止境的过程，学科知识间的融通更是无止境的历程。

（三）教师专业化发展的模式

按照新课程改革的目标指向，可将教师专业化发展分为三种循序渐进的模式。

1. 读书反思型

教师在教学之余一定要养成良好的读书习惯与反思行为。良好的读书习惯有利于教师的知识达到一个量的积累与面的拓展；经常性的反思有益于知识的活学活用与教育的创新。

真正能够促进教师观念转变与专业成长的途径不外乎以下三点：一是读书。多读书、精读书、读好书是读书的三个有效阶段。其实，一般人读书是有着不同的层次和境界的，具体而言，主要分为无知与无畏、困惑与迷茫、通灵与顿悟。因此，作为一名教师，你首先要问自己读了多少书。读书的力量正如教育家苏霍姆林斯基所言：“无限相信书籍的力量，是我的教育信仰的真谛之一”。二是实践。教学实践是非常重要的，它是教师提升理论、检验思想的主要阵地，也是赋予教师灵感与智慧的源泉。从这个意义上说，教学实践是教师教学相长的动力源，是促进教师专业成长的主要途径。教师只有不断地从教学实践中获取经验，才是教师走向成功的标志。其实，知识在很大程度上是经验的不断积累、不断总结与不断反思的结果。如美国经济学家、法学家哈耶克所言，知识是经验累积的结果。三是反思。促进教师成长的最终阶段是撰写教学反思。注重反思与总结是中外教育家们开拓出来的一条普适性经验。美国教育家波斯纳认为，没有反思的经验是狭窄的经验，至多只能成为肤浅的知识。这说明经验是重要的，但没有反思、没有抽象的经验只能是具体而肤浅的知识。因此，要真正促进教师的专业成长就必须实行“读书 + 经验 + 反思”的模式。

2. 问题引领型

读书虽然是解决教师专业发展的最有效的途径之一，但是读书的目的是发现问题、解决自己与学生心中的疑惑。犹如朱熹所言：“读书，未知有疑；其次，则渐渐有疑；中则节节是疑。过了这一番，疑渐渐释，一直融会贯通，都无所疑，方始是学。”

作为教师，自己首先应有疑、有问题意识，然后才能有解决问题的动力。如果一个教师连疑惑都没有，那么就不可能做到问题引领、提升主题，只能做复读课本的工作。唯有教师在教学中常学、常教与常思，才能真正适应新课程改革的需求。因为新课程改革的一个最大亮点是课程的形散而神聚、重事实而少结论。这不仅给学生留下了自由想象、自主探究的空间，而且也给授课的教师留下了创造性发挥的余地。对于教师与学生双方来说，新课程改革最大的困境在于不患知识而患问题，不患传授而患启发。这就需要教师在传授知识的过程中能够以问题的方式来启发与诱导学生，即使教师在课堂上没有提出有效的解决办法，但问题本身能够开启学生的好奇心并留下诸多想象的空间。譬如，教师讲英国资产阶级革命的不彻底性时，经常会用阶级论与革命论的观点追问“英国资产阶级革命为什么要妥协呢?”这里就能生成一个重要问题，即“革命就必须追求彻底吗?”“难道革命就不能以妥协的方式结束吗?”教师只有在生成问题并以问题引领学生的前提下，才能真正成为学生学习的引路人与启蒙者。

3. 教研科研一体型

读书反思是教师专业化发展的知识累积阶段，发现问题则是专业知识走向专业化发展历程中的一个量的突破阶段。二者的最终目的既是促进教研科研的同时发展，又是锻造学者型、专家型教师。

基础教育改革要求教师不仅是知识的传递者，而且更应该是知识的创造者。这是培养复合型创新人才的需要。这就促使教师在身份上发生转型：教师应从过去的粗加工型知识传递者（甚或对知识没有加工再造）变为研究型专家。

教研与科研既存在着目标上的同一性——促进教师专业化发展，又存在极大的差异。教研既是对教学实践的研究，又是对教学方式、方法与教材教法的研究，其存在的目的是提高教师课堂教学的有效性；而科研主要是针对教师在课堂教学中出现的专业知识问题所进行的专门性研究，其目的是提高课堂教学的质量以及培养学生的认知能力。实际上，对于教师来说，教研与科研是一个标与本、表与里的问题；只有真正做到标本兼治才能促使教师的专业化发展。也就是说，只有教研与科研融为一体，才能成为教师专业成长的生长点。因此，教研科研一体是教师专业化发展的灵魂。

三、新课程改革对教师专业化发展的促进作用

（一）对教师专业化发展的理念引领作用

要真正促进专业化发展，教师应首先从认识论的高度把握新课程改革。新课程改革是在“以人为本”思想的指导下，贯彻“以学生为主体”的教育理念。根据“理论是行动的先导”原则，教师只有认识到理念指引的重要性，才能在实际的教学过程中将“人本”思想内化为理念，并自觉践行之。理论的先导作用与理念的引领作用对人的潜在影响是无形的、巨大的，接受者会自觉地创造出一套独特的操作模式。

（二）对教师专业化发展的实践推动作用

新课程彻底打破了过去“一本教材、一支笔”就能教学、能讲课的旧有局面。新课程改革本着“将教材定位为教师教学的一个素材”的理念，将教材内容进行了大幅度的改革，使知识点更具灵活性与开放性。这就需要教师不断地强化自己的专业知识与学科素养，才能更好地驾驭教材与掌控课堂。例如，教师在讲授英国《权利法案》与美国宪法时发现：同样是作为国家宪法，为什么两个国家的宪法存在如此大的差别呢？如果读过相关的专业书籍并习惯反思，就会发现个中问题所在，即英美宪法为什么在形式上会呈现出

截然相反的两种形态：柔性宪法与刚性宪法、不成文宪法与成文宪法。这说明教师的专业化发展程度在一定程度上取决于教师是否具有问题意识。循此路径，“英美宪法之差别”的问题就成了提升教师专业能力的重要论题，如形式上存在着不成文宪法与成文宪法的差异，修改程序上就有了柔性宪法与刚性宪法的分野。归根结底，这种情况是由两国之间的宪政文化与法律传统的差异造成的。因此，新课程改革的理念指引与内容变革对教师的专业化发展起着极大的实践推动作用。

第三节 新课程背景下科研员学习的思考

新课程改革背景下，教育界对中小学教师的专业化发展不仅高度关注，而且也是切切实实地得以落实，并结出了丰硕的果实。作为推动中小学教师专业发展主要力量的各区县、各地市教科所的科研员，其专业发展却很少有人关注和研究。

如果在“中国基础教育期刊全文数据库”的搜索栏中键入关键词“科研人员专业发展”，结果只有寥寥几十条；而键入“教师专业发展”，得到的结果却是8000多条。在新课程改革背景下，科研人员的专业发展不仅是必需的，而且也是更加急迫的。因为只有科研人员找到一条明晰的专业发展路径，并快速地成长起来，他们才能更好地指导中小学教师的专业发展。其实，科研员的专业成长有很多途径，在这些方式、方法中，不断学习是科研员专业成长的基础。本书的“科研员”特指区县教科研机构的中小学基础教育科研人员。

鲁洁说过：生活中，人们既学习和把握存在的诸种“实然”，还在教育的引导下，不断发现和实现人的存在的各种新的可能，从而逐步获得自我发展和提升经验、体验，人学习以成人。所以，人必须不断学习。但作为教育工作者，引领、指导全区教育科研工作的区县科研人员的学习又有其不同的内涵和方式。作为教育工作者的科研员，现有知识结构一般是由本体性知识、条件性知识、实践性知识和文化知识构成；而未来社会的知识结构是以信息板块结构、集约化基础结构和直线化前沿结构为主要特征的。所以，科研员们必须更新知识，重建知识结构，才能适应社会的发展。新课程改革以来，很多新的理念、做法对科研员们来说都是全新的，他们和广大教师站在同一起跑线上，但是科研人员工作性质要求他们又必须走在前面。因为他们是全区基础教育最高研究机构，走进课堂必须是教学专家，走进研讨会现场也必须是深懂课程的课程专家。不然，学校的教育科研工作就失去了很大的依靠。这种危机意识和责任担当，要求科研员必须学习，学习，再学习，具备自觉学习的意识、能力和毅力，夯实各种基本功，成为全区科研权威、教育教学研究的内行，成为可持续发展的学术型研究者。通过不断体会和反思，笔者认为科研员的学习具有以下特点。

一、科研人员的学习是富于创新精神的学习

学习的含义很宽泛。对于科研人员来说，学习是富于创新精神的学习。这一提法包括两方面的含义。第一，活学。学习的首要意义就是"模仿"。但这里的"模仿"不能定位于学作画、学弹琴的临摹，而是在模仿的基础上，通过认真思考、结合教育教学实际，潜心研究，能够推陈出新，是结合工作实际的活学，不是教条式的学习。这种学习的目的就是使知识、技能得到补充、更新、拓展和利用，完善知识结构，不断适应工作要求和新知识、新理论的发展。第二，超前学。这种超前学就是了解本课题最新研究进展，学习最前沿的观点、做法。如对于校本课程的开发方面的研究，在当前很多学校已经建构了完整的课程体系、系统的课程门类，有很多优秀的论文及教学案例的基础上，我们就不能满足于课程开发原则、范式或是政策方面的学习，而是针对建设过程中存在的问题，学习如何改变发展不平衡现状、课程建设不规范、同类课程的衔接研究及如何为上述问题搭建平台等相关内容。这样，我们就做到了与时俱进地学习，就站在了研究的最前沿。

二、科研人员的学习是穿越边界的学习

这种穿越边界的学习主要指两个方面，穿越工作角色边界和学科、学段

边界。首先，科研员的学习要穿越工作角色边界。每个科研员都有自己的工作角色和发展定位，但仅有这些是远远不够的。在课程改革的大背景下，从2004年秋季开始，北京市各区中小学全面启动新一轮课程改革实验，各区课改杂志同时创刊了，如《朝阳课改》于2004年9月成功创刊。创办此刊的目的在于为各区课程改革系统工程搭建一个和业界交流互动的信息平台，用以宣传本区基础教育课程改革的方针政策，报道最新改革动态，介绍朝阳区课程改革实验的进展情况。以“源于实践、服务于实践”为原则，立足本区基础教育课程改革现状与实践需求，借鉴其他课改实验区的先进经验，以新课程改革理念为指导，展示新课程改革实施者们生动而具有开拓性的实践；反映根植于学校教学与管理的探索，从中发现问题，推动研究；交流在新课程实施过程中积累的体现新课程理念的实践改革经验，与一线教师一起解决教学实践中的问题和困惑。所以，期刊编辑的工作就不能仅仅局限于编辑稿件，还得了解方方面面的情况，体现办刊宗旨，达到办刊目的。所以，工作中需要时时转变角色。有时，科研员要以教师的身份走进课堂，同一线教师一起备课、上课、批改作业，研究课堂教学；有时，需要跟教研员一起听课、钻研教材教法，开展教研活动，帮助一些教师解决实际困难；有时，需要以科研员的身份，参与课题开题、中期检查、学校科研工作视导、调研等，了解科研的关注点在什么地方；有时，可能还会将自己换位为家长，以服务对象的眼光、标准来审视我们的课程改革；有时，需要把自己当作学生，体会他们的课业压力，对教师、家长的期待等。其次，要穿越学科、学段边界。每个科研员都有自己的专业素养、学科背景，有自己的工作职责，侧重承担不同的工作。比如，初中学段科研员承担的主要是初中学段的教育科研课题研究与管理工作，对一些大型的研究项目，如初中建设工程等比较熟悉；小学学段科研员对小学规范工程的研究比较深入；高中学段科研员对高中新课程改革的理念、课堂教学、评价方式可能会更为清楚。但是，教育是有一些本质规律的，教育科研就是要在教育教学实践中研究发现这些规律，并服务于教育教学。所以，有些东西是没有学科、学段边界的。比如，在课程改革、地方课程、校本课程开发等相关研究中，中小学都有同样的任务，学段科研员也不例外，不可能另起炉灶。所以在工作中，我们应穿越这些边界，以一种高瞻远瞩的姿态、一种高屋建瓴的水平，研究教育现象，发现教育问题，寻找教育规律。不论哪个学段、学科的教育教学都是有教育的本质规律贯穿其中的。相对角色定位、工作要求来说，科研员就应该是多面手、全能手。

三、科研人员的学习是在特定的情境中有意识的选择性学习

科研人员，因工作性质，经常会出席各种学术讲座、报告会、专题论坛、学校教科研活动现场会，外出接受培训或考察等。在这些情境中，科研人员的学习是具有情境意识的学习，是在特定的情境中有意识的选择性学习，科研员一定要有在特定情境中自觉学习的意识。这种意识首先就是明白所要学习的内容，要明白这种情境将会给我们提供什么信息、能给我们提供什么信息，特定情境下我们应该学习什么，要学会选择。因为一般这些会议的信息量特别大、内容非常丰富，如果我们不清楚自己想要获得哪些信息，就会胡子眉毛一把抓，结果会错过需要的、及时的信息，甚至什么都没有抓着。其次，学习别人的表达方式。在科研活动现场，我们不仅要感受现场的氛围，而且要眼观六路、耳听八方，能找到印证发言人观点的材料。在大型的培训会、学术研讨会上，能敏锐地把握别人发言的重点，并学习其表达方式、特点。通过以上两种形式培养我们的信息捕捉能力和表达（口头的和文字的）能力。

四、科研人员的学习是“专题引领式”的学习

当前教师的学习方式有很多种提法，其中最常用的是“专业引领”或“专家引领”。但对于科研人员来说，这两种引领都是不准确的。因为“专家引领”是一时一事的，是特定情境下的，也只能解决某个具体问题；科研人员想要获得“专业引领”也是不太现实的，不可能有大段的时间、有固定的导师来带领科研人员系统学习专业知识。通过长时间的实践、体验，笔者认为“专题引领”是科研人员专业成长的基本途径。这个专题引领也就是任

务驱动，如在帮助一所学校做校本课程的开发这一研究任务时，就需要科研员先学习相关的理论、各级政策要求；再学习已经较为成熟的案例、课例、研究论文等，甚至是一些不成熟的做法，以参考借鉴、开阔视野；接下来就是向学校领导、教师、学生了解基本情况，包括学校的办学目标、校长办学理念、教师潜力、学生兴趣爱好与需要等，共同建构校本课程开发框架体系。这种过程也是在与实践结合中，围绕研究任务进行学习，这种学习是理论与实践相结合的学习。从宏观方面讲，科研员要抓住校本课程开发的基本理论；从微观上讲，科研员应把理论落到实践中，在具体操作中丰富、补充理论；从中观上讲，科研员作为理论和实践的中介，是将理论融入实践的桥梁。完成了这个研究任务，也就是在“校本课程开发”这一专题的引领下，对校本课程开发的相关研究有一个全盘了解、整体把握。

五、写作交流是科研人员学习的有效延伸

写作是自主学习的必要环节，也是个体反思行动、从中获得理性认识并体验成就感的途径。这一提法有两层意思。第一，在写作过程中提升自我。科研员们经常写教育叙事或教育反思，但很多时候仅止于口头交流，或者写出来的是流水账（琐碎的、零散的、偶然的），所以长久以来还是停滞不前，没有形成自己的个性化理念，也没有走上专业化发展的道路。但如果写成正式的科研论文或研究报告，效果就不一样了。因为这些文章要求主题集中、结构完整、行文范式、语言流畅等，有一定的深度和高度。这样有助于避免“蜻蜓点水”式的泛泛而谈，或者面面俱到的经验总结。在这个过程中，需要有理论的参与，理论的参与可以激活思维，促使科研员利用文字形式将已有的经验、知识与现实问题结合起来进行思考，提升理性分析能力。能帮助科研员摆脱对教育问题或现象的纯经验性的判断和理解，进行有深度的思考。只有这样才能提炼属于自己的个性化理论及特有的言说方式，这也是科研员获得专业能力和权威发言权的前提。第二，在文字交流中完善自我。科研员将想法、做法形成文字后，同行、专家能为他们提供很多好的意见建议，甚至提出质疑，这些就会迫使科研员重新思考，整理思路，甚至补充查

找文献。所以，科研员的写作交流是在强迫自己学习，是自我反省式学习，是在向自己学习。

从以上意义上说，科研员的学习是有自己的特点的，也是永远“在路上”的。

第十章

野蛮其体魄，文明其精神：超越教师的学科视界

第一节　加强以“民族尚武精神”为统领的中小学军事教育

军事教育是素质教育的必要组成部分，是学校德育工作的有力支撑。对青少年学生来说，军训不仅可以培养学生健康的体格、爱国的意识，而且还可以塑造全新的国民和养成全人人格。法治中国已经成为时代主旋律的今天，在习近平总书记提出的军民融合发展的国家战略背景下，中小学军事教育迎来了新的发展机遇。笔者主要对目前已经颁布的中小学军事教育法律法规进行历史、法理和课程三个维度的解构分析，以为当前中小学军事教育提供一个法理定位和课程再造。

一、学校军事教育的历史发展

（一）军训的概念

军训，是指根据《中华人民共和国国防法》《中华人民共和国教育法》《中华人民共和国兵役法》《中华人民共和国国防教育法》《中共中央关于教育体制改革的决定》和《学生军事训练工作规定》的要求，对中小学生进

行以国防教育为基础的军事教育的基本形式，是培养“四有”人才与储备后备兵员和预备役军官的重要举措，是壮大国防力量和增强国民素质的有效手段。其目的是通过严格的军事知识和技能训练，加强学生的身体素质和政治觉悟，培育学生“敢于冒险、勇于探索、野蛮体魄、文明精神和自我发现”的“尚武精神”，激发爱国主义热情和革命主义精神，培养刻苦耐劳的坚强毅力和艰苦奋斗的集体主义精神，增强国防意识和组织纪律，以养成良好的学风和生活作风。

（二）军训的历史

纵观中国历史，学生军训教育肇端于遥远的夏商周时期。按照学生军训教育的重视程度和社会作用来划分，中国军训教育大致可划分为五个时期。

一是夏商周的军训发轫期。有文献记载，商代学校主要对各级贵族进行军事教育。西周时期，官学从几个方面对学生军训教育进行了丰富和完善：首先，学校军训教育设有专门课程。据《周礼》记载，西周的大学以习武为主，教师一般由军官担任，军训内容主要为习射（学习射箭）、驾驭五种战车的方法等科目，而以“礼、乐、射、御、书、数”六艺为标准课程的学校教育中，射、御即为古代的军训。《周礼·保氏》有“养国子以道，乃教之六艺”的重要记载，这是我国最早的关于学生军训的文字记载。其次，军事训练和教育并重。教学过程中射御之术与礼乐教化同等重要，恰如《论语·子路》中所指出的：“善人教民七年，亦可以即戎矣”，“以不教民战，是谓弃之”。可见，文武并重是学校教育的重要教育方针。再次，军事技能的高下成为衡量学生是否贤能的标志。如《国语·晋语》中所记载的“射御足力则贤”，这也是孔子三千弟子当中七十二贤人的重要衡量标准。最后，学生需要参与田猎活动与排演战斗舞蹈等项目。要求参加人员手持戈盾，模拟作战基本动作，促使参加者熟悉动作要领，并激励参加者和旁观者的战斗激情和尚武精神。

二是秦至清末的军训弱化期。自汉朝以后，儒家被封为正统，儒学成为正宗，军训的功能逐渐被弱化为一种礼仪程式。这种转型实际上从秦开始，秦在统一后，除了加强边防外，很少有用兵的机会。为防范陈胜吴广式起义，拆除城郭、收缴兵器，崇尚武备的社会风习开始渐渐发生转变。隋朝开始，由于政府开始奉行“偃武修文”的教育政策，大力削减武备，加上开科取士的科举考试制度的实行，文武分科举行，文举不考武学，士子为谋取功名，军事教育逐渐被弃之不顾，学校教育重点由学武转向修文。到了唐朝，仍然沿用了战时重武、平时重文的基本国策，学校军训教育基本废止。宋朝时期将“兴文教、抑武事”的国策推向了高潮，初步奠定了“学而优则仕”的士子地位，军训教育基本成了绝响。

三是清末民初的军训激荡期。清王朝以满族入主中原，以武功立国。学校课程多数是文武兼备，以开设骑射课为主。由于明清时期程朱理学的盛行，“半日读书、半日静坐”的思想主导了学校教育，传统的学校军训教育未能真正复兴。然而，历史的车轮进入1894年，中日甲午战争的惨败，导致中国兴起了“强国保种”的危机意识，“强兵尚武”思潮在全社会逐渐蔓延，军训教育得到了前所未有的重视，主要体现在以下几个方面。首先，倡导军国民主义，厉行军国民教育。为了拯救羸弱的国民和败落的国家，蔡锷于1902年在《新民丛报》上发表了《军国民篇》，首倡实行军国民主义，对国民进行军事训练。同年，著名军事学家蒋百里撰文《军国民教育》，正式提出学校增加军事课程，请军官教授学生军制、战术、战略等国防知识。其次，颁布教育法规，落实尚武教育宗旨。1906年，清政府颁布《教育要旨》，尚武教育正式成为教育宗旨，并颁布了学校军训的办法；1912年，中华民国颁布《普通教育暂行法》，明确规定“高等小学以上体操应注重兵式”。最后，实施童子军训练制度，培养尚武精神。民国时期，许多学校组织了“少年义勇军”“童子军”，实行童子军军事训练的内容和管理，以此培养学生的尚武精神和军事技能。第一次世界大战后，随着反战潮流的兴起，军国民教育思潮和学校军训几近停滞。

四是民国时期的军训强化期。由于日本对中国的威胁日益加重，1929年国民政府又重启军事教育，并通过发布相关法令使军事教育走向法制化。首先，颁发军训政令，增进国防能力。如1929年颁布的《修正高中以上学校军事教育方案》规定：凡大学、高级中学及专门学校、大学预科并其他高等以上学校，除女生外均应以军事教育为必修科目。每年暑假期内，各校学生应受连续三星期之严格训练。1931 年，国民政府又颁布了《教育部关于高中以上学校加紧军事教育的通令》，重申了军事训练的目的，即“锻炼学生身心涵养、纪律、服从、负责、耐劳诸观念，提高国民献身殉国之精神，以增进国防之能力”。其次，明晰军训科目，操典德性结合。训练项目主要是传授军事学识技能和培养优良德性及生活习惯，军事学识技能又分为学科和术科两类。学科分为步兵操典、野外勤务、射击教范、防空常识、战车常识、卫生急救六科，术科包括徒手教练、持枪教练、测图实施、弹药射击和夜间演习等科目。最后，考核极为严格，与升学拔擢挂钩。军训由陆军士官学校学生来训练，考核极为严格，不及格者随下一届学生重新训练，毕业时仍不及格者，则不准毕业。高中学生军训不及格者，不得报考大学。

五是共和国时期的军训正轨期。新中国成立以后，学校军事教育逐渐走向正轨，有三个方面的突出特点：首先，军训由专业化到大众化转型。如果说改革开放前学生军训追求的是专业化标准，那么改革开放后，由于政治稳定、经济发展能够为全面的学生军训提供经济保障和资源支持，社会形势促使学生军训发生转型，即由先前的专业化转向了追求普及化和大众化。其次，颁布新法律，军事教育进入法制化轨道。1955 年我国颁布了第一部兵役法，第一次在法律上规定了大学生、高级中学学生进行军事训练。1984 年，第六届全国人民代表大会第二次会议修订并通过了新的兵役法，高等院校和高级中学的学生军事训练单独成章，充分体现了学生军训的重要性和军事教育的法制性。最后，实施分批试点、逐步扩大的方略。先后分两批在北京体育学院、北京钢铁学院等 14 所学校进行试点，其后，教育部和国防部依据1984 年兵役法又将军训试点范围扩大到 127 所中等学校。1996 年后，我国有近 500 所高等院校和近 3000 所中等学校开展了学生军事训练，每年参加军训的学生约占年度招生的一半左右。

二、学校军事教育的形势使命

（一）学校军事教育的新形势

当今世界确已换了新颜，第三世界国家在第二次世界大战后获得主权独立的基础上，经济上获得了前所未有的大发展。中国当是其中的杰出代表，经过30多年的改革开放，已经取得了GDP世界第二的显著成就。中国已不是清末时期任人蹂躏的弱小国家，经济大国地位需要有内厉法治、外强武力的保障，不然则会陷入“经济巨人”与“行动矮子”的尴尬局面。

在改革进入顶层设计、综合为用的关键时期，习近平总书记于2015年3月12日在第十二届全国人民代表大会上提出了军民融合发展的国家战略。他认为，我国军民融合发展刚进入由初步融合向深度融合的过渡阶段，还存在思想观念跟不上、顶层统筹统管体制缺乏、政策法规和运行机制滞后、工作执行力度不够等问题。要正确把握和处理经济建设和国防建设的关系，使二者协调发展、平衡发展、兼容发展。总的是要加快形成全要素、多领域、高效益的军民融合深度发展格局，丰富融合形式，拓展融合范围，提升融合层次。要强化法治保障，善于运用法治思维和法治方式推动军民融合发展，充分发挥法律法规的规范、引导、保障作用，提高军民融合发展法治化水平。

（二）学校军事教育的新使命

全要素、多领域和高效益的军民融合发展格局，离不开学校军事教育的有力支撑。学校教育长期以来存在着唯知识、唯书本、唯应试、唯分数的倾向，存在着轻能力、轻应用、轻想象、轻体能的状况，严重弱化了学生健康的体质、健全的体魄，而军事教育在一定程度上能够很好地矫正和补充学校教育之不足。

新时期，学校军事教育承载着三大新的使命：首先，要综合培养学生的勇武精神。尚武并非意味着一定要以暴力的手段解决问题和纠纷，而是要以尚武的精神统领学生的和谐内心，以确保人人心中树立“唯有国家安全，方有个人成长”“唯有增强体质，方有国家安全”的思想。其次，要牢固树立学生的国防意识。国无防不立，国无防不国。一个国家的青年学生如果没有牢固的国防意识，何以能铸起人人心中的国防。国防意识是主权意识和权利意识的先导，在这个意义上讲，学校军事教育就肩负着现代化国防意识教育和独立自主的个人权利教育的重任。最后，要严格执行学生的军事训练。军事训练是学校军事教育的有效落实和实际承载。军事训练要遵循“文明其精神，野蛮其体魄”的宗旨，让学生在身体、形体、身心、精神、灵魂、习惯和风习等方面受到全方位的锻炼，以铸就奋发进取的新国民，养正强国的新心态。

三、学校军事教育的法律分析

（一）建构了较为完备的学校国防教育法律框架

按照2014年国务院法制办最新编纂的《中华人民共和国法律汇编》所载，经过全国人民代表大会常务委员会删减、废止和废除了部分失效法律文件，汇编共辑录有效法律文件437件，其中涉及学校军事教育的具体包括全国人民代表大会通过的《中华人民共和国国防法》《中华人民共和国兵役法》和《中华人民共和国教育法》，以及全国人民代表大会常务委员会通过的《中华人民共和国国防教育法》和2007年3月20日教育部、总参谋部和总政治部联合制定的《学生军事训练工作规定》。

涉及军事教育的法律法规在所辑录的437件法律文件当中占到约1%的比例，这在所有的专门性法律文件当中都是不多见的，是对学校教育法律体系的有效补充。实际上，这五部法律法规分别从不同的角度规制了军事教育的发展路径，譬如《中华人民共和国国防法》培养学生具备的是以爱国主义、集体主义、国家安全为根基的国防安全意识；《中华人民共和国兵役法》培养学生具有以报效祖国、服务社会、个人责任为基础的兵役义务观念；《中华人民共和国教育法》规定了受教育权是每个未成年人不可剥夺的宪法性权利和不可替代的根本性义务，必须依法保障；《中华人民共和国国防教育法》则进一步界定了国防法落地生根的具体细则和实施办法，明确了学生教育和社会教育同步实施，以期达到国防教育的目的；而2007年出台的《学生军事训练工作规定》则是各级教育行政机关、军事机关、普通高等学校、高中阶段学校和承训部队组织实施学生军事训练工作的基本依据。

（二）构筑具有民族"尚武精神"的军事教育法律体系

1. 民族尚武精神之隐现与重塑

综述中国军训教育史，基本勾勒出了中国军训教育的五个发展阶段，军训教育在一定程度上也存在着某种历史循环论的遗迹：发现军训教育勃兴之时，必然有民族尚武精神之统领；发现尚武精神在中国历史上虽然不是主流，但每在王朝统一或民族危亡之际，便被推到了历史前台，用以作为鼓舞人心、加强武备、提振战力的重要力量。

作为一个黄河文明孕育下的农耕民族，中华民族自古就以崇尚民族稳定、安居乐业、爱好和平为生存的根本目的，这对五千年民族文明的发展起着根本性支撑作用。但在激烈竞争的全球格局之下，我们的教育不光是"居安思危"的问题，还要更多地思考"居安何以安"的问题；但"分数为纲"占领了学校，弱化了体育和德育，军训教育只有被边缘化的命运。如果想要矫正今日军训教育之流弊，单纯的、简单的军事训练是远远不够的，需要梳理千百年来军训教育中蕴含的尚武精神，辨析尚武并不等于崇尚武力和奉行军国主义，明确尚武实质上崇尚止戈和平，内化为唯有民族拥有强大的"戈"，个人拥有雄健的"戈"，才能为和平奠定基础，才能铸造出和平之戈。

教育现代化是国家现代化的前提，现代化要求军训教育必须用现代性和尚武精神来统领，这里不是现代性和尚武精神的简单叠加，而是用现代性来改造尚武精神，使之成为具有尚武精神内核的现代品质。如果用尚武精神统领军事教育的话，至少要培养学生具有勇于探索、敢于冒险、野蛮体魄、文明精神和自我发展的内在品质。

2. 军事教育法律之解读与建构

目前，我国在学生国防教育方面所颁布的法律主要涉及三个方面的内容：一是国防教育方面，主要阐明了国防是国家生存和发展的安全保障，因此普及和加强国防教育是全社会的共同责任。国防教育贯彻全民参与、长期坚持、讲求实效的方针，实行经常教育与集中教育相结合、普及教育与重点教育相结合、理论教育与行为教育相结合的原则。学校的国防教育是全民国防教育的基础。各级各类学校应当设置适当的国防教育课程，或者在有关课程中增加国防教育的内容。二是对学生军事训练作出了规定。如兵役法中规定对普通高中和中等职业学校，配备军事教员，对学生实施军事训练。三是对中小学生开设军事教育课程作出了相关规定。

当今时代，已经是一个由海陆空一体化的时代逐渐转向了空天一体化的时代，学校的军事教育不能仅限于军训或国防教育，而要以更大的视野投入到遥远的天际，以更宏伟的气魄进行军事教育立法，借此既可以建基于国防实体，又能够超越国防教育；既可以立足于现代品质，又可以构筑出全体中小学生的尚武精神；要以军事教育法律来统领国防教育、军事教育和军训教育。

四、军事教育课程之支撑与再造

根据《中华人民共和国国防教育法》，学校在基础教育阶段进行军事教育应该按学段分类进行：一是小学和初中的学生进行国防教育，将其内容纳入有关课程。如规定：小学和初级中学应当将国防教育的内容纳入有关课程，将课堂教学与课外活动相结合，对学生进行国防教育。有条件的小学和初级中学可以组织学生开展以国防教育为主题的少年军校活动。二是对高中学生进行军事训练和国防教育。如规定：高级中学应当将课堂教学与军事训练相结合，对学生进行国防教育，应当在有关课程中安排专门的国防教育内容，并可以在学生中开展形式多样的国防教育活动。

学校军事教育能否得以顺利进行，关键是能否开发出较为完整的军事教育课程体系作支撑：以培养学生的尚武精神为课程理念，以培养学生的军事思想、军事科技、现代国防、国际环境、高技术战争和军事技能训练为课程内容，以国防教育、军事教育、军训教育、习惯养成为课程结构，以课堂教学与实地训练相结合的课程实施方式，将学生军事训练纳入开放性社会实践活动中组织实施，以学生军事技能训练和军事教育考核载入学籍档案并与升学挂钩作为课程评价手段。如果按照儿童发展心理学来说，军事教育课程应遵照儿童身心发展规律来分学段进行开发，如小学阶段以培养尚武意识为主，开发游戏化、应急化的军事活动娱乐教育；初中阶段以培养尚武观念为主，开发探索化、生存化的军事技能应用教育；高中阶段以培养尚武精神为主，开发探险化、发展化的军事实践综合教育。

在复兴中国梦之今天，在军民融合发展的国家战略指引下，学校军事教育要以雄健之国民、野蛮之体魄、文明之精神、铁血之魅力、雄起之民族为皈依，要以尚武精神为灵魂，以军事教育立法铸造全新的国民。

第二节 中小学加强法律信仰教育的必要性及其实施途径

近年来，我国各地不断发生未成年人突破道德和法律底线的恶性暴力事件。这不能不让我们反思学校多年来道德教育和普法教育中存在的问题。客观来看，我国中小学教育中，其实一直非常重视道德教育和普法教育。每年都会投入大量人力、物力、财力，开展多种多样的主题教育活动，可是，为什么收效不大呢？

究其原因，可能就在于我国中小学教育中的道德教育和普法教育，比较重视具体道德法律知识传授，忽视道德法律作为社会规则的精神内涵的探究；重视知识层面的教育，忽视实践层面的身体力行。

这样教育的结果，会出现一种比较麻烦的问题，就是学生的“言行不一”。学生并不一定能够从积极的人生态度去吸纳和实践学校道德教育和普法教育的知识。学生也很难发自内心地相信和认同这些社会规则。

当我们社会主流媒体倡导传承中华优秀传统文化，践行社会主义核心价值观，实行全面依法治国，依宪治国的时候，我国青少年群体中有多少人真正在内心相信和认同这样的价值取向，又有多少人准备终身去身体力行这样的价值追求呢？他们真的相信我们这个国家在越来越好吗？

这是一个非常尖锐，但是也值得每一个从事基础教育工作的人必须严肃面对的大问题。这也是我国基础教育领域强化育人目标，培养我国社会主义事业合格接班人必须解决的大问题。

而解决这一重大教育问题的关键所在，就在于在中小学加强法律信仰教育。要做到这一点，首先我们需要依次探讨一下什么是法律，什么是道德，道德与法律之间是什么样的关系；然后我们需要了解一下什么是法律信仰，进而需要仔细辨析一下中小学加强法律信仰教育的必要性；最后，我们探索一下中小学加强法律信仰教育的具体实施途径有哪些。

一、法律与道德之间的复杂关系

（一）什么是法律？

法是什么？中西方对此有着不同的理解。古罗马抽象意义的“法”，是Jus，是法和权利的意思，罗马法学家塞尔苏斯给法下了个著名的定义：“法乃善与正义之科学”，其中蕴含着混合权利、正义、法于一体的特殊现象。中国古代的“法”，是“灋”。《说文解字》：“灋，刑也。平之如水，从水；廌，所以触不直者；去之，从去。”法字从“水”，象征法的公平。所谓法平如水，这是对法的期望和法所追求的价值目标，也是古代官吏司法自律的标准。法字从“廌”，即解廌，神话传说中的一种神兽。据说，它能辨别曲直，在审理案件时，它能用角去触理曲的人。从“去”，则又显示了法的正直与正义。可见，从字源学上讲，法天然就具有公平与正义的内涵。

法律何谓？法律是一种关于公平正义的行为习惯之规则，是一种特殊的社会规范，它是体现统治阶级的意志，由国家制定或认可，并靠国家强制力保证施行的行为规则。这样，法律存在的目的正如一枚硬币的两面：一面如洛克所说：“要保护和扩大人民的自由”，以创设和维护得以使每个人保持“人类尊严”的各种条件；另一面制止政府对权力的滥用，以维护正当的法律秩序。那么对人类而言，法律有何功用呢？这如伯纳德·施瓦茨所说：

“法律是人类最伟大的发明。别的发明让人类学会驾驭自然，而法律的发明，则令人类学会如何驾驭自己。”这才是法律存在的真正意义之所在。

（二）什么是道德？

道字何义？“道”字发展经过四个阶段：第一，早期金文=（行，四通的大路）+（首，代人）+（止，行走），表示在岔路口给不知方向的人当向导、引路。第二，石鼓文将“止”改成“寸”（抓住），表示用手牵引或指示方向。第三，篆文=（辵，行进）+（首，代人），其意与早期金文同。第四，隶书将篆文的“辵”写成；将篆文的写成。当“道”的“向导”本义消失后，篆文再加“寸”另造“導”代替。在道家思想中，“道”代表自然律，是道家世界观的核心；“德”代表顺应自然律的法则，是道家方法论的核心。道德何谓？在揭示了物理存在物的本性及其规律之后，牛顿理论就像光一样照亮了整个自然世界；这深深地影响着哲学家们对精神领域的研究，他们试图借鉴近代自然科学的实验推理方法，揭示道德存在物的本性及其规律。因此，各方面研究者都从不同角度对道德进行了有益的阐释，如北京大学法学家沈宗灵将道德解释为：人们关于善和恶、荣誉和耻辱、正义和非正义等问题上的观念、原则以及根据这些观念、原则而形成的人们相互行为的某种准则和规范。

通过对文字追溯，表明道德本质上是导引众人良心避恶向善的自然规律，并由此演化出系列修身养性的行为规范；是注重内心思想建设的道德规范、价值判断和行为制度。

（三）道德与法律之间的关系

作为维系社会秩序良好运转的公器，法律不能总是以冰冷的规则、机械的法条呈现给世人；它需要人性、理性、仁爱、秩序作依托，为其存在提供道德基础。

首先，道德作为法的条件。两者都应调整人们的行为，并且都建立在价值观的基础上。任何国家都以具有最低限度的实质性共同价值信仰的存在为前提，即拥有共同的基础。换句话说，法律秩序发挥作用的前提是，它必须达到被认为具有约束力的道德规范的最低限度。任何法律秩序都是以道德的价值秩序为基础的。如民法上的“诚实信用”“善良风俗”等就是道德规范的法律化。这也就是说，法律秩序是道德秩序的一部分，或用流行的格言表示为：“法律是最低限度的道德”。

其次，道德作为法之目标。道德不只是法的条件，也是法的目标，即法为占统治地位的道德服务。法应当以国家制裁来实现作为道德基础的世界观，或保护它不受侵害。这种情况只出现在最重要的“基本价值”受到严重侵犯的时候。这就造成了法律与道德的难题：法律既保障了道德，同时又保障了不道德。

这实际上是“法律应是良法还是恶法”的问题。说到底，恶法是不是法，或者说法是否必须符合道德（必须是良法）的问题。自然法学派认为，法必须是合乎道德的，不道德的法律规则不成其为法。有的则指出，只有同道德严重对抗的法律规则或同道德的冲突达到“不可容忍的”程度的法律规则，才不配称为法。实证主义法学派则认为，道德不是法律存在并有效力的标准。一项规则只要是有权的国家机关通过法定程序制定和公布的就是有效的法律。法律规则不会因违反道德而丧失其法的性质和效力，即使严重违反道德的也仍然是法，只不过是“坏法”“恶法”。如第二次世界大战结束后的纽伦堡审判就引发了法律与道德的冲突问题。在欧洲国际军事法庭审判战犯时，这些战犯却声称他们的行为完全是根据法律、政令和军令进行的，因而并不是非法的。这里有一著名的合法的道德恶行案件：被告原是一位德国军官的妻子。1944 年为了脱离丈夫，妻子竟向纳粹当局指控其丈夫在休假时曾发表诋毁希特勒和当局的言论。结果根据 1934 年的法令（发表不利于第三帝国的言论都是非法的）丈夫被处死刑。1949 年联邦法院指控这位妇女犯有非法剥夺他人自由的罪行（根据 1871 年《德国刑法典》）。法院认为被告依据的法令由于违反了基本道德原则，因而是无效的；另外，被告并不是心怀义务去告发，而纯粹是为了个人卑鄙的目的，被告的行为违反了一切正直的人的良知和正义感。被告被处徒刑，这是自然法观点的司法应用。

因此，达到具有约束力的、原则上得到承认的社会道德的最低限度是法的必备要件：法根据的正是这种社会道德所体现的关于"符合道德的"（善的）行为的价值观。

作为保障人们内心获得平衡、和平的强大精神力量，道德是否需要法律的强力来保障其得以实现呢？即道德是否存在法律强制问题。

道德的法律强制，意即运用法律的手段推行和实施道德，这在柏拉图与亚里士多德那里已有论证。这一理论的提出是由第二次世界大战后英国的同性恋问题引发的，是1954年英国议会成立的沃尔芬登委员会起草的《同性恋和卖淫调查委员会报告》引起的。

相传古代西方对同性恋并非一直持否定的态度。古希腊时期，男性同性恋曾被认为比异性恋有更高的价值，并把男孩与老人之间的性关系从制度上予以肯定。后来，持否定态度。查士丁尼皇帝认为"同性恋是地震之因"。但在罗马帝国末期和中世纪，同性恋并没有受到一贯严厉的制裁。近代以来，由于工业革命需要大量的劳动力人口（儿童死亡率极高），但同性恋导致了人口下降和社会危机，社会如不鼓励生育就会导致灭亡，因此受到国家的严厉制裁。但是，同性恋现象并没有因受到惩罚而消失。相反，随着人数的增加，他们成立全国性组织并开始争取合法权利。

为此，沃尔芬登委员会提出两点修改法律的建议：一是既然刑法的作用是维护公共秩序和体面，保护公民免受侵害，那么，如果成年人私下且自愿地进行同性恋，就不存在公共秩序和体面问题，刑法不应再把同性恋作为犯罪。二是法应该给予个人就私人道德问题作出选择和行动的自由，故无禁止的必要。

英国法学家德富林认为道德判断是一种关于善恶的判断，一种社会的或公共的判断。当社会的或公共的道德判断对某种行为持特别否定的态度时，就有理由实施国家和法律的干涉。社会不是个人的简单集合，而是观念的共同体。没有共同的政治观、道德观和伦理观，任何社会都不可能存在。因为社会是由一些看不见的共同思想的纽带联结在一起的。如果这些纽带太松弛，社会成员就会离散。历史表明，道德纽带的松弛常常是社会瓦解的第一步。

总之，沃尔芬登委员会坚持的“伤害原则”的理论依据是，刑法应尊重密尔的自由理论，即限制个人自由的唯一适当理由是：他的行为伤害或可能伤害他人。而德富林的观点则是，法可以而且应当禁止不道德的行为，强制实施道德。此观点被哈特、德沃金称为“法律道德主义”。从某种程度上说，这是自由与限制的关系。道德的法律强制的经典例子，还有美国 1917 年 12 月 18 日颁布、1933 年废止的禁酒令。

正如有学者指出的那样：“道德与法律的社会运行均以规范行为为手段，以调整社会秩序为目标，以追求利益为核心。两者作为行为规范的共性及其共同价值目标的存在，最为深刻地揭示出了人之存在的社会属性。”“在很长一段时期内，人类社会的发展既不能没有法律，也离不开道德。从某种意义上说，没有法律，道德是虚浮的；没有道德，法律则是盲目的。”

正是因为道德和法律之间一直存在着复杂的关系，所以，今天我们在中小学教育中，并不一定能够完全让学生区分清楚二者之间的关系。当然，我们也没有必要让学生区分得那么清楚。我们完全可以借用西方自然法学派的观点，更多地向青少年强化道德和法律之间具有共通价值取向的社会规范体验，让他们形成比较坚定的法律信仰，从而为青少年自觉地遵行现有的道德规范和法律法规，成为社会主义社会的合格公民奠定坚实基础。

二、中小学加强法律信仰教育的必要性

（一）什么是法律信仰？

在现代汉语通行用法中，信仰一词的基本含义是“对某人或某种主张、主义、宗教极度相信和尊敬，拿来作为自己行动的榜样或指南”。人的信仰，来源于人对自身、对生命价值的终极追求。人的社会属性，又决定了大多数人的人生信仰，服务于人类社会对正义和公平的追求与向往。而现代社会实

现公平和正义的重要基石，就是亿万人民心中坚定的法律信仰。

那么，什么是法律信仰呢？国内外很多学者对此进行了深入而细致的概念辨析和探讨。限于篇幅，不多引述。笔者比较认同刘旺洪先生对“法律信仰”作出的概念界定。那就是“法律信仰是基于社会主体对社会生活的公平正义的理想和秩序需要的理性认识和情感体验的产物，是长期的人类法律实践经验的积累和理性思维活动的结晶，是人类把握社会法律现象的特殊方式，是社会法文化系统中各种主观因素的有机整合和高度提炼。它是根源于人类对人性和社会生活的科学分析和理性选择，进而所形成的对社会法的现象的信任感和依归感，以及对法的现象的神圣感情和愿意为法而献身的崇高境界”。

（二）中小学加强法律信仰教育的必要性

当前，在我国中小学加强法律信仰教育很有必要。原因有三。

1. 中小学加强法律信仰教育，是推动我国全面走向法治社会的重要保障

2015年2月2日，习近平总书记在中央党校组织的省部级主要领导干部学习贯彻十八届四中全会精神全面推进依法治国专题研讨班开班仪式上发表了重要讲话，集中论述了“四个全面”战略布局的逻辑关系。

习近平总书记指出，党的十八大以来，党中央从坚持和发展中国特色社会主义全局出发，提出并形成了全面建成小康社会、全面深化改革、全面依法治国、全面从严治党的战略布局。他谈到，这个战略布局，既有战略目标，也有战略举措，每一个“全面”都具有重大战略意义。

习近平在论述四者之间的关系时指出：全面建成小康社会是我们的战略目标，全面深化改革、全面依法治国、全面从严治党是三大战略举措。要把全面依法治国放在“四个全面”的战略布局中来把握，深刻认识全面依法治国同其他三个“全面”的关系，努力做到“四个全面”相辅相成、相互促进、相得益彰。

国家行政学院教授许耀桐分析认为，这是习近平首次在正式讲话场合集

中阐述四者关系，宣示了“四个全面”已成为以习近平为总书记的党中央治国理政的全新布局。

而我国要实现全面依法治国，就必须让我国法律文化价值观念或者法律精神实现现代化，就必须重新建立我国人民的法律信仰。只有这样，我国公民才能形成科学的、健康的法的精神和守法意识，我国才有可能建设一个比较公平正义的社会主义法治社会。

日本著名法学家川岛武宜认为，“法不是只靠国家来加以维持的，没有使法成为法的作为法主体的个人的法秩序维持活动，这是不可能的……大凡市民社会的法秩序，没有作为法主体的个人的守法精神是不能维持的”。而守法精神的形成和牢固树立则离不开公民对法律的普遍信仰。

由于对法的信仰，人们坚信人类也可以依靠法的力量去实现人的价值，坚信法能够有效地实现社会正义和社会安宁，坚信法能有效地保护他们正当的、合理的权益，获得现实的安全和心灵的平静，进而通过法，他们能得到人生的幸福，能找寻到可靠的安全保障，实现人和社会的终极目的，体验到人的价值、尊严乃至人生和社会生活的终极意义。

青少年只有树立坚定的法律信仰，才会从善意的角度，而非恶意的角度去解读具体的法律条文，才能有足够强的个人意志去努力约束、规范自己的言行，自觉维护正常社会秩序的良性运作，去争取一种对于全社会大多数人而言最为公平正义的法治社会的实现。

2. 中小学加强法律信仰教育，是确保青少年身心健康成长的必要条件

对于青少年而言，我们并不需要他们掌握社会上日益复杂的全部的道德规范和法律知识体系。我们也不可能在有限的基础教育阶段帮助青少年掌握这么多社会规范。其实，归根结底，教育的全部关注点，在于帮助青少年成为一个对社会有用的好人，让他们能够幸福地度过有意义的一生。

如果青少年具有坚定的法律信仰，坚信现行的社会法是善法，而非恶法；坚信守法是对的，违法是错的；坚信违法者一定会付出必要的代价，守法者一定会好人有好报，那么，青少年才能充分感受到整个社会主流民意传递出来的正能量，才能更好地健康成长。

美国学者伯尔曼有句名言，“法律必须被信仰，否则它将形同虚设。它不仅包含有人的理性和意志，而且还包含了他的情感，他的直觉和献身，以及他的信仰”。这里的“法律”，其实说的是“法律价值”。因此，究其本质而言，法律信仰，其实是对“法律价值”——自由、平等、安全、秩序等的信仰。只有青少年发自内心地相信自由、平等、安全、秩序等法律价值，他们才不会去选择恶行、炫耀恶行、以丑为美，他们也才能够健康成长。

3. 中小学加强法律信仰教育，是对青少年加强爱国主义教育的重要举措

当前，面对国际敌对势力的现实威胁，我国不断加大爱国主义教育力度。而作为一个现代民族国家，法律信仰最终实际上关涉对于民族国家及其文明的忠诚和归依。

法律信仰实际意味着相信法律反映了这一特定国族的生活事实、普遍情感和最高追求，尤其是反映了这一特定国族本身及其全体国民的利益最大化的诉求，认同法律具有反映、保护这一利益及其追求活动的意愿和能力。在“法律信仰与民族国家”语境下，法律信仰，特别是对宪法的忠诚，是一种非神学非宗教的世俗信仰，是现代民族国家形态下的市民社会的公民信仰，一种公共认同与公众忠诚。从而，最终来说，它是一种以“宪法爱国主义”为核心的法律爱国主义。正是这种以宪法爱国主义为核心的法律爱国主义，将是整个民族国家得以凝聚的共同基础。

法律信仰与民族国家之间之所以具有这样不可分割的紧密关系，是因为现代民族国家“本身就是一个法律概念，是而且必然是一种法律的存在”。许章润先生对法律信仰与民族国家之间的关系有非常深刻的阐释。他认为，基于共同的历史—文化认同所意识到的民族意识，所阐扬的民族精神等，构成了现代国家的文化基础，一种最为深沉而感动心灵的初始集体认同形式，国族由此而为一种历史命运共同体；而以公民参与等形式表达出来的民主与法治，现代宪政文化精神，则构成了现代国家的政治基础，决定着国族的政治命运，一种同样深沉而激昂人心的人为的集体认同形式，国族由此而为一种法律共同体。凡此两种认同两种基础，实现了现代国族的文化整合和政治

整合，使得现代国家或者国族成为一种不折不扣的法律的存在，先天地决定了法律信仰与民族国家的不可解析性。

我国一贯重视中小学爱国主义教育。但是，多年来，我国中小学爱国主义教育一直没有形成一个明确的核心思想内核。随着我国治国理政的大政方针日益明显地倾向于全面依法治国，依宪治国。这个爱国主义教育的核心思想内核终于呼之欲出了。那就是法律信仰。

因为，“法律信仰是实现真正法治社会的精神条件，是现代法律有效运行的心理基础。”既然依法治国，建立社会主义法治国家是建设有中国特色的社会主义理论的重要组成部分。那么，我们就必须认识到，“建立法治国家首要的问题便是对法律至上地位的确认，没有这种确认，法律不会有最高的权威，而法律至上的确认正是法律信仰的核心内容。”当然，基于我国的基本国情，依法治国和加强党的领导并不矛盾，而是相辅相成的。

因此，中小学加强法律信仰教育，是对青少年加强爱国主义教育的重要举措。

三、中小学加强法律信仰教育的具体实施途径

中小学加强法律信仰教育的具体实施途径有哪些呢？简单来说，有以下三条具体实施途径。

（一）要借鉴自然法学派的观点，强化道德和法律合一的法律信仰教育

从普遍意义上讲，法律与道德是法理学的基本范畴，其关系有如实然法（law as itis）和应然法（law as it ought to be）的关系。对二者关系的探讨是贯穿整个西方法理学或法律哲学的全局问题。从广义上讲，法律与道德都是维持社会秩序正常运转的必不可少的行为规则。作为秩序下的行为规则，法律和道德都指向了共同的价值目标，即建构法理学意义上至上的社会“秩序”。

从社会治理方式来说，中西方社会的治理都离不开法律与道德。自古以来，西方社会逐渐形成了“法律、道德与宗教”的“三维”支撑；而中国

传统却是“法律与道德”之间“两维”系统的维护。中国古代法律与道德关系具有“引礼入法、礼法结合”的典型特点。西汉董仲舒开启了法律儒家化（或道德化）与儒家法律化的过程。清末的社会危机导致了社会变革的突发，促使了中国传统道德体系的崩溃。我们移植的西方法律既没有民族文化和民族精神支撑的根，又不太完善系统。所谓的“根”是指支撑移植法律的道德体系。于是，整个中国人在20世纪很长一段时间内处于道德崩溃、法律缺失的尴尬境地。

对于我们这个自古以来就以礼治天下的文明而言，能够体现公平和正义，符合道德标准的法律，才能够获得最大的心理认可度，才能够收到最好的法治效果。我国的法律体系，一定要建立在我国特有的文化传统基础之上。我们要建立的法治社会，必然包括以德治国的内容，体现道德和法律的统一。

从法的信仰的角度而论，法律获得社会伦理文化精神的认同，是法律被信仰的不可或缺的社会文化条件，如果法律不具有伦理上的合理性就不可能被信仰。

对于还未成年的青少年学生来说，我们不要过早地让他们经常面对道德和法律两难困境，要更多地让他们了解道德和法律作为维护社会秩序的共性内容，让他们相信法律价值，坚定他们的法律信仰。

（二）中小学德育要坚持知行合一的原则，让法律信仰内化为青少年日常生活中自觉遵行的基本社会规范

现在，我国中小学德育存在着割裂学校教育与学生日常生活的弊端。学生在学校接受的道德教育和普法教育，局限于知识教育，往往不能很好地关注学生日常生活世界的真实需求。结果导致知行不一的问题，一说大道理都懂；一到实践层面，就是另外一种考量和做法了。

正如有学者指出的那样，“人们将道德仅视为外在的纲常礼仪与行为规范，进而在学校教育中强调学生对这些规范的模仿和操练，忽略了道德作为人的一种生存方式所具有的内在主体性和动态生成性，其后果是导致了道德

整体性中的一个重要维度的缺失，即道德价值观念形成过程与道德行为实践中生命意义的缺失。道德中的生命维度被忽视，其直接结果便是道德整体性被肢解与学校道德教育的完整性遭到破坏”。

“何谓生活？生活需要理解而不是认识。我们在生活中，无法在生活之外，把生活作为对象进行认识。”“人在生活中与世界不断建立各种各样的意义联系，获得各种各样的经验。生活和经验不可分，生活着，也就是不断地经验着。经验就是个体在生活中对现实境遇的感受和反思。经验促使人精神的成长、人生的发展。”“道德教育必须立足生活，为了生活。”

为此，我们应该大力倡导开放式的道德教育。将青少年“对道德的接受过程变为个体在自身的生命实践活动中主动探索认识自己、社会、人与人之间、个人与社会之间应有关系的过程”。“以促进学生的道德思维能力，特别是生命实践中的独立思维和批判性思维能力的发展，并在此基础上建构自身的生命实践体验，从而发展起学生正确的道德观。”

在学生正确道德观的基础上，我们应该采取“少年法庭”等丰富多彩的社会实践活动，积极引导学生感受、体认、认同法律价值，进而产生坚定的法律信仰，自觉主动地守法，具备良好的守法精神。

因为，“守法仅是法律信仰的外在表现形式，守法精神才是法律信仰的灵魂。守法精神要求的是主体不仅遵守法律，更重要的是把守法内化为道义上的一种义务，变被迫守法为自愿守法，由强力守法到良心守法，由他律守法到自律守法，并把这种行为视为自己为自己承担的义务”。

中小学德育只有坚持知行合一的原则，才能让法律信仰内化为青少年日常生活中自觉遵行的基本社会规范。

（三）坚持依法执教，让法律信仰具备良好的人文环境

要想让青少年形成坚定的法律信仰，必须确保社会各项制度的正义性配置，并坚决杜绝有法不依、执法不严的问题。因为现在的法律信仰危机，很大程度上就是法律信任危机。如果教师不严格守法，又怎么能让学生相信法律，产生法律信仰呢？

我国基础教育领域长期倡导集体主义，某种程度上忽视了个人权利的有效保障。而“权利是法的内核，没有对权利的要求，也无法产生对法的需求和对法律的渴望。权利意识与法律信仰是一种互动关系，权利意识的增强导致对法律的认识与对其价值的认同，有利于人们法律信仰的生长；反之，对法律的信仰也必将推动人们权利意识的扩张，从而又推动法意识的增强”。“因此要紧之处就是必须由注重群体如国家、集体、组织等公权利的保护转到对个体如自然人、法人等私权利的保护的轨道上来，倡导和确立以权利为核心的社会关系，以此不断强化人们的权利意识、法意识和法律权威信念，以内心的原动力撑起法律信仰的道德基础。”

如果我们作为成年人的教师都不把法律当回事，都不能坚守职业道德的话，又怎么能够让作为未成年人的学生真正确立法律信仰呢？

许章润先生认为，法律信仰的深切机制在于“拟信”和“赋信”。“拟信”即对法律作出一种“信仰的姿态”，“信仰的姿态”意味着人们确信法律是被广泛而普遍地为同一法律辖治下的居民所共同信奉而遵循着，或者说，是对法律在此时空内获得广泛而普遍的遵循这一状态的拟制性确信。……法律信仰最终是一个经由“拟信”而“赋信”的运动。

对于道德和法律，我们只有“假戏真做，做得认真，做得久了，便成真戏真做，从而确信不移”。我们一定要用自己的言行身体力行，言传身教，让学生树立“我相信”的道德良知，形成坚定的法律信仰，才能真正实现育人目标，为我国全面依法治国作出应有的贡献。

第三节　多媒体演示文稿的课堂教学应用

在现在的教学活动中，有越来越多的教师喜欢应用多媒体演示文稿来上课。但是，很多教师对于为什么要应用多媒体演示文稿，以及如何更加合理有效地使用这种教学手段，却缺乏深入的思考和认识。因此，笔者就近年来听课观察应用多媒体演示文稿作了一番思考，以供大家分享。

一、多媒体演示技术是课堂教学娱乐化的重要标志

之所以在现在的教学过程中有必要广泛使用多媒体演示文稿，是因为这是当代文化的几大特点决定的。当代文化是一种娱乐文化，所有的一切都围绕此而展开。不论是信息技术，还是多媒体技术，都是为了围绕娱乐文化作一种炫目的视觉表演而服务。在娱乐文化的时代，教育活动其实也在日益演变成一种娱乐活动。每个教师在进入课堂前，不妨在心中默念一声，“演出开始了！”然后精神抖擞地向自己的学生同时也是观众们问好。在课堂上，教师是一场隐含教育意图的盛大演出的导演，既要有精选的“包袱”让学生感到快乐，又要用自己出色的口才，配合各种各样的演出道具，让学生以为学习就像一场好玩的游戏，在不知不觉中就被带入了知识的殿堂，对学习开始“上瘾”，欲罢不能。

在现在的教学过程中有必要广泛使用多媒体演示文稿，还因为在充斥着电视和互联网络等视觉媒介的今天，学生认知事物的方式已经发生了根本变化。如果说过去学生们还可以接受枯燥的书本教导的话，现在的学生已经对没有视觉享受的课堂失去了兴趣。如果教师不适应学生学习方式的变化，让自己的课堂生动有趣起来，那么学生就会像在家看电视一样习惯性地“换台”。所以，在今天的课堂教学中，最要不得的就是“满堂灌”。教师要有意识地让自己的教学充满节奏，仿佛潮汐一般有起有落，给学生换脑的时间。一节课不妨分成六七个教学小板块来进行。而多媒体演示文稿由于操作简单实用，成为教师上课吸引学生学习的最好帮手。

二、多媒体演示文稿设计的路径分析

在设计多媒体演示文稿时，要注意从形式和内容两方面去做准备。有些教师的多媒体演示文稿内容很好，但就是忽略形式设计，课件缺乏美感。而一个缺乏形式美的课件，即使内容再好，学生也可能失去兴趣。一个好的演示文稿，最好是声光电一体化的视觉大餐。在制作多媒体演示文稿时，首先要注意一点，就是在电脑上看到的效果和投影在屏幕上的效果是会出现差异

的。很多时候，在电脑上看得清的内容，投影放大到屏幕上就可能会感觉字体变小、字形发虚、字色显淡，而更有可能出现对比度不够，背景与主体内容靠色的问题。所以，设计一个好的多媒体演示文稿，必须注意背景色的选择。对于文字，要注意选择合适的大小、色彩、字体，还要注意版面安排，并要有意识地让版面有适当的空白。

在内容选择上，要摒除一切没有用处的材料，尤其要杜绝选择一些与教学内容无关的图片和声音，以免分散学生注意力。如果因某种需要必须选择背景音乐时，要选择柔和的轻音乐或者与主题有关联的音乐。对于初中生来说，在教学中使用精选的图片、照片和 Flash 动画的效果会好一些。美国学者沃尔特·李普曼说过，“图画一直是最有保证的传递思想方式。其次是唤起记忆画面的文字”。但是，千万不要盲目堆砌，而毫无口头分析或文字分析。“一个形象，不管它呈现的媒介为何，如果没有加以分析，它会被忘记。……但一个分析过了的形象可能会影响观众的一生。”图画是不会说话的，“任何照片之外的意义只能来自观众”。“你分析图片最终的目的是理解你自己对某个形象的反应。……通过分析的过程，你反省、改进，并且更新你对这个形象的个人反应。因此，对形象的分析是主观的、情感的、最初的个人反应到客观的、理智的、深思熟虑的个人反应的循环反复。”所以，在教学中，要教会学生分析图像的含义，而不能盲目堆砌图像，让学生只是看热闹。比如，在上“意大利文艺复兴”一课时，就不能只是像放映幻灯片一样展示名画，而是要帮助学生分析这些名画中反映的历史背景和当时的社会状况，并且帮助学生了解这些名画在绘画技术上的成就，以及这些名画的美究竟体现在哪些地方。

可是，在教学图像的选择上，教师常常有一种困惑，就是教师认为很有教学价值的图像，学生却不认同、不喜欢，导致教学效果并不理想。那么，教师们应该选择什么样的教学图像才能引发学生学习兴趣呢？“形象分析教给教师们两个重要的经验，是关于值得记忆的图画的：①寓意的制造者必须知晓预期受众的文化。②形象所使用的符号必须为那个文化所理解。”其实，教育主要是创造一种能够激发学生思考的情境。而学生思考的前提是他们觉得有兴趣，觉得离自己的生活并不遥远。在日常教学中总提“备学生”，这主要就是要多了解学生所处的亚文化背景，如果教师不了解学生的生活方式、认知心理，而是从主观出发，以自己的角度一厢情愿地设置教育情景，就很可能导致一种学生迎合伪装的恶习，直接影响教育的效果，甚至造成反效果！同时，如果教师们只是从成人的角度去思考课件的呈现方式，而忽略了学生的心理特征和认知特点的话，也不会有太好的教学效果。

三、多媒体演示文稿的教育传播作用

教育从某种角度上来说就是一种传播行为。传播学学者詹姆斯·凯瑞说："从根本和实质上讲，所谓传播就是通过信息传递达到说服、改变态度、规范行为和实现社会化的目的。"而"说服是指借助真实信息和情感吸引力改变一个人的思想，促成其实施说服者预期的某种行为。宣传则是指借助看似真实，实则非真实或片面的信息或意见，加之以情感吸引力，改变一个人的思想，促成其实施说服者预期的某种行为"。阅读了传播学经典著作后，就会对教育过程有更深刻的认识。确实，如果在学生求学阶段的历史教科书里充满了宣传话语，甚至有些历史真实被掩盖、修改，以至于学生们看到的是片面的东西，等学生知识面开阔后，就会对教科书充满怀疑与不信任。当学生知道整个历史并非完全是农民革命的历史，也不完全是阶级斗争的历史时，所谓的教育就成了一种愚弄和欺骗，其消极社会影响是深远的。当学生们走向社会，发现现实社会仍然存在这样那样的弊端与黑暗，并不像教科书中宣传的那般理想完美时，就有可能会陷入迷惘和虚无。因此，教科书中应该大大削弱宣传论调，能够以理服人。那么在制作多媒体演示文稿时，教师们也不必再高调宣传，应该还知识的本来面目，就以客观历史来让学生进行评价。

第四节　教育杂感三则

一、学科游学实践课程：生命绽放的时空穿越

哲学家叔本华曾发出警世之问："比读书更重要的是什么？"这个看似无

解的问题，却引发了人们对学校教育的无尽思考：学校教育到底是要教会人读书，还是应教会人学会思考？到底是教会人知识，还是教会人学会行走？这恐怕是传统教育与现代教育分野之所在：读书的目的是获取知识，而思考的力量则是为了学会行走。为了突破读书的局限、知识的束缚，避免让学生陷于英国诗人波普所云的“只是想做个读者，不想当作者”的教育困境，游学课程逐渐进入学校的视野，走进中小学生的生活。

所谓的游学，其实就是在行走中学习，在旅游中成长。它既不是单纯的旅游也不是纯粹的学习（留学），其内容贯穿了语言学习、参观游览、感悟生命、体验成长，介于游与学之间，同时又融合了学与游的内容。二者之间，游是手段，学是目的；以游促乐，以玩促学。其实，游学这种教育方式古已有之，如孔子之周游列国，是“读万卷书，行万里路”的最佳学习方式之一，也是“体验式学习”“做中学”教育理念的有效载体。

现代教育意义上的游学，是适应经济全球化发展而产生的一种跨文化体验性教育模式。由于游学既能有效地增进学识、培养品质、开阔眼界，又能真正提升学生文明素养、养成健全人格，还能解放学生身心、放飞个人梦想，因此竞相受到首都中小学校的追捧。从类型上讲，目前首都的游学课程可分为四类。

第一类是场馆游学课程。由于首都高校、社会机构及场馆资源富集，中小学与大中院校、社会机构和博物馆等历史文化单位通力合作，从而开发出了符合首都各中小学生需要的场馆游学课程，其目的是汇聚资源，博览万物。典型者如北京市东城区的蓝天博览课、史家小学的国博课和北京市朝阳区白家庄小学的游走中轴线课程。其目的是提升所有学生的科学人文素养。

第二类是地域游学课程。学校一般本着“走出去”的思想，走出课堂、走出学校、走出首都，体验祖国风光，体验其他区域的地域文化特色而开发的地域游学课程，最有名者如北京师范大学朝阳附属中学的江南游学课程和潞河中学的西北游学课程。其目的是体味民族风俗习惯，感悟地区文化差异。

第三类是名人游学课程。为了促进书本知识与学生生活之间的内在关联，部分学校将中学语文学科课程中的鲁迅名篇集中学习后，以综合实践活动研究课的形式带领全体学生到浙江绍兴的鲁迅故居进行亲身体验，从而开发出了名人游学课程。其目的是践行以人为本，促进知行合一。

第四类是圣地游学课程。基于立德树人的教育宗旨，立足于传承革命意志的红色精神，部分学校开发出了"读红色经典、游革命圣地"的系列革命圣地游学课程，让学生知国耻、懂奋发，悟精神、勇创新，如延安圣地游学课程、井冈山星星之火课程、遵义五渡赤水课程。

在北京市义务教育课程设置实验方案等课程改革政策的推动下，市区校三级共同实施占各学科课时总额10%的综合实践活动课程，已初步取得成效。丰富多样的游学课程，已突破了学校教育传统的课堂时空，将固化的物理场域变为流动的时空场域，将静态的知识链条变为动态的知行实践。五彩缤纷的游学课程已为每个学生的生命绽放提供了前提：因为比读书更重要的，难道不是行走和思考吗?！比做个读者更重要的，难道不是当个作者吗?！比学习知识更重要的，难道不是获得创新知识的自由吗?！

二、"苹果砸头"与万有引力定律

自从近代科学产生以后，宇宙间的各种天体、地球上的各种物质是怎样运动和运行的呢？牛顿由于对苹果坠地的思考，发现了统一天与地之间的引力。笔者在探讨发现万有引力定律与苹果下落之间的逻辑关联之前，先简单介绍一下牛顿对人类科学发展的显赫贡献。

（一）牛顿之功

艾萨克·牛顿，一生中从事了很多事业，成为一位旷世大家，如物理学家、数学家、天文学家、炼金家、神学家、皇家铸币厂厂长。他至少在三大方面为科学的发展作出了不朽的贡献：一是发明了微积分。作为数学的一个分支，是物理学和工程学的基石。二是发现了运动三大定律和万有引力定律。人们通过运用他传世的运动三大定律和万有引力定律，解释行星如何围绕恒星运转。三是提出了光的粒子说。他提出光是由粒子组成的，并用数学原理描述这些粒子的路径如何被水或玻璃弯曲，以产生彩虹的颜色。活着的时候，他已经被人们认为是不世出的天才。牛顿在1727年逝世时，英国诗人亚历山大·波普在牛顿的碑文中写道："自然和自然法则在黑夜中等待/上帝说'要有牛顿'，一切便光亮起来。"2005年，在英国皇家学会的票选中，艾萨克·牛顿甚至获得了更高的票数，被认为比阿尔伯特·爱因斯坦更伟大。

（二）"苹果砸头"不是发现万有引力的诱因

"苹果砸到牛顿头上是杜撰"，这是笔者在看《环球时报》时所刊载的重大新闻，是一则改变传统观念的重大新闻！它改变了人们的传统认知。因为中学生们在中学物理课上听到的基本上都是：牛顿在苹果园里漫步时，一个苹果掉下来砸在了他的头上，促使他发现了地球引力的存在。然而，事情真是这样吗？笔者认为教育教学和教材编写是一件极其严肃的事情，我们应尊重历史尤其是科技历史，不应以故事的形式来窜改历史，进而误导学生。

发布这一惊人消息的是英国广播公司。该公司报道称，英国皇家科学院为纪念建院350周年，在互联网上展出了60件最珍贵的文献原稿，希望唤起人们对科学历史的回忆。根据这批公布的文献，人们可以确信，牛顿曾因一个苹果砸到头上，突发灵感而发现万有引力的说法，纯粹是后人编造的。因为在展出的威廉·斯蒂克利在1752年撰写的牛顿传记中写道："吃过饭，天气很暖和，我们到花园的一棵苹果树下喝茶。牛顿对我说，他就是在这样的情况下，看到苹果掉下来，产生疑问，为什么苹果总是向下掉到地上呢？从而想到引力的存在。"而有关苹果掉到牛顿头上的说法，纯粹是一个故事，而不是他的亲身经历。

（三）苹果坠地对发现万有引力定律的促进

学生们在中学物理课本上经常看到、学到和听到，牛顿在苹果园里漫步时，一个苹果掉下来砸在了他的头上，促使他发现了地球引力的存在。普通民众心中固有观念：认为苹果砸到牛顿头上是牛顿发现万有引力的直接原因和充分条件。因此，这一新闻的发表引发笔者对"苹果砸头理论"的诸多思考。

首先，“苹果砸头”的推理是错误的。“苹果砸头”与“苹果坠地”是两种不同的行为，前者是被砸后的被动思考行为，后者是看见坠地后的主动分析行为；而且这两种不同的行为必然导致不同的思考路径：“苹果砸头”行为可引发多种思考，如是“地球引力导致苹果砸头”还是“牛顿不小心碰掉了苹果砸到了头上”，而“苹果坠地”行为则只有“地球引力”一种原因导致的。也就是说，“苹果砸头”与发现万有引力不存在直接的因果关系，进而就不能得出“苹果砸头促使牛顿发现了地球引力”的结论。

其次，灵感是知识和经验累积到一定程度，经过反复观察思考后猛然顿悟的结果。这一结论可以从万有引力发现的两个不同过程的比较中得出，人们以前总是认为：“牛顿曾因一个苹果砸到头上就突发灵感而发现万有引力”，它违背了“重大发现是需要知识不断累积和经验反复试错的结果”这一客观规律。这一推理可以从现今公布的牛顿传记中得到证明，牛顿告诉威廉·斯蒂克利，他在看到苹果掉下来时产生了疑问：“为什么苹果总是向下掉到地上呢?”从爱因斯坦的广义相对论角度讲，从树上掉下来的苹果，不是被一个力拉向地球，而只不过是滚进地球所造成的局部时空的“阱”里面罢了。

最后，中学课本是启迪人生的知识宝库、开启智慧大门的钥匙，对一个人后世和传统观念的形成至关重要，所以，笔者认为教育教学和教材编写是一件极其严肃的事情，教育工作者应本着尊重历史的态度，来廓清重大历史事件的是非，而不应以故事的形式来误导学生。

300多年来，牛顿的影响使我们理所当然地认为，这唯一的引力是天地间万物发生的根源。但在牛顿以前，没人知道从树上落下的苹果会跟围绕着太阳旋转的行星有着相同的物理学原理。牛顿率先迈出了人类历史上惊人的一大步，统一了主宰天与地的物理学，并指出引力是在天地间活动着的一只看不见的手。

三、学校为何对“校园暴力入刑”说“不”

近年来，校园暴力事件频繁发生，经常看到媒体上曝光出来中小学生之间发生打耳光、揪头发、吃沙子、拍裸照等霸凌、侮辱行为，施暴者以12～16岁的未成年人居多。

2015年6月，发生在美国洛杉矶的中国留美学生霸凌女同学案更是震惊了世人。其令人震惊的不仅是系列令人发指的侮辱行径，更是美国法律对未成年施暴者、协助者、旁观者一体适用“共谋杀人罪”（如果一起去犯案，一人杀人，所有参与的人都要承担谋杀罪），即使你没有参与，但与动手的人定罪相同、判罚相同。这种对校园暴力零容忍的惩罚态度，刺痛了中国民众的神经。巩汉林等政协委员在全国两会上，曾提交“校园暴力入刑”的提案，提升了“校园暴力”的关注级别，使其由民众关注的公共话题上升为全国两会的正式提案。这引发了众多委员的热议、媒体的关注和民众的关心，一时间，“校园暴力入刑”成了人们关注的焦点。

那么，“校园暴力”到底可不可以入刑呢？作为一个略懂法律的教育工作者，笔者认为校园暴力不可以入刑。

首先，从法律传统文化上讲，中国自古以来讲究“仁政”，而“慎刑”则是“仁政”关怀在法律上的精彩体现；如果仅以某一段时间内校园暴力事件高发而悍然启动刑事立法程序，动用刑罚手段来威慑惩罚稚气未脱的青少年，与传统不符、与文化相悖。

其次，从教育目的上讲，教育的本质是育人，即将“动物性的人”怎样教育成“社会性的人”，是一个蜕除野蛮、走向文明的进化过程，其遵循的是人本理念，奉行的是教育至上、保护为主的原则。在校园暴力事件上，如果贸然以入刑的手段强力制止，不仅会违背保护主义的教育理念，而且还会使社会陷入“以社会的暴力机器强力制止个人之暴力”的以暴制暴式窠臼之中。

再次，从法治理念上讲，法治是社会之公器，是人格尊严得以维护、市场经济得以健康发展的有力保障；而法律，尤其刑罚，是规范社会治理、保障社会秩序免遭破坏的最后一道防线。只有在其他治理手段都失灵的前提下，才考虑启用法律、动用刑罚来威慑治理。实际上，学校在防范校园暴力突发事件上并没有失去治理功能，也没有丧失管控能力。这意味着，学校在预防校园暴力方面需要进一步发挥更大的作用，承担更多的职责，履行更多的责任。正如古罗马法谚所讲，让“上帝的归上帝，恺撒的归恺撒”，以便厘清学校教育、个人权利、法律规范和社会责任之间的关系。

最后，从法律责任上讲，我国法律规定，未成年人未到法定年龄基本上不能成为刑事责任主体。如刑法将刑事责任年龄划分为三个阶段，一是已满16周岁的人犯罪，为完全负刑事责任年龄阶段；二是已满14周岁不满16周岁的人犯有8类罪，包括故意杀人、故意伤害致人重伤或者死亡、强奸、抢劫、贩卖毒品、放火、爆炸、投毒罪，为相对负刑事责任年龄；三是不满14周岁的人不管实施何种危害社会的行为，都不负刑事责任，为完全不负刑事责任年龄。这就意味着，未满16周岁的人只要不触犯刑法规定的8种严重刑事犯罪，做任何事情都不需要承担任何刑事责任。但这并不等于校园暴力的施暴者就不用承担任何法律责任，更不能有“我不到法定年龄，打人没事”的错误法律观念。在免除施暴者刑事责任的同时，应加大其相应的民事责任、赔偿责任、精神抚慰和劳动救赎，让他知道任何不良行为都应付出一定的代价，犯罪的成本是高昂的，有可能需要用一生的时间来弥补，从而真正培养青年学生对待生命的敬畏心、对待同学的同理心。

综上，校园暴力问题并不是一个简单的算术叠加问题，不可以“校园暴力入刑”这样的立法手段解决、刑罚手段惩罚了事。而是要在厘清权利的基础上，充分发挥学校教育的办学自主权，防止以“事权替代治权”；加强法治教育，赋予学校、教师对学生恶行的惩戒权；建立家校合作、恶行责任共担机制；建立学生个人道德品行终身信用档案，与《中华人民共和国妇女儿童权益保护法》《中华人民共和国预防未成年人犯罪法》和《中华人民共和国未成年人保护法》等法律一道，构筑起保护少年儿童的校园安全防护墙，以有效预防校园暴力的发生，真正实现立德树人的教育目的。

第五节　课程，让微笑从学生的心底流淌

2016年9月13～14日，笔者来到北京小学长阳分校参加每半年一次的蹲点调研。短短两天时间，笔者先后5次深入走进学生课堂，3次参与学校的开放活动，了解活动的课程内涵。总体感觉是：课程是为增进师生的幸福

而生的，尤其是北京小学长阳分校的“友善”课程，真正做到了让微笑从学生的心底流淌出来。

一、友善课程：微笑之本

北京小学长阳分校虽以北京小学冠名，但有着自己的教育特色。它不是复制北京小学本部的四季课程，而是以自己的地域现状、生源情况、师资水平为基础，紧扣基础教育的育人本质，深入挖掘人的善良本性。因此，北京小学长阳分校从本地出发，从人本立足，从本人着手，建构了不同于本校四季课程的特色课程——友善课程。友善课程，具有待人是尊重和合作的，待己是自律和独立的，教学是引导和启发的，学习是养成和自主的等多维度的特点。正是基于此，学生因友善课程的开设而收获了童年的快乐，因多姿多彩的游戏活动而流淌着幸福的微笑。

二、问题课堂：思考动力

课堂是落实课程改革的关键所在。课程改革背景下的课堂已经不是传统的满堂灌式的静态课堂，不是没有问题、没有探讨、没有合作的课堂。课堂一经课程改革反转，便成为一种不可逆转的知识建构行为，由知识传递到知识建构，其中问题变成了课堂的主导。正如教育俗谚所言：当今的教育课堂，如果没有生发出问题的课堂便是课堂教学中存在的最大问题。而问题的探寻，一般循着“主问题——问题链——问题树——问题矩阵”的方式来建构。

在笔者所听的吕典老师讲授的“提问专项训练课”中，教师利用三角形这一基本图形，来讲角、线段（边）、构图（两个图形之间关系）时，用问题启发式来讲授，如三角形有几个边（线段）？几个三角形才能组成长方形、正方形、平行四边形或者菱形？在用七巧板组建图形的动手活动中，同学们用自己的双手不仅拼出了包括长方形、正方形、平行四边形或者菱形在内的各式各样图形，而且还组建出了由长方形、正方形、三角形混合成的飞行的蝙蝠。课堂在一定程度上确实达到了问题引领、疑问丛生的效果。

为了规范教学秩序，北京小学长阳分校在构建“问图、问人、问己”的

“三问”课堂的基础上，推陈出新了特色的举手回答问题的方式，即建设了全新的课堂教学课程符号。其主要有三种形式：一是向上的拳头。表示举手的同学目前为止在本节课中没有一次回答问题、提出问题的机会；二是向上的食指，表示举手的同学已经回答过一次问题了；三是向上的食指加中指，则表示举手的同学已经回答过两次问题了。这种特色的课程符号是教学民主的体现，是师生互信、机会均等的表征。

三、活动创设：主动参与

如果说“课程即活动”，那么对于建校三年的学校来说，北京小学长阳分校已经付出了大量的心血。同学们精心准备的舞蹈《放羊娃》，灵动的、无忧无虑的放羊娃，放着一群弱小的小绵羊，那优美的舞姿，天真的笑容，让人无比沉醉；在放羊的过程中，顽皮的放羊娃为了打发无聊时光，大喊“狼来了！狼来了！”邻人们心急如焚地来救放羊娃，结果发现却是一场游戏闹剧，放羊娃几次三番地戏弄邻人，逐渐丧失了信任，等到狼真的来了的时候，放羊娃却陷入了呼天天不应、叫地地不灵的悲惨境地。

在“老北京体育游戏”活动展示中，北京小学长阳分校已经形成了“一班一特色、一班一特长”的体育特色校本课程。如武术、韵律操、长笛等，其中给人印象最深者，莫过于抽陀螺了。一个班级当中，分成七八个小组，每组四至五个人，共同抽打一个陀螺。地上旋转的陀螺，旁边有一个阳光的少年，正在高高地扬着鞭子，奋力地抽打着，那坚定的眼神仿佛在说，“陀螺！陀螺！我要把你紧紧掌握！”“陀螺！陀螺！我要让你在鞭子的引导下共同越过无数的坦途、高山和沟壑！”正是这样的活动课程，培养了学生们的合作意识和规则意识，让学生们找到了学校生活的乐趣。

四、访谈收获：教育活力

访谈分为学校领导干部访谈、学生访谈及教师访谈三个部分。其中，教师访谈由笔者主持。总体上，参加访谈的教师给笔者留下了三个方面的深刻印象：一是教师队伍充满了活力。教师们不仅年轻，而且80%以上的教师是本科及以上学历，其中占全校1/3左右的教师是研究生毕业。二是教师们普遍具有课程意识。北京小学长阳分校的学校课程是学校课程建设中“自生长”的典型代表，该校在课程建设中没有外聘专家进行总体设计，而是依靠校长引领有干劲的年轻教师，一边研读课程理论书籍，一边深入研讨本校的校情、学情和师情，并在对本校进行SWOT分析的基础上，作出了名为《构建“友善”课程体系　打造适合儿童成长的教育生态》的学校课程。为了支撑学校课程方案，教师们分别研制出了《数学学科课程规划方案》《语文学科课程规划方案》《英语学科课程规划方案》。三是教师们具有较强的课程实践精神和问题意识。教师们普遍对学科综合实践活动有着浓厚的兴趣，如品德与社会学科课程实践活动中，教师们关注语文学科和品德与社会学科的整合实施并培养学生的德育观问题，还有关注怎样解决学生外出实践活动中出现的安全问题。

五、问题发现：主客倒置

通过两天的调研发现，北京小学长阳分校虽然建构了特色的“友善”课程体系，并在该课程体系指导下推出“三问”课堂教学模式，但目前仍然存在着以下几个亟待解决的问题：一是课程顶层设计方案内部的完善问题。如存在着友善理念与学校课程之间的引领与支撑关系问题；存在着友善课程逻辑体系内部的重新梳理问题；存在着友善课程模型层级划分与模型重构问题；存在着特色校本课程的重新梳理与打造问题。二是课堂教学方面，提问训练式教学存在着主客体倒置问题。在这种提问训练教学逻辑中，教师天然地成为提问的主体，一步一步地引导学生按照教师的思维来推演问题。这样，容易造成学生的问题被忽略，生活经验与课堂知识学习脱离。如在“提问专项训练课”中，出现了两个三角形的多种组合问题，不能仅限于正方形、长方形、平行四边形及菱形等常见的基本图形。假如两个三角形相对会拼成一个什么图形？这其实是一小部分学生心中的疑问，可惜这样的火花一闪即灭。这其实是生活中经常遇到的图形实例，如饭店中经常看到的沙漏，其横切面就是两个相对的三角形组合而成的。

六、发展建议：动力链条

针对北京小学长阳分校的课程建设现状，笔者提出四个改进建议：一是提高一个认识。学校课程改革的本质，在很大程度上是一种以育人为本、以儿童为中心的时间、空间及其相关关系的改革。二是关注一个思考。即着重关注义务教育课程设置方案（新课程计划）中提出的学科实践活动课程，不仅要关注学科实践活动课程中总体上要实践什么、怎样实践，以及活动的路径等问题，而且更要关注到每个学科课程实践的内容不同、活动的方式相异，背后指向的能力培养和素养养成都是不一样的。总体上，每个学科实践活动课程都要归结到学科本质的挖掘和学科核心素养的探索。如是，实践活动课程才不会走偏。三是分享一个观点。也就是，整合无处不在。无论是学科内整合，还是跨学科整合，都要在“备课标、备教材、备学生”的“三备”基础上，循着“梳理课标——熟悉教材——建构主题”的路径进行整合。如科学课中“水到哪里去了”，用温度计测量室内温度和水的温度，各个小组前后测量的数据不一，不仅缺少用科学的实证态度来论证为什么，而且也没有解决蒸发的秘密。因此，在一定程度上，可以说是没有很好地把握主题。四是提出一个想法。学校课程建设需要建构一个落地的动力链条。需要遵照学科改进意见和义务教育课程方案的精神，循着“校长课程领导力——教师课程理解（实施）力（对应教师专业发展能力）——课堂教学效率——学生学习力”的动力学链条，真正让学生做到会质疑、会提问、会想象，真正让学生从钻研问题中和学会学习中微笑。

第六节 ××中心小学义务教育阶段课程设置实验方案示例

一、指导思想

××中心小学是一所首都教育综合改革时期的城乡一体化建设示范小

学。自2001年国家基础教育课程改革以来，学校就积极参与课程建设。为进一步深化学校课程建设，提升校长课程领导力、教师课程理解力和学生学习力，走出一条以城乡一体化建设为抓手、课程建设为本位的学校特色发展之路。

依据《北京市中小学培育和践行社会主义核心价值观实施意见》《北京市基础教育部分学科教学改进意见》《北京市实施教育部〈义务教育课程设置实验方案〉的课程计划（修订）》等教育文件精神，遵照“人文××”“科技××”“绿色××”的教育理念，结合学校的实际情况，本着“生命发展”的课程理念进行课程设置，促进了各个学科、各个环节、各种力量、各个时空之间的统筹，以实现学生的实际需求与教师的课程供给相结合，从而为学生的幸福人生奠基。

二、背景分析

××中心小学是××区的一所公办农村完全小学，位于××区××镇辖域内，地处××区西北边缘。建校以来，尤其是参加课程改革后，学校实行了“内引外联、纵横整合”的课程策略，凭借“依托××”“基于学生”“着眼实际”“满足需求”“实现获得”的先进理念，多年来在区教委、学区领导的大力支持和指导下，在全体干部教师的不懈努力下，学校发生了较大变化。

学校整座校园占地约22500平方米；学校有12个教学班，在校生313人，其中外来打工人员子女占学生总数的60%。有26名正式教职工，其中干部3人，专任教师24人，平均年龄36岁。在职党员9人，大学本科20人；累计有紫禁杯优秀班主任2人，××区普教系统先进教师11人，××区师德标兵4人，××区五四青年教师5人，××区学科带头人2人，××区骨干教师2人。全校有18个教室，有计算机、音乐、美术、科学、图书、多功能6个专用教室；校园环境优美、干净整洁，绿化覆盖率达到35%以上，具有200米标准运动场、2个篮球场、1个乒乓球场、2个羽毛球场，有着较大发展空间和潜力。学校是××区文明单位、北京市健康促进校、××

区平安校园、××区体育明星学校、××区足球传统校、游泳特色项目学校、校园铁人三项赛项目学校。如今，全校师生正以满腔热情积极工作，力争取得更大佳绩。

目前，鉴于传统的课程、授受的课堂已经无法满足学生们的求知需求，学校“引智筑巢”，聘请各方面教育课程专家从学校课程建设、课堂教学及教与学方式等方面进行了全方位设计，在学校课程整体建设、三级课程整合推进、教师专业发展、学生学习上紧紧围绕“生命发展”的办学理念，构建出了具有学校特色的“生命发展课程体系”，有效地激发了学生的学习水平、学习兴趣和学习风格，梳理了教师的教学方式，探索了学生的“自主学习”的学习方式，促进了教师的专业化发展和学校的特色化发展，基本构建成了本区的“德育引领、体育强身、活动育智、实践促行”城乡课程建设特色项目学校。

三、办学理念与培养目标

（一）学校的办学理念与目标

××中心小学 2001 年就确立了“以人为本”的教育理念，2007 年对“人本教育”理念的内涵进行了丰富，变为“以生为本”的生本办学理念；2011 年，时值基础教育课程改革 10 年，学校又将“生本”理念升华为“生命发展”的思想。

在此基础上对办学目标进行了进一步的明确，坚持以人为本，促进人的身心健康和全面发展；坚持一切为了学生的发展服务的办学宗旨。坚持办一所环境美、质量高、有特色、家长满意、社会认可的城乡一体化示范完全小学。学校努力做到“两坚持”：坚持以德立校，全面育人的思想；坚持依法治校，实施科学规范的管理。“五提高”：提高领导班子素质；提高管理水平；提高育人能力；提高学生的综合素养；提高教育教学质量。“三促进”：促进学生、教师、学校的和谐发展，努力创办人民满意学校。办学目标：创建环境美、质量高、有特色的人民满意学校。

（二）学生培养目标

基于生命发展的理念，学校确立的培养目标是“让每个人健康快乐、使每个人学有所长、促每个人全面发展”的灵动少年。

（三）课程建设目标

学校确立了学生个性、教师专业和学校特色的三维课程建设目标：学生个性发展维度上，着眼于全面育人的角度，为学生构筑了一个“品格素养、人文素养、科技素养、体魄素养、审美素养和实践素养”为一体的课程应用平台，创造了一种快乐的教育活力；教师专业发展维度上，从教师的校本课程开发能力、课标教材教学研究能力、课堂教学创新能力等方面立足，着力转变教师的知识传递单一角色，逐步树立教师的知识创生多元面向，让教师成为一个职业的认同者、事业的幸福者、知识的创造者；学校特色发展维度上，学校逐渐形成了立体化的人才培养机制和特色化的项目发展模式，让校园真正成为学生们的乐园，教师们的家园。

四、课程结构与设置

（一）课程内涵

课程是一种教育的哲学存在，是学校文化沉淀后的品牌，是教师专业发展的主阵地，学生学习的主渠道，是师生交流沟通的时空媒介。学校的课程意识是通过课程建构、课程设置、课程实施一点一点地培养出来的，不单单是全面落实国家课程或者是开足开齐国家课程，而应该从学校的实际、学生的需求、教师的发展等方面思考学校的全部课程问题。

（二）建设原则

自2001年以来，国家实施了国家课程、地方课程和校本课程三级课程管理体制，改变了过去单一的一本一纲式的国家课程。基于三级管理体制，为了高质量地完成国家课程、整合地方课程和开发校本课程，学校制定了一系列学校课程建设原则。

1. 基础性原则

基础教育阶段，开设的国家课程是学生成长的最低标准，是人生奠基的基座，因此学校本着国家课程必须开足开齐的原则，为每一个学生的学校生活和未来发展奠定基础。

2. 本位性原则

为了改变过去以知识传授为中心的教育面貌，学校积极结合学生的实际需求、生活经验和前知识结构，实施以学生的实际获得为本位的课程建设原则。

3. 活动性原则

为了改变课堂教学中师生间长期存在的知识输入—知识输出和简单的复制记忆功能，学校确定了“课堂教学 + 活动体验”的学科课程综合实践原则。

（三）课程设置

学校以生命发展理念为引领，目的是将每个生命都能培养成“健康快乐、学有所长、全面发展”的灵动少年。为此，将学校课程分为品格素养（道德与社会）、语言素养（语言与人文）、科学素养（数学与科技）、体魄素养（体育与健康）、审美素养（艺术与审美）和实践素养（活动与体验）六大学习领域，每一领域包含着基础性、拓展性和研究性三类课程。三类课程当中，都紧紧围绕六个领域实施和培养六大核心素养。

这种三层次六类课程，既基于全体学生的实际需求，又着眼于全校教师的专业发展，还立足于学校的特色发展；既体现了学生生命发展的多元智能和多元样态，又呈现出了适应学生个性发展的结构性分层分类；既立足于培养学生的能力本位，又着手于长远的核心素养结构，介于这二者之间的就是三类六大领域的课程支撑。基础性课程是指国家课程，基础性课程要求学校必须做到开足开齐所有的国家课程；拓展性课程是指结合国家课程、地方课程开发的“学科实践活动”和各学科自主开发的校本必修课程，这就要求全校学生在学完所有国家课程之余，必要选修一些能够激发兴趣、适合自身发展的课程，如面向全校学生开设的游泳课程；研究性课程则是指学校自主设计开发的整合课程和“跨学科实践活动”，这类课程要求部分学有余力的学生在做好自己的同时，选择适合自己长远发展的课程，如阳光足球课程。这就构成了××中心小学独特的课程设置结构图（见图10－1）。

图10－1　××区××中心小学“生命发展”课程设置

五、课程实施

（一）实施原则

在课程实施方面，学校针对不同类别的课程和不同层级的课程实施不同的原则，根据国家课程、地方课程和校本课程的不同，分别实施了不同的推进原则。课程实施主要参照课程设置表进行，具体见表10－1。

表 10－1　××中心小学义务教育课程设置

科目		一	二	三	四	五	六	七	八	九	九年学时总计（分项）	九年学时总计（合计）
品德与生活		1~2	1~2									591~694（其中70学时用于学科实践活动）
品德与社会				2	2	2	2					
思想品德								2	3	2~3		
历史与社会								4	3	2	311	311或278~313（其中35学时用于学科实践活动）
	历史							2	1~2	1	138~173	
	地理							2	2		140	
科学				2	2	2	2				280	
科学								4	4	5	445	725或688~721（其中33学时用于学科实践活动）
	物理								2	3	169	
	化学									3	99	
	生物							2	2	0~1	140~173	
语文		6~8	6~8	6	6	6	6	5	5	5~6		1775~1948（其中140学时用于学科实践活动）
数学		3~4	3~4	4	4	4	4~5	5	5	5		1285~1390（其中105学时用于学科实践活动）
外语		2	2	2~3	3	3	2~3	4	4	4		902~972（其中70学时用于学科实践活动）
体育		4	4	3	3	3	3					1009
体育与健康								3	3	3		
艺术		4	4	4	4	4	2	2	2	2	976	976
	音乐	2	2	2	2	2	1	1	1	1	488	
	美术	2	2	2	2	2	1	1	1	1	488	
综合实践活动	学科实践活动	3	3	3	3	3	3	3	3			630~1083
	研究性学习、社区服务、社会实践、劳动技术、信息技术											
地方与校本课程	市级地方课程（含专题教育综合等）	1	1	1	1	1	1	1	1			280
	区级地方、校本课程	1	1	1	1	1	1	1	1	1		313
	周自主安排学时	用于班队会等										202~412
周学时总量		26	26	30	30	30	30	34	34	34		9522

国家课程的“底线”原则。国家课程是国家意志的体现，是基础教育阶段每个学生必须掌握的最低要求，因此，开足开齐是学生学习国家课程的形式要求和基本保障，是所有学生必须达到的基本素质。

地方课程的特色原则。地方课程是地方根据自己的地域特点和文化特色，研究开发的弘扬地域文化个性的课程形式。其目的是培养学生知家乡、爱家乡的地方情怀。因此，实施过程中必须突出地域性、文化性、实践性和特色性。

校本课程的个性原则。校本课程是教师根据学生的实际需求、自己的兴趣爱好、专业特长、学科发展特点及课堂教学经验和相关课程标准进行把握的基础上，对国家课程、地方课程进行的二次开发。重点要突出个性化原则。

（二）实施路径

针对不同种类的课程，其实施路径也是不同的。

1. 基础类课程

总体目标：重素养、重课标。

具体目标：着重培养学生学科素养引领下的批判性思维、问题能力、创新能力、实践能力。

（1）研读课程标准、精研教材教法。根据国家课程标准、学科课程教材的基本要求，教师要想实施好基础类课程，保证每个学生的基本素质，首先要做到研读本专业的课程标准，对学科课程有一个高位的把握和目标的引领，基于此再来做精研学科教材的工作，这时的教材已经不是师生手中交流的唯一媒介，而是相互学习和教学转化的重要材料。

（2）培养学科能力、建立指标体系。根据课标、教材和学情，教师在研读课标、精研教材的基础上，进行多版本的教材比较研究和课标的归类分析，重新对现阶段的课程目标以核心素养为引领进行学科能力指标体系的构建。如以语文学科课程目标体系为主进行解构（见图 10－2）。

（3）挖掘课程资源、促进有效教学。信息时代和知识经济，决定了教材知识的滞后性，这导致了教材内容的落伍性。要求教师根据自己的专业水平，利用互联网+技术适时补充课程教材资源库，以有效促进教学水平的提高。

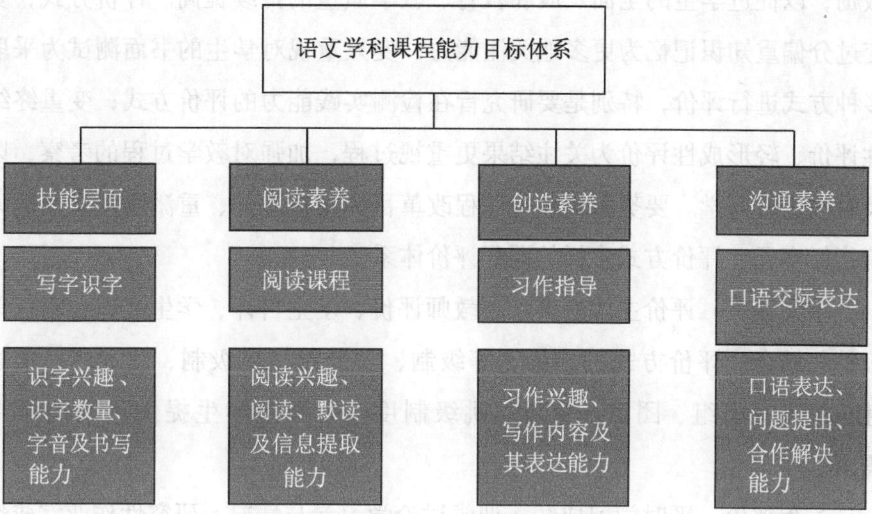

图 10-2　××中心小学语文学科课程目标体系

（4）生发更新问题、完善课堂评价。

2. 拓展性课程

（1）精品化必修课程。

（2）拓展类选修课程。

3. 研究性课程

（1）学科综合实践活动。

（2）跨学科主题课程整合。

（3）10%课时的有效运用。

体育与健康课程要深入贯彻“健康第一”的原则。学校将加大对体育与健康课程的落实力度，学校要充分利用体育学时、早操、课间操、课外体育活动等形式，切实保障中小学生每天体育锻炼时间不低于 1 小时。

六、课程评价

面对新的课程体系的建立，单一、僵化的评价方式也要随之改变。要

“改革课程评价过分强调甄别与选拔的功能，发挥评价促进学生发展、教师提高和改进教学实践的功能”。即充分发挥评价的教育功能，重在对师生的激励，以促进学生的全面发展和教育、教学质量的持续提高。评价方式，要变过分偏重知识记忆为更多地关注能力；变只重视对学生的书面测试为采取多种方式进行评价，特别是要研究旨在检测实践能力的评价方式；变重终结性评价、轻形成性评价为关注结果更重视过程，加强对教学过程的考察，以及时改进教与学。要努力构建与课程改革目标相适应的、重激励促发展的评价指标多元、评价方式多样的课程评价体系。

多元评价：评价主体的多元，教师评价、学生自评、学生互评、家长评价等相结合。评价方式的多样，等级制、学分制、星级制、图表式、描述性；个人、小组、团队；免考、跳级制度，为不同学生提供不同的学习需求。

过程评价：平时学习成绩 + 课堂讨论学习参与情况 + 研究性作业完成情况 = 学期考核；分项（模块）考核，根据模块学习的进度，实施阶段性的模块考核，以各个模块的成绩综合评定学期成绩，降低学业压力。

发展性评价：鼓励性、激励性评价为主，给予指导性、支持性、个别化的帮助，注重学生学习成果、学习资料的积累。

各任课教师要认真做好课程评价工作，对学生参与课程的学习情况作出适当的并能体现本课程特点的评价，可采用表格、问卷、评语、档案袋等方式，结合学生自评、家长点评一起进行，每学期期末要将评价情况反馈给学生和家长。

学校对教师的工作进行定期评价，每学年期末进行“优秀课程工作者”评比和“优秀课程组”评比。

每学年校本课程管理委员会将组织有关人员对已有校本课程进行绩效评估，从学生、家长、社会效益和学校规划及培养目标等多角度出发，对每门课程的进一步实施和开展提出改进方案，同时根据课程实施情况进行相关调整。

学校将努力构建以校为本、基于过程的教育质量综合评价体系，努力实现基于教育教学过程的真实性评价，把素质教育要求真正落到学校层面和课堂教学之中。

七、课程组织管理

（1）课程建设是学校管理的重要工作。学校课程管理小组是学校课程（管理）最高的管理组织，由校长室直接领导。

（2）学校校本课程管理小组设组长、副组长，组员。组长由校长亲自担任，副组长由教导处、科研室、德育处、总务处负责人担任。组员由教研组长、备课组长组成。

（3）管理小组的组员是学校的学科带头人，在学科中起到骨干作用，热心于校本课程的建设和开发，拥有一定的研究能力和教学水平。人选由校长室和教导处共同研究认定，经本人同意，由校长室聘任。

（4）工作职责：

教导处主要负责课程的日常管理，由教导处指定专人负责，每周按照校本课程表进行全面检查：课程是否准时开始或结束，是否坚持做好了选修课的考勤。课程进展是否顺利，学生对校本课程有无意见；定期检查教师的教案、教师上课的情况。对检查情况做好记录、随时与上课教师交换意见，及时向教导处主任汇报突出问题和异常现象，以便改进。要求教导处的常规管理方法讲究科学，工作要细致入微，确保课程的正常运作。

科研室主要负责课程的科研工作，对于课程中出现的问题进行分析和研究，及时提出意见和建议，对于在课程实施中出现的经验及时进行总结、推广，以科研保证校本课程的质量。

德育处则要做好课程实施中学生的管理工作。及时对于学生在上课期间出现的思想品德问题作出处理。

总务处主要做好课程的后勤保障工作，为课程能够顺利、有序地开展提供服务，在上课各种设施的配备上做到及时、到位。

八、课程保障条件

为了保障课程建设，学校制定课程审议制度、教学管理条例、校内课程评价制度、校内课程管理岗位职责及激励制度等。学校课程管理涉及校长、教师、学生及其家长，因此，必须明确各类人员在学校课程管理中的责任与权利。还要明晰校内各职能部门的职责，教导处是学校课程管理的专门行政机构，主要职责是执行、检查、评估全校各门课程及各教研组的课程教学工作，组织协调各教研组与年级组的各项工作的关系，落实各项课程管理措施。教研组或年级组要根据学校的整体安排，制定好学年及学期教学进度计划、教学研究活动计划和学生活动计划，对教师教学活动进行指导，确保完成学校课程管理的各项要求，及时反映课程实施过程中出现的问题及教师的教学需求，研究学生的实际情况，为课程管理提供依据，注重各学科教师之间的合作，以促进课程合力的形成。有了健全的课程管理机制，才有可能保证课程质量的不断提高。

课程建设需要一定的物力、财力、人力的支持。学校会切实加强图书馆、实验室、专用教室等设施的建设，合理配置各种教学设备，为课程开发与实施提供必要的物质保障。学校拟设立课程管理专项基金，用于教师培训、课程开发、设备配置与对外交流等。同时要有广泛的人力资源。课程建设的人力包括教师、校长、学生和课程理论工作者以及家长、社区人士等，在课程开发与建设过程中，这些人员要主动参与、相互调适、形成合力。因此，还应协调好学校与社会、家庭之间的关系，确保校本课程建设的顺利进行。总之，学校课程建设需要理论的、技术的、人力的、制度的保障，对学校的物质条件、师资水平要求较高，学校会量力而行，循序渐进，立足于实际，根据学校、学生和当地经济发展的现状作出适当的理性选择。

参考文献

[1] 徐继存，周海根，吉标．课程与教学论［M］．济南：山东人民出版社，2010：81.

[2] 熊子容．课程编制原理［M］．福州：福建教育出版社，2009：1.

[3] 菲利普·W 杰克森．什么是教育［M］．吴春雷，马林梅，译．合肥：安徽人民出版社，2012：43.

[4] 雷蒙德·艾伦·蒙罗，卡洛斯·阿尔伯特·托雷斯．社会理论与教育［M］．宇文利，译．上海：上海人民出版社，2012：133，143.

[5] 顾明远．教育公平与和谐教育［J］．比较教育研究，2008（4）.

[6] 郭建国．信息技术与历史课堂教学整合的误区与对策［J］．北京教育教学研究，2008（1）.

[7] 郑学文，童伟刚．用科学发展观指导教师教育工作［J］．新课程研究，2007（12）.

[8] 盛连喜．提高农村教育质量的几点思考［J］．教育研究，2008（3）.

[9] 娄立志，张金泉．适应和引领新课改：教师教育功能的角色认知［J］．教师教育研究，2008（2）.

[10] 闻小波．近代中国民主观念之生成与流变：一项观念史的考察［M］．南京：江苏人民出版社，2012.

[11] 张凤阳，等．政治哲学关键词［M］．2 版．南京：江苏人民出版社，2014.

[12] 张剑．中国近代科学与科学体制化［M］．成都：四川人民出版社，2008.

[13] 金观涛，刘青峰．观念史研究：中国现代重要政治术语的形成［M］．北京：法律出版社，2009.

[14] 周均美．世纪先声：五四·新文化运动文选［M］．北京：华文出版社，1999.

[15] 陈独秀．本志罪案之答辩书［J/OL］．新青年，1999，6（1）．http：//baike. so. com/doc/5847777. html.

[16] 许纪霖，宋宏．现代中国思想的核心观念［M］．上海：上海人民出版社，2011.

[17] 范岱年．唯科学主义在中国：历史的回顾与批判［J/OL］．科学文化评论，2005（6）．http：//sourcedb. cas. cn/sourcedb_scr_cas/zwqkk/gwqkwz/200911/t20091122_2673116. html.

[18] 吴宓．吴宓日记：第2册（1917—1924）[M]．吴学昭，整理．北京：生活·读书·新知三联书店，1998.
[19] 毛泽东．毛泽东文集：第三卷[M]．北京：人民出版社，1996.
[20] 牟宗三．牟宗三学术文化随笔[M]．王岳川，编．北京：中国青年出版社，1996.
[21] 庞朴．庞朴学术文化随笔[M]．北京：中国青年出版社，1996.
[22] 申卫革．知识转型与教育学知识的实践转向[M]．镇江：江苏大学出版社，2013.
[23] 中共中央办公厅．关于培育和践行社会主义核心价值观的意见[EB/OL]. http：//cpc. people. com. cn/n/2013/1223/c64387 – 23924110. html.
[24] 中华人民共和国教育部．完善中华优秀传统文化教育指导纲要[EB/OL]. http：//www. gov. cn/xinwen/2014 – 04/01/content_2651154. htm.
[25] 习近平．在纪念孔子诞辰2565周年国际学术研讨会暨国际儒学联合会第五届会员大会开幕会上的讲话[EB/OL]. http：//edu. people. com. cn/n/2014/0925/c1053 – 25731131. html.
[26] 习近平．在庆祝全国人民代表大会成立60周年大会上的讲话[EB/OL]. http：//edu. ifeng. com/a/20140907/40792300_0. shtml.
[27] 中共中央关于全面推进依法治国若干重大问题的决定[EB/OL]. http：//www. gov. cn/zhengce/2014 – 10/28/content_27 1946. htm.
[28] 凌宗伟．人文性特征与语文教学浅识[J]．教育教学研究，2008（1）.
[29] 蔡怡．智慧引领　精彩生成[J]．网络科技时代，2007（2）.
[30] 薛法根．呼唤智慧的语文教育[J]．江苏教育研究，2007（1）.
[31] 张书芳．在语文教学中提升人文素养[J]．吉林教育，2008（2）.
[32] 邱昕．语文教学要善于发挥情感的作用[J]．文学教育，2007（1）.
[33] 王娜娜．试探范梅南的智慧教育学思想[J]．高教研空，2007（6）.
[34] 胡燕琴．20世纪90年代以来我国教育智慧研究综述[J]．当代教育科学，2006（5）.
[35] 曹正善．从斯腾伯格的成功智力理论看教育智慧的结构[J]．当代教育论坛，2008（1）.
[36] 郭元祥．教师教育智慧生成的三个基础[J]．教育科学研究，2008（1）.
[37] 中华人民共和国教育部．语文课程标准[M]．北京：人民教育出版社，2004.
[38] 刘敏．“生活教育”理念在生物教学中的践行[M]．教师，2011（15）.
[39] 刘秋菊．生活教育视野下的中学生物教学探析[D]．济南：山东师范大学，2013.
[40] 应娅．初中生物生活化教学策略探讨[J]．新课程：中学版，2012（12）.
[41] 单江宏．谈生物教学生活化的策略[J]．学生之友：初中版，2012（2）.

[42] 杨世春．初中生物生活化教学策略［J］．新课程学习：基础教育，2010（11）．
[43] 习近平．将军民融合发展上升为国家战略［N］．京华时报，2015-03-13．
[44] 国务院法制办公室．新编中华人民共和国常用法律法规全书（2014年版）［M］．北京：中国法制出版社，2014．
[45] 埃德蒙·费尔普斯．大繁荣：大众创新如何带来国家繁荣［M］．余江，译．北京：中信出版社，2013．
[46] 张文显．法理学［M］．北京：高等教育出版社、北京大学出版社，2012．
[47] 教育部基础教育课程教材专家工作委员会．义务教育品德与生活课程标准（2011年版）解读［M］．北京：高等教育出版社，2012．
[48] 教育部基础教育课程教材专家工作委员会．义务教育品德与社会课程标准（2011年版）解读［M］．北京：高等教育出版社，2012．
[49] 教育部基础教育课程教材专家工作委员会．义务教育思想品德课程标准（2011年版）解读［M］．北京：高等教育出版社，2012．
[50] 王军．美国法律史［M］．北京：法律出版社，2011．
[51] 陈林林．法律与道德［M］．北京：中国政法大学出版社，2010．
[52] 张晋藩．中国法律的传统与近代转型［M］．北京：法律出版社，2005．
[53] 白川静．汉字百话［M］．郑威，译．北京：中信出版社，2014．
[54] 李学勤．古文字学初阶［M］．北京：中华书局，2006．
[55] 约翰·杜威．人的问题［M］．傅统先，邱椿，译．上海：上海人民出版社，2014．
[56] 彭正梅，彭莉莉．儿童的人格教育［M］．上海：上海人民出版社，2014．
[57] 林崇德．教育与心理发展——教育为的是学生发展［M］．北京：北京师范大学出版社，2013．
[58] 许章润．法律信仰：中国语境及其意义［M］．桂林：广西师范大学出版社，2003．
[59] 申政武，王志安，渠涛，等．现代化与法［M］．北京：中国政法大学出版社，1994．
[60] 梁治平．法律与宗教［M］．北京：中国政法大学出版社，2003．
[61] 张浩达．视觉传播：信息　认知　解读［M］．北京：北京大学出版社，2012．
[62] 承现峻．连接组：造就独一无二的你［M］．孙天齐，译．北京：清华大学出版社，2015．

